無論曾經有多少遺憾
你將永遠置身於現在

# 目錄

# CONTENTS

## 第八章　活出真我

# CONTENTS

# CONTENTS

# CONTENTS

# 前言
# 你走在自己的路上嗎？

很多人有一長串的理由足以解釋，為何他們並沒有去做自己喜歡做的事，然而他們之中很少有人能客觀地審視自己的理由，找出那遲遲沒有行動背後根本的恐懼。事實上，在每一個假想的限制背後都隱藏著一種恐懼，包括我們對疾病也是如此。我們可能為了目前的生存狀況，竭力想歸咎於他人因素或外在環境，而遲早我們終將了解我們的自我局限。雖然了解這一點是個挫人傲氣的現實，但如果我們學會駕馭它，它必將激勵我們邁出上路的第一步。

對於我們的自我局限，我們也能突破它。不是壓抑、忽略，或否認它，而是學著去接受它。是的，就是愛它！因為任何我們不喜歡的事，一直追趕著我們並帶著恐懼占據我們的行為。我們的自我限制呈現出我們自己的每一面，以我們尚未學著去愛、去感激的一切。因此，每當我們誠實地注視一項限制或障礙時，都是給自己一次學習的機會，並達到更高層次的覺醒。事實上，我們每個人都擁有超越自我局限所需的創造力和能力，只是有時限制令人感到舒適，而達成夢想的想法，尤其是在我們最想放棄自身的努力時，特別讓我們感到恐懼。

張先生在飛機上遇見一位心理學教授，當時教授正用筆記型電腦工作，張先生在他身邊坐下並主動與教授寒暄起來。他問教授正在做什麼，教授告訴他正在寫一本有關身心與靈魂、靈感和愛的書。他點點頭，但眼神呆滯，接下來半個小時都不出聲。一直到空服員端來早餐時，張先生才說：「你知道，我不敢相信自己坐在一個正在寫書的人身邊。你可知道我想寫一本書想了多久？我如何能從想寫一本書、談到寫一本書、到真正地

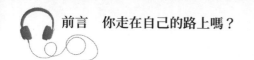 

寫一本書？」

　　教授對他解釋，想寫書和真的寫出一本書，其間的差異只在於是否採取行動。教授說：「當我開始著手去寫，我知道這只是個過程，而且我知道當這個過程繼續時，這本書將會有所改變。」

　　張先生睜大了眼睛。「所以你就是去做，你就是一次寫一頁，你喜歡某些東西，你也不喜歡某些東西，你再作更動；不過你就是一直寫，寫到擁有你希望寫出來的書！」

　　「是呀，」教授說：「總而言之差不多是這樣。」

　　張先生搖頭，微笑起來。「你不知道剛才說的話對我多重要！多年來我一直不敢在電腦上打出一個字，今天我才知道原來寫一本書就像做其他事一樣！不需要在一開始就盡善盡美，也沒有一件事需要那樣。我做的每件事只是個過程……哇！」

# 第一章
# 尋找目標

## ▋夢想是現實之母

你是一個夢想者嗎？

使人類的生活更有意義，把很多人從困境中解脫出來，這些都應歸功於一些夢想者 —— 我們都得感謝人類的夢想者啊！

在人類歷史中，如果刪去夢想者的事蹟，誰還願意去讀那些枯燥無味的歷史呢？夢想者是人類的先鋒，是我們前進的引路人。他們畢生勞碌，不辭艱辛，彎著背、流著汗，替人類開闢出平坦大道來。現在的一切，不過是過去各個時代夢想的總和，不過是過去各個時代夢想的現實化。

如果沒有夢想者到美洲西部去開闢領地，那麼美國人至今還徘徊在大西洋的沿岸。

對世界最有貢獻、最有價值的人，就是那些目光遠大，且有先見之明的夢想者。他們能運用智力和知識造福人類，解救那些目光短淺、深受束縛和陷於迷信的人。有先見之明的夢想者，還能把常人看來做不到的事情，一一變為現實。有人說，想像力這個東西，對於藝術家、音樂家和詩人大有用處，但在實際生活中，它的位置並沒有那樣顯赫。但事實告訴我們：凡是人類各界的領袖都做過夢想者，不論工業界巨頭、商業領袖，都是具有偉大的夢想，並持有堅定的信心、付出努力奮鬥的人。

馬可尼（Guglielmo Marconi）發明無線電，實現了驚人夢想。這個驚人夢想的實現，使得航行在驚濤駭浪中的船隻一旦遭受到災禍，便可利用

無線電發出求救信號，由此拯救千萬生靈。

電報在沒有被發明之前，也被認為是人類的夢想，但摩斯（Samuel Morse）竟使這個夢想得以實現。電報一旦發明，世界各地消息的傳遞，從此變得多麼便利。

史蒂文生（George Stephenson）原先是一個貧窮的礦工，但他製造火車機車的夢想也變成了現實，使人類的交通工具大為改觀，人類的運輸能力也得以空前地提高。

不久以前，勇敢的羅傑斯先生，駕著飛機，實現了飛越歐洲大陸的夢想。

費爾特實現了橫跨大西洋的無線電報的夢想，這使得美歐大陸能夠密切聯絡。

許多功成名就者之所以擁有驚人的夢想，部分應歸功於英國大文豪莎士比亞，是他教人們從腐朽中發現神奇，從平常中看出非常之事。

人類所具有的種種力量中，最神奇的莫過於有夢想的能力。如果我們相信明天更美好，就不必計較今天所受的痛苦。有偉大夢想的人，即使阻以銅牆鐵壁，也不能擋住他前進的腳步。

一個人如果有能力從煩惱、痛苦、困難的環境，轉移到愉快、舒適、甜蜜的境地，那麼這種能力，就是真正的無價之寶。如果我們在生命中失去了夢想的能力，那麼誰還能以堅定的信念、充分的希望、十足的勇敢，去繼續奮鬥呢？

美國人尤其善於夢想。無論多麼苦難不幸、窮困潦倒，他們都不屈從命運，始終相信好的日子就在後面。不少商店裡的學徒，幻想著自己開店鋪；工廠裡的女工，幻想著建立一個美好的家庭；出身卑微的人，幻想著掌握大權。

人唯有擁有這類幻夢，才可能有遠大的希望，才會激發內在的智慧，增強努力的信念，以求得光明的前途。

僅有夢想還是不夠的，有了夢想，同時還須有實現夢想的堅強毅力和

決心。如果徒有夢想，而不能拿出力量來實現願望，這也是不足取的。只有那實現的夢想 —— 夢想的同時輔之以艱苦的勞作、不斷的努力，那夢想才有巨大的價值。

像其他能力一樣，夢想的能力也可能被濫用或誤用。如果一個人整天除了夢想以外不做別的事情，把全部的生命力，花費在建造他們那無法實現的空中樓閣上，那就會弊害無窮。那些夢想不僅勞人心思，而且將耗費那些不切實際夢想者固有的天賦與才能。

要把夢想變成事實，全靠我們自己的努力。有了夢想以後，只有付以不懈的努力，才可能實現夢想。

在所有的夢想中，造福人類的夢想最有價值的。約翰·哈佛（John Harvard）用幾百元美金創辦了哈佛學院，亦即後來世界聞名的哈佛大學，就是一個最好的例子。

人不僅要有夢想，要敬仰夢想，更要激勵自己去實現夢想。當人人具有向上的志向，志向就會像一枚指南針，指引人們走上光明之路。良好的幻夢，就是未來人生道路美滿成功的預示。

## ▍喚醒酣睡的志氣

志氣是一種對外界刺激感應很敏銳的東西，而且它一旦被喚醒之後，仍需不斷地教育和鼓勵，誠如有音樂、藝術天賦的人必須注意培養和支持一樣，否則，志氣和才能就會像鮮花一樣，容易枯萎或凋零。

假使我們有志氣而不想去實現它，那麼我們的志氣將不能保持一種銳利而堅定的狀態，我們的天賦也將變得遲鈍而失去能力。

愛默生（Ralph Emerson）說：「我所最需要的，是一種能夠使我盡我所能的人。」也就是說，「盡我所能」是我自己的事。不是盡拿破崙或林肯所能，是盡我自己的所能。我能夠在我的生命中貢獻出最好的、抑或最壞的，能夠運用我的能力到 10%、15%、25%，抑或 90%，對於世界、自己，都將產生非常不同的結果。讓我們看看下面這種情形吧！

「大衛斯先生，我的孩子馬歇爾在你店裡有何長進？」

農夫約翰‧費爾德（John Field）一面焦急地望著正在招呼顧客的兒子馬歇爾（Marshall Field），一面向他的老闆打探著兒子的近況。

「約翰，我們是老朋友了。我本來不願傷你心的，但是，你知道，我是個坦率的人，為了你孩子的前途，我不得不說實話。」

在費爾德的真誠期待下，大衛斯繼續向他談論著馬歇爾的事：「馬歇爾是個好孩子，本性不壞；但是他個性過於誠樸，不夠機智。即使讓他留在我店裡一千年，也學不會像一個真正的商人，他生來就沒有一個商人的樣子。你最好還是把他帶回鄉下去，教他去學著耕地吧！」

假使馬歇爾‧費爾德當時真的一直留在大衛斯的店中當一個店員，他一輩子確實不會有什麼轉機。但是，他也沒有跟隨父親回到鄉下，而是獨自跑到芝加哥去闖天下了。

初到芝加哥的時候，馬歇爾只得到處去尋找適合自己的職業。在謀職的過程中，儘管有諸多不順，但他也並非一無所獲。那些徵聘員工的老闆，都這樣告誡他：他從前也是從做最艱苦的工作和拿最低微的薪水一步步奮鬥過來的。正是有這些出人頭地的神奇鬥士為榜樣，使他幾乎泯滅的志氣突然被喚醒，從此他心中燃起做一個大商人的希望之火。他一遍遍地反問自己：「他們都可以做出如此神奇的事來，我為什麼不能？」

經過多次的艱苦奮鬥，和長期不懈的努力，馬歇爾‧費爾德終於成為了聞名世界的大商人。他非常感謝大衛斯先生當年對他的那種輕視所產生的刺激。

誠然，馬歇爾也許原本就有成為一個大商人的資格；不過，大衛斯的忠告，的確喚醒了他隱伏的潛力，打碎了他依賴他人的酣夢，幫助他擺脫得過且過的環境，促使他到大都市去奮鬥，從而取得了最終的成功。

一般人常認為志氣是天生的，是無法加以改進的。但是實際上，大多數人的志氣，都是被人喚醒，或是受刺激而突發的。

我們大多數人都具有非凡的潛在能力，但這種潛能在大部分時間裡都

處在酣睡蟄伏狀態，它一旦被喚醒，就會做出許多神奇的事情來。

在美國西部某城市的地方法院有一位審判官，他在中年的時候還是一個粗魯的鐵匠，但在他六十歲的時候，他竟成為了該市一座最大圖書館的主人，他被譽為該市第一個博覽群書並為民眾謀福利的人。

是什麼使這位鐵匠發生了一場生活革命？也許你們聽了後都不相信，他只不過是偶然聽到了一場關於「教育的價值」的演講！是演講者的睿智喚起他的潛能，使他的志氣覺醒，從此走上了自我發展的成功之路。

你可以和那些信任你、鼓勵你、讚許你的人住在一起；也可以和那些永遠嘲笑你的希望、挪揄你的理想、時常在你的熱心上澆冷水的人住在一起。但這兩者對於發揮你的生命潛能，將產生天壤之別的影響。

當我們翻看印地安原住民學校的畢業生照時發現，學生們個個都是服裝整潔、容貌秀麗，眼睛中閃耀著夢想的火焰。看到這些充滿希望的照片時，我們是多麼真誠地祝福他們將來能做出一番偉大的事業來呀！但是，他們之中除了極少數的例外，大部分學生在回到他們本族後，奮鬥不了多長時間，就不由自主地降低了他們在學校時定下的標準，並一步步地重新墜入到他們祖祖輩輩已經習慣了的安穩的老派生活。很少人能繼續磨礪堅強的意志、秉持高尚的品格，用鋼鐵般的意志抵禦四周環境的影響。

當我們試著走進失敗者的隊伍中去詢問他們的得失時，你將會發現，大部分人之所以失敗，都是因為他們從來就未發現得以使他興奮而鼓勵他前行的環境，也就是說，他們的志氣從來就未曾被人喚醒過，這樣，他們就沒有力量從不良的環境中掙脫出來。

在任何情形之下，你都應不惜一切努力，投入能喚醒你的志氣、能刺激你走上自我發展之路的環境中。努力接近那些能了解你、信任你、能扶助你去發現自己、能鼓勵你要盡百般努力的人。你的生命是以取得偉大的勝利而榮耀於世，或是苟且偷生地虛度一生，就全依賴於你的這一抉擇。

親近那些力圖在這個世界上有所表現的人吧 —— 他們有高遠的目標，有宏大的志氣；親近那些精誠懇切的人吧 —— 他們能樂於助人，助

你努力服務於社會。志氣是能傳染的，它能感染你所處的環境。那些在你周圍的人在向上爬的過程中所取得的勝利，會刺激並鼓勵你作更艱苦的奮鬥，而達到他們的水準，取得更大的成功。

## ▌明確目標是成功之始

從一個普通的家庭婦女，到一個在商界叱吒風雲的佼佼者，瑪麗‧克勞莉（Lady Mary Crawley）所走過的成功之路告訴我們：成功者和失敗者之間最大的區別就在於是否能夠明確目標。目標直接決定著你成功與否，並為你的人生賦予許多重大的意義。

無論何時，當你在內心深處問及自己下面這些問題時，都是你所追求的目標在影響著你：

- ◆ 我要努力實現什麼？
- ◆ 我明天要去做什麼？
- ◆ 我以後要成為一個什麼樣的人？
- ◆ 我要怎樣度過我的一生？
- ◆ 人生的意義何在？
- ◆ 我現在要做些什麼？

目標是目的達到後狀況的描述，也是意志所要求的行動結果的陳述。目標並不是方向，而是真正的目的地。生活中許多人之所以沒有成功，主要原因就是他們行動的目標往往不明確。

我們必須首先確定自己想做什麼，然後才能達到自己預定的目標。同樣，只有明確自己想成為怎樣的人，才能把自己造就成那樣的有用之才。

有一位父親帶著三個兒子到沙漠去獵殺駱駝。

他們到達目的地之後，父親問老大：「你看到了什麼呢？」

老大回答：「我看到了獵槍、駱駝，還有一望無際的沙漠。」

父親搖搖頭說：「不對。」

父親問老二相同的問題。

老二回答：「我看到了爸爸、大哥、弟弟、獵槍、駱駝，還有一望無際的沙漠。」

父親又搖搖頭說：「不對。」

父親又問老三相同的問題。

老三回答：「我只看到了駱駝。」

父親高興地點點頭說：「答對了。」

這個故事告訴我們：一個人若想走上成功之路，首先必須有明確的目標。目標一經確立，就要心無旁騖，集中全部精力，勇往直前。

你也應該培養你自己某些強烈的期望，並把它們轉變成你生活中的具體目標。現在就請拿起你的筆，把你的某些目標具體描述下來吧！

## █ 目標不只是到達終點

意圖是內心和靈魂在生命中引領的方向。

任何事你都能達到，但並不是你的目的，成就只是一塊墊腳石。

所有的成就皆是短時間的，因此需要努力不間斷地朝向一個永久的目標前行。

你的目標是超越終點的，它在你的生命之上，它是充滿精力的理想、和諧的聲音，與你內心的聲音共鳴。即使在你的有生之年，你的行動都只是這理想的一部分，這世界將因你展現的天賦而耀眼。

在實現目標時，你所達成的成就建立起通往摘星的臺階。而每個成就注定有得有失，你越能感謝你所學到和接受的，你就越能受到啟發去建立你的下一步。

一位心理教授曾接受三位年輕企業家的諮商，他們擁有一家電腦軟體

公司。他們之所以安排諮商，是因為他們感覺已達成理想，而不知道何去何從。他們對日復一日的日常運作已失去興趣，而當年利潤也較十二年來最低。當教授和他們會面時，教授明白他們所說的理想，實際上只是在創立公司時所定下的長期目標——成為一家固定資產達百萬的公司。如今他們已到達設定的里程碑，便認為已達到該公司能力的頂點。

他們一起做了「理想和目的」的陳述，當他們完成時便了解：成為一家固定資產達百萬公司只是朝向一家國際公司首要的一步。於是，他們界定了作為一個軟體公司的目標：不斷根據電腦使用者的需要，生產出符合這些需要的產品，無論這些看起來是否可能。

一旦他們擁有比當時更偉大的理想，以及能夠終身致力的任務時，他們變得振奮、繼而行動，並再次因富有創意而生氣勃勃。

## 選擇恰當的人生目標

在人生的開始，我們就該向自己提出這樣的問題：我們的人生理想是什麼？我們腳下的道路將延伸向何方？一個人的生活目標如果只是為了獲得一個顯赫的職位，這樣的人生目標是庸俗的。

上帝在每個人的靈魂裡都埋藏了一個理想。在人生的某一時刻，一個人會感覺到自己需要為他人做些貢獻，這種感覺如此強烈，讓他靈魂為之震顫。一個人內心具有盡力而為的強烈衝動，這樣就為開創卓越的人生提供了可靠的力量源泉。

在當下，最常見的詞彙便是成功。它充塞所有的報紙和雜誌當中，不斷地刺激著社會競爭，由於這一詞彙不恰當的運用，導致了各種犯罪，並成為各種不端行為的藉口。從小孩牙牙學語的時候起，他們便懷著崇敬的心情說著這個單字；從在搖籃的時候起，他們便開始羨慕它。它成了許多人生活的最終目標。

但正是由於對所謂成功的過度的、無原則的追求，引發了大量的人間罪惡。許多年輕人心目中的榜樣是這樣的人：他來到北京、上海、紐約或

波士頓，由最初的一文不名，最終卻成了百萬富翁。對於這些人來說，這便是所謂的成功。但如何看待這種現象呢？在他們看來，人生在世，就是為了賺更多的錢，成為百萬富翁，而他為人如何，以及他是怎樣賺錢的，這並不重要。

在很多人看來，一個人能累積百萬財富，他就是成功的 —— 不管這錢是如何得來的，如何消費的，又是如何饋贈給他人。很少有人關心他的精神世界是否充實，人生境界是否高尚、美好和開闊，也不管他是否卑劣、貪婪，不管一個人是否靠殘酷壓榨工人為生，也不在乎他的財富是否建立在他人貧窮的基礎之上；不管他是否傷害了周圍人的利益，也不問他的孩子們精神上和道德上是否貧乏和空虛，只要他擁有百萬財產，他就是一個成功者。這就是當前這個追求物質利益最大化社會的人生哲學。一個孩子從開始說話的時候起，他就生活在這種社會氛圍之中。

然而，社會的主流媒體不該向年輕人灌輸這樣的觀念：只有擁有了大量財富，取得較高的社會地位，才能獲得成功與幸福。成千上萬聰明的孩子注定一生要為他人不斷提供服務 —— 像是生病者、貧困者、不幸者、無助者，他們實際上並沒有接受良好教育的機會，也不可能變得富有。但是，他們即使沒有按照大眾的標準取得成功，他們也不會永遠活得很悲慘。許多人從事著很平凡的工作，比如在病房裡工作一輩子，或者一生都是卑微地為他人提供服務，但是他們的人生是成功的，他們的人生境界甚至要遠遠高於許多不擇手段的百萬富翁。

不要追求海市蜃樓般的人生目標，儘管你不可能像帝王般為所欲為，但你完全可以在自己能力許可的範圍內發展自己。太多人因為確立的人生目標超出自身能力之外，一生的追求到頭來不過是一場幻夢，或者因為人生的抱負與能力不相稱，無法實現，終生飽受折磨。

一個人在人生早期所確立的理想，如果只是為了累積巨額財產，或者只是為了得到大眾的讚揚，這樣的人是可憐的。因為如果用這樣的標準來衡量，大多數人都是失敗者。你應該不斷地培養才能，不斷地累積力量，這樣才能對社會作出貢獻，充分地展現自我。

# ▌立下足以鼓舞一生的目標

1910 年，兩個年輕人合租了紐約市一間廉價的公寓。其中一位就是戴爾‧卡內基（Dale Carnegie），一個來自密蘇里州玉米栽種區的未經世面的幻想家，就讀於美國戲劇藝術學院。另外一個是來自麻州鄉下的孩子，名叫惠特尼。惠特尼出身農家。他和其他窮困的鄉下孩子唯一不同的是：他決心成為一家大公司的老闆。

惠特尼在城市找到的第一份工作，是為一家大食品連鎖商店當零售員。為了更深入地了解業務狀況，他經常利用午餐時間到批發部門去工作。他這樣做雖然不能得到別人的感謝和額外的薪水，可是當一個更好的工作出現空缺時，老闆就想到惠特尼而把工作留給他。

從零售員升為業務員，然後是部門主管、地區經理。隨著歲月的消逝，惠特尼漸漸地步入管理層。即便是這樣，他不免也會產生空虛的感覺。因為，在這家公司服務多年之後，他感到自己到了盡頭，因為在公司裡有太多總裁的親戚了。在另一家公司，他發現晉升的根據是年資 —— 他知道他到死都無法成為決策性高級職員，但是他一直沒有忘記自己的目標。當他變成自己公司的總裁後，終於達到了自己的目標。後來，他又創設了「藍月乳酪公司」。

這個鄉下孩子曾在那間簡陋的公寓裡對自己說：「有一天我要成為一家大公司的總裁。」這句話並不是痴人說夢，他是在肯定自己的內在信念，為自己立下一個方向，藉以鼓舞一生中的每一個行動。

為什麼惠特尼**轟轟**烈烈地成功而那麼多人失敗了呢？他工作努力 —— 可是別人也一樣努力。他只在工作閒時自修，所以學歷也不是問題的答案。問題的關鍵是，他知道他的方向。當他加班，當他調換工作，當他學習業務上的新知識時 —— 他所做的一切都是為了一個目的。

茫無目的是不能成功者的咒語。他們茫茫然地找個工作 —— 茫茫然地結婚 —— 他們蹉跎歲月，彷徨著期望事情會改變，心裡卻缺乏清楚的欲望和理想。

有這樣一句話 ── 「凡是一個人在自己內心感到緊緊握住了自己的東西，凡是一個人情願為之受苦甚至犧牲生命的東西，就是一個人的信念。它也許不值得，但沒有它，別的就更不值得。」或者它不僅是信念，但在平凡的生活中，幾乎沒有什麼需要我們用犧牲自己生命來證明的東西。

## 在目標的銀行中提取信念

重建生命境界的第一步就是要信任自己的目標。越相信目標的人，越容易成功。當你的目標日漸明晰之後，你就可以勇敢地前進，同時果斷地採取行動。

麥克阿瑟將軍就有這種信心。自從他向菲律賓人發表告別詞（「我一定回來。」）那一天起，就一心一意要實現他的這個諾言，他的信心從未改變。在新幾內亞的每一場戰鬥，對拉包爾的每一次空襲，或魚雷快艇對俾斯麥海日本貨船的攻擊行動，這一切都是收復菲律賓的前奏。

你可以永遠當不了將軍 ── 甚至當不了一等兵，但你仍然能夠以同樣的熱誠來相信你的目標，因為它們都同樣高貴。即使是一位普通的汽車技工，如果能滿懷熱情、富有信心地把工作做得乾淨俐落，那麼他也體現了自己的價值。他對自己工作的信心將可協助他保持鎮靜，度過各種難關。

你也完全可以運用信念幫助你自己，只要你可以在腦中回想起你最佳的時刻，描繪出使你感到幸福與成功的一切情況與細節。把注意力集中在這些意象上，將使你在這段期間內獲得心靈的平靜，也將協助你建立你的自我信念。

你也許會想：「我一生從未有過重大成就 ── 任何成就也沒有。」

不錯，但是你並不是要上臺在幾千人面前演出。你只不過是要在你腦中的舞臺演出 ── 遍又一遍地演出 ── 直到你把最成功的情景付諸實現為止。

你用不著希望成為一名演員或什麼大人物，你只須保持自己的本來面目就行了；同時很理智地在你的能力範圍之內採取行動，從你的經驗銀行中提取出珍貴無比的經驗財富 —— 這家銀行一向連本帶利付款給客戶的。

一旦訂下你的目標，回想起往日成功情景，並且也準備接受你的人性弱點，那麼你將在危機中感受到你的力量，你將發覺自己有足夠的能力來處理危機。

你內心擁有的強大力量，將協助你應付緊急情況。只要你全心全意下定決定獲得成功，只要你訂下你的目標，就可以動用這些力量。

你的成功機器已準備協助你去獲得成功，只要你已經給這個成功機器一個明確的目標。這個目標最好是以心理影像的方式表現出來的，因為這就等於啟動了這個自動追求成功的機器，它將幫助你走上成功之路。

俄國女皇凱薩琳二世是俄國歷史上頗有作為的女皇，繼彼得大帝之後唯一被授予大帝的女皇。這位德國公主，兩手空空地嫁到俄國，卻為俄國贏得了克里木和波蘭，打通了黑海出海口，使俄國版圖從 1,642 萬平方公里，擴大到 1,705 萬平方公里，整整增加了 63 萬平方公里。是什麼力量驅使這個纖弱美麗的女人成就如此的偉業呢？是目標。她為自己樹立了前進的目標：「要是我能活上 200 歲，整個歐洲必交置於我統治之下。」

目標不是約束，目標也不是羈絆，目標是引導你前進的指明燈。在這個世界上只有你自己才能阻止你實現夢想，也只有你才能幫助自己實現夢想。你現在就需要為自己設定的目標馬上行動起來，並朝向這個目標不懈地努力。

無論如何，相信你的目標是你為成功邁出的第一步，在前進的道路上，要隨時告誡自己：即使有移山填海之難，也要努力去達成。

## 找出成功目標的規則

我們要怎樣做，才能找出自己成功的目標呢？只要遵循著如下規則所

示的要點來做即可。

規則一：找出自己確實想要的事物、想去的地方 —— 有形及無形的。

規則二：將這些成功的目標排出先後順序。也就是說，哪些目標會自動引出下一個目標，而哪些是當務之急。

規則三：一旦明確了自己的目標，便可以開始規劃要如何去完成它們。不要陷入「我要的不是它」這類遊戲當中。你可曾看見你的朋友們玩這種遊戲？他們買了部電腦，玩了一陣子後卻說：「我要的不是它！」繼之可能是一艘船或別的什麼東西，但永遠以「我要的不是它」來做結論！如此的模式一次又一次地上演，只因他們從不利用時間來決定什麼是他們真正想要的。

要達到一個目標，你必須事先要有一個清楚的概念。因此，你要著手決定你在遠期、中期以及近期真正所要的是什麼。如果你現在還不能夠決定你長期和中期的目標，你就要加油了。對你最有利的是你應該在這個時候決定你的一般目標是什麼：要具有健全的身體和心智；要獲得財富；要成為一名品行良好的人；要成為一個好的公民、好父親或母親、好丈夫或太太、好兒子或女兒……

每個人都有眼前的特定目標。例如，你準備明天做什麼，或希望下個星期、下個月做什麼。你最好把有助於你達到中期和遠期目標及近期特定目標寫下來，這樣目標會更容易實現。但是最重要的是，你必須想要達到這些目標。

譬如說，你對自己在學校裡的學習成績不夠滿意，想改變自己的落後狀況，取得更高分數，那麼你就必須確立一個你所嚮往的明確目標，而不是含糊其辭的想法。像「我想學好更多的課程」或者「我想取得更好的成績」的想法是不行的，你的期望必須是一種具體的目標。

如果你的目標是想獲得一個更好的工作，那你就必須把這一工作具體描述出來，並自我限定準備哪一天得到這份工作。

如果你的目標是使家庭更加美滿幸福，那你就必須確切地描述一下如

何使你的婚姻狀況得到改善。

　　如果你目前的理想和願望還不夠明確，不足以成為一個目標，那就這樣試一試：像前面「想像成功的自我」中所說的那樣，想像 5 年後的你。你可以自問：「我想受多高程度的教育？我想做什麼樣的工作？我期望過什麼樣的家庭生活？我喜歡住什麼樣的房子？我想賺多少錢？我想結交什麼樣的朋友……」

　　你還可以這樣試一試：在一週內每天花 10 分鐘列出所有你能考慮到的目標。一星期後你手頭就會有幾十個甚至上百個可能實現的目標。這樣做會迫使你寫出自己的願望，這是開始把你的目標變為具體要求的最好方法。

　　樹立目標的最大價值在於可以避免浪費時間，避免漫無目的地瞎忙。而無論你採用什麼原則，一定要運用積極的人生觀才能實現你生命中的高尚目標。積極的人生觀是一種催化劑，使各種成功要素共同發生作用來幫助你實現目標，而消極的人生觀也是一種催化劑，更會造成罪惡、災難等一系列悲劇。

　　明確目標是成功之始，而一個積極向上的目標會使你變得強大有力，會使你胸懷遠大的抱負；積極的目標在你失敗時會賦予你再去嘗試的勇氣，會使你不斷向前奮進；積極的目標會給你前進的動力，使你避免倒退，不再為過去擔憂；積極的目標會使你理想中的「我」與現實中的「我」統一，使你走向成功之路！

# 第二章
# 如何制定你的生涯計畫

## ▌有效的生涯和生命計畫的技巧

接下來，我們要如何計畫未來，才能達到目標呢？重要的是發展有效的技巧去實現生涯和生命的計畫。不管現在還是未來要做生涯抉擇，你首先必須熟悉六種重要的技巧。

第一種技巧是有效決定的能力。我們的決定可以把我們的要求、情況與我們所在的世界之間搭建一座橋，有了決定才會有所遵循。如果你不曾發展出有效的決定能力的話，你會有一種無力感、無用感及無方向感。

第二種能力是自我評估能力，包括自己的能力、價值、好惡、個性趨向、生理特徵、期望等等，作為生涯或生命計畫的起點，也是達成目標的本錢。

第三種能力是評估各種生涯、職業的資料，尤其是要收集、分析適合你的期望及生活形態的職業資料。

第四種能力是結合你自己的主觀條件及客觀的生涯資料以形成個人最滿意的生涯抉擇。

第五種能力是把自己銷售給雇主。學習如何去找工作，如何接觸、推銷自己，包括自傳、履歷資料及面談的學習準備，最後能為雇主賞識而受聘。

第六種能力為工作適應與生涯擴展。進入工作世界後，那是一個新環境，如何在新環境中生存，工作得順利愉快，及如何擴展自己的生涯事

業，使生命更加充實等等。

　　以上六種技能對生涯或生命計畫的實現非常重要。它們是可以學習的，也可以透過練習而更精熟，我們可以在做生涯抉擇時反覆地運用它們。精熟這些技能的人，能夠充滿希望、樂觀及帶著信心去期待美好生活的開始。

## ▌生涯發展的階段與使命

　　生涯週期的階段和任務與生命發展有著密切關係，因為兩者都和年齡及文化規範有關聯。但是，生涯發展在某些方面與生命發展仍是有所區別的。兩者間最大的差異是 —— 每個人都有生命、生活，但並非所有人都會有其事業生涯。

　　我們在此具體為你做出生涯週期的階段與任務，其重點是指個體在職場中的生涯發展情形。

　　簡單地說，在個體進入某一產業之前，有一段時期是孩童或青少年學習自我了解及學習正確職業抉擇的階段，當然這是依據自己的才能、興趣、價值觀等條件，配合各種職業資料的了解所做的抉擇。

　　進入某一職場領域後，一方面個體需自我肯定，主動地學習某種可以貢獻的技能；另一方面個體必須學習做個好下屬，了解機構組織架構，並願意做個初級、新進的工作人員，做機構內基本、繁瑣的雜事。學習如何培養可以貢獻的技能，是生涯早期的重要學習任務。

　　當個體在公司機構內得到更穩固的地位，並脫離學習者的角色時，就開始能在某一特別部門有所貢獻了。個體在此時可以準備成為某一部門中某一領域的專家，並且能在沒有嚴格督導的情況下有效地發揮功能。表現好的話，會獲得晉升機會。但此時期最重要的是 —— 衡量自己和機構雙方的需求是否能互相滿足。在這個階段，個體必須培養自信心和能力去評斷自己的成就，並表現出獨立和可信賴的行為。對個體而言，如果工作是具挑戰性的，則很可能就會繼續留在原機構或原產業中。

　　隨著年歲與經驗成長，個體進入生涯中期，此期的兩大特點是：

1. 運用經驗與智慧使自己從專於某一部分的技術人員角色提升到一個了解全面的管理人才或通才。

2. 實現個人成長的需求，成為別人工作上的良師。大部分工作族發現；在自己生涯早期，都會從機構內一些高級工作人員那裡得到指導、支持與協助，而當自己進入生涯中期時，會發現不但自己擁有想協助、提攜後進的需求與情懷，而且自己所擁有的智慧與經驗也會吸引年輕同事的注意與欽羨。因此，變成別人工作中的良師是生涯中期很自然的結果，包括成為訓練員、督導、計畫主持人等等。

　　對很多人而言，這是一個危機時刻，必須審慎重估自己事業企圖新發展的情況及事業生涯在生命中的重要程度，當然也包括考慮事業發展與家庭生活的關係，例如兩者時間的分配及心力的投入如何？是否有衝突？如何解決？還有工作所得能否滿足家庭需要，如果不能，要如何解決？是否要放棄此行而另謀他職，或更努力以賺取額外或更多的錢來符合需要呢？另一個危機是如何使自己的專業或專才，在知識科技發達、變化快速的時代維持水準，如何與受最新訓練的年輕同事競爭，還有如何面對自己日趨不濟的體力……這些都是此時期面臨的一些共同壓力。

　　生涯晚期的情況是較難描述的，因為它視所追求的生涯類型而定，視個體是否擔任管理或領導角色而定，及上述這些因素與其個人、家庭的互動情況而定。而擔任工作督導或良師角色，及在將要退休時學習如何慢慢卸下工作角色、職務，是此時期最重要的任務。而這是我們每個人都要面對的。

# 第三章
# 如何培養信心

## ▌不要懷疑自己

如果我們有可能獲得成功，我們就該嚮往它，去努力爭取。不要懷疑自己，疑慮重重，無端地製造一種不利的氛圍來。如果害怕失敗，總是翻來覆去掂量著各種可能性，即使是傑出人物也不可能成功。堅信你自己，即使找不到現成的道路，也要走出一條路來。這樣的話，你才可能獲得成功。

如果一個明智而又堅毅的人，他能夠做成某事，並且他下決心要做成某事，那麼，我們應該真正重視他所說的話，相信他說的話 —— 儘管過去沒有人做成過那件事。

在耶魯大學時，日後出任美國副總統的約翰·卡爾霍恩（John Calhoun）還是一個默默無聞的年輕人，但他學習非常刻苦，而這件事遭到同學們的嘲笑。他說：「我不得不爭分奪秒地利用我的時間，這樣的話，當我在國會的時候就會從容自若地對付一切。」在人們對此加以嘲笑時，他堅定地說：「你們很懷疑這一點嗎？我想告訴你們的是，如果我在三年之內不能如期地作為國會議員抵達首都，我就沒有必要待在這裡讀書了。」

一個人對自己的能力充滿強烈的自信，在別人看來，或許會認為他是自高自大，但偉大的人物通常要持有強烈的自信心。華茲華斯（William Wordsworth）相信自己會在英國文學史上占據重要地位，對此他不諱言。但丁預見到自己在文學史上的名聲。克卜勒認為同時代的人是否閱讀他的作品並不重要，「我要等一個世紀才能盼到一個讀者，因為上帝等待了上

千年才等到我這樣的一個發現者」。

弗勞德寫道：「一棵樹要想開花結果，就該植根於肥沃的土壤之中。一個人應該站穩自己的腳跟，靠自己的力量，不要指望有力者的垂青，也不要期待什麼好運的降臨。我們只有做到這樣，才可能接受生活的磨練。」

埃利亞斯‧豪（Elias Howe）在貧困淒慘的日子裡做試驗，努力試驗縫紉機，卻忘記了自己的家庭和工作，因此遭到他人的嘲笑。然而，他相信自己會取得最後的成功，結果，他為世界製造了一種非常實用的工具。

遭到他人的懷疑、嘲笑、打擊而能堅信自己，這種人在歷史上不乏其例。其中包括了塞繆爾‧摩斯、賽勒斯‧菲爾德，我們甚至還可以一直上溯到哥倫布，以及今天仍然為世人所知的許多古代偉人。

一個人如果不是非常尊重自己，是不可能得到他人持久和高度的信任的。

## ▍學會欣賞自己及他人

欣賞是構成享受的兩個基本要素之一。欣賞，是「喜歡」某個事物——讚佩它、鍾愛它、對它動心，甚至也許愛慕它。

欣賞之鑰是「時間」。

「當前背著太多過去的負擔，」霍桑（Nathaniel Hawthorne）寫道，「在這個世上，我們沒有時間欣賞生機勃勃而且就在我們周圍的東西。」

欣賞的本質是「製造」時間。時間是珍貴之物。要欣賞東西，我們必須將這珍貴之物拿一點出來用在我們欣賞的對象上。

不妨做個實驗。在你目前的環境裡找個平常的東西，你能拿在手裡的，什麼都可以。拿起來。好，用足足五分鐘注視它、感覺它、品味它、探索它。

你是不是比較欣賞那個東西了？請注意，我們可不曾要求你欣賞它。

我們只是請你花一點時間，探索它。花了時間，自然而然的結果就是欣賞。

在人方面，道理尤其如此。人喜歡被欣賞，而欣賞又是極好玩的事。「人性裡最深的原理！」威廉‧詹姆士（William James）說：「是被欣賞的渴望。」

然而，太渴望別人欣賞，就是自找麻煩了。「太依靠別人的認可，」提希‧謝說，「人生就變成如坐針氈。」

解決的方法是，不去找欣賞我們的人，學習欣賞自己。怎麼做？很簡單。在自己身上花時間，花時間陪自己，了解一下我們這輩子每天晚上都一起睡覺的這個人。

欣賞是一種積極的選擇。我們「選擇」花時間發現某物或某人的優點和美好的特質，這需要紀律與集中心神。我們必須尋找這些優點和美好的特質，即使對象看來不好。我們的習慣反應可能是「我討厭這個東西」或「我不喜歡它」。那麼下些功夫，我們就能超越習慣反應，做出一種比較愉快、比較有樂趣及比較豐富的反應。

「知道最好的人或事物裡也有邪惡，是件傷心事，」李格斯博士說：「發現最壞的裡面也有善，是個喜悅，這喜悅遠遠抵過那傷心而有餘。」

如何增加我們的欣賞能力？練習、練習、練習。有什麼是可以「經常」拿來練習的？當然，就是我們自己。「能不理人群的掌聲，」艾迪遜寫道，「無求於人群也自得其樂者，是偉大的人。」

多看自己而不一味求得別人欣賞，就會發生一件極為奇妙的事：別人似乎比較欣賞我們了。當然不是所有人都如此 —— 有的人會說我們「虛榮、以自我為中心、自負」。沒錯，我們大概怎麼做也不會得到這些人的欣賞。

學會欣賞自己，當我們比較欣賞自己的時候，會得到更多別人的欣賞。

另一個提升欣賞能力的方法是 —— 肯定。

試試以下的肯定：

「我欣賞我的生活。」

「我欣賞我自己。」

「我欣賞我的財富。」

「我欣賞我的健康。」

「我欣賞我的幸福。」

「我欣賞我的充裕。」

「我欣賞我的富有。」

「我欣賞我的愛心。」

「我欣賞我對人的關切。」

「我欣賞我的與人分享。」

「我欣賞我的學習。」

「我欣賞我知道自己要什麼。」

「我欣賞我的機會。」

「我欣賞我懂得享受樂趣。」

「我欣賞我的平衡。」

周圍大多數事物我們都視為理所當然，對它一無所知。欣賞 —— 即花時間尋找其中的美好 —— 能幫我們克服我們無法享受既有財富的基本限制之一：無知。

# 第四章
# 活在當下

## 你所擁有的只是現在

內心的平靜、工作的成效，都決定於我們要如何活在現在這一刻。不論昨天曾發生過什麼事，也不論明天有什麼即將來臨，你永遠置身「現在」。從這個觀點來看，快樂與滿足的祕訣，就是全心全意集中於現在的每一分、每一秒之上。

小孩子最美妙的一點，就是他們會完全沉浸於現在的片刻裡。不論是觀察甲蟲、畫畫、築沙堡或從事任何活動，他們都能做到全神貫注。

成長的過程中，很多人都學會了同時思考或擔心好幾件不同事情的本事。過去的煩惱、未來的憂慮，全都擠到現在，使我們生活愁雲慘霧、效率低下。

我們也學會把快樂延後享受，因為我們往往認為未來的情況會比現在好。

高中生想道：「有朝一日，我畢了業，不必再聽師長的訓，日子就好過了！」他畢業之後，又覺得必須離開家才能找到真正的快樂。離家進入大學後，他又暗下決定：「拿到學位就好了！」好不容易領到文憑，這時他卻又發現，快樂要等找到工作才能實現。

他找了份工作，從基層做起。不消說，快樂還輪不到他。一年一年過去了，他不斷把獲得快樂和心靈平靜的日期往後延遲，直到他訂婚、結婚、買房子、換一份更好的工作、退休……最後在享受至高無上的快樂之前，他就

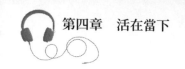

去世了。他所擁有的現在都用於計畫一個永遠沒有實現的美好未來。

　　你聽了這樣的故事，覺得心有戚戚焉嗎？你認識一些永遠把快樂留到未來的人嗎？還是你自己本身就處在這樣的狀態呢？快樂的祕密，說穿了很簡單，就是你的生活必須以現在為中心，我們要在生命的旅途中享受快樂，而不是把它留到終點才享用。

　　同樣的，我們也可能拖延與心愛的人共處的機會。美國前幾年做過一項調查，了解中產階級父親花多少時間陪伴年幼子女。參與者在衣服上別著麥克風，記錄父親與子女每天溝通的情形。

　　研究結果顯示：一般中產階級父親花在跟子女好好溝通的時間，每天平均為 37 秒。當然，很多位父親都計劃好好陪他們最心愛的人，只是「等家裡收拾乾淨」、「等工作壓力消除」、「等銀行有更多的存款」……問題是，沒有人有把握一定看得見明天，我們所有的人都活在現在，也就是我們要從現在從事的每件工作本身找到樂趣，而不只是期待它最後的結果。如果你正在粉刷家中陽臺，刷子的每一筆，都該能令你感到愉快，幫助你學習如何做好這份工作。你該享受拂面的清風、聽院中小鳥歌唱，以及周圍的一切。

　　為了活在當下，我們是否用自己的感官，體會現在這一刻的種種美妙之處。每一分、每一秒，每個人都可以自由選擇，是否要真正生活在當下，吸收周圍的一切，讓自己被感動、被影響。

　　活在當下能消除內心的恐懼。基本上，恐懼是因未來可能發生的事而產生的憂慮，這種憂慮會麻痺我們的心靈，使我們無法從事任何建設性的工作。

　　只有在靜滯不動時，才會受制於恐懼。當你一開始行動，恐懼就會削弱。活在當下，也就是採取行動而不去擔心後果，為了做一件事而去做它，並不考慮是否能得到應得的報酬。

　　我們不能否認，任何實際存在的事物，都不可能一下子憑空消失。如果你心中有牽掛，諸如：擔心車子被炸、失業、妻子離棄你……要把心事

騰空，恢復平靜，絕非易事。改善心理狀態最有效的方法就是行動、參與。找些事做！隨便什麼都可以。打電話給老朋友或交個新朋友、上健身房、帶孩子去公園、幫鄰居整理整理花園吧！因為，時間不具實體，它只是一個存在你腦中的觀念。「現在」是你唯一能擁有的時間，要好好把握利用！

馬克‧吐溫曾說，他一生中經過一些可怕的時光，其中一部分甚至是真實的！這話確是實情。我們往往在心中為尚未發生的事煩惱不已，受盡折磨，但如果細看唯一屬於我們的現在這一刻，我們會發現，根本沒什麼大不了的問題！

要活在當下。

## ▎擁有積極的人生觀

1998 年 3 月奧斯卡金像獎頒獎典禮中，最佳男配角得主羅賓‧威廉斯（Robin Williams）拿著那象徵演員最高榮譽的獎牌說，他要把這個獎獻給他已在天上的父親，並談及他決定以當演員為終身職業時，他的父親當時對他回答說：「好，但是你最好找個焊工來做，以備不時之需！」

羅賓‧威廉斯以充滿興奮、感人而略帶顫抖的聲音，雙眼泛著淚光地述說時，震撼了所有在場的人與電視機前的觀眾。

這位原本念政治，卻改行當演員的羅賓‧威廉斯，在 46 歲獲得此獎，他卓越的演技終於得到肯定。儘管在此之前曾數次與金像獎擦身而過（獲得提名三次），但是他並沒有因頹廢鬱悶或自恃侮謾，他依然嚴格挑選他所喜愛的電影劇本，並用心扮演每一個角色。

難得可貴的是，此次在《心靈捕手》的劇本中，他只是扮演一個心理治療者的配角角色，身為一個名演員的他，卻因喜歡此角色而自願降低身分，以爭取扮演的機會。甚至在參與的過程中，他將年僅 27 歲的男主角麥特‧戴蒙引介給名大導演史蒂芬‧史匹伯，讓對方有更上一層樓的機會。

羅賓‧威廉斯的生動演技與對角色詮釋讓人欽慕，諸如在《春風化雨》

中當老師、《家有傑克》中是個衰老症病童、在《心靈捕手》中扮演的心理治療者等角色均帶給我們相當的衝擊與共鳴。

然而，他在參與《心靈捕手》的演出過程中，更讓我們看見一個擁有自我價值感的「人」。

對於肯定型性格的人而言，「自我價值」絕不是一個「抽象名詞」，它是透過每天生活中非常具體的行為表現出來的。

## 積極地貢獻自我

肯定型的人，知道「天生我材必有用」。

他的內在語言是：「我的存在是有價值的！」

這種人，不論主管在場與否，或別人有無給予稱讚，都會因肯定自己存在的價值，而積極地展現自己的貢獻。

在工作或生活中，充分洋溢熱忱、耐心、合作、樂觀與正向的活力，是肯定型性格一向的標記。

## 不斷開發潛能

「未來的我，絕不是現在的我！」

肯定型性格的人，認為：

「人生的過程，就是潛能發揮的過程！」

正如人本心理學家羅傑斯（Carl Rogers）所強調的，「自我實現」是在人生中逐步形成的。因此，肯定型的人不需要別人勉勵督促，他會主動抓住每個學習的機會，把超越目前的自我當作一種「生活樂趣」。

如此，對於肯定型性格的人而言，「開發自我的潛能，是一種快樂！」

肯定型性格的人，因為對自己有足夠的安全感，所以對自己有滿意的感覺。

- 消極型的人，因自卑而萌生自責。

- 攻擊型的人，因自卑而企圖壓制別人。

- 肯定型的人，卻因自信而能接納自己的缺憾、不足，也能「確認」自己有某些「優點」與「獨特性」。

肯定型性格的人，不會刻意隱藏自己某些缺點，更不會因此而自卑，因為他知道：每一個人都不同。

## 能尊重別人有其位置

每一個人都需要有一個生存的空間！儘管，有時我們不同意，但是我們尊重你有發言的權利，你有自己的生活方式、宗教信仰、特殊文化……

肯定型性格的人，了解我們是活在一個「多元化」的世界，因此，他會謙虛地拓展對「不同」的認知、吸納、學習……而不是如攻擊型性格的人只知道排斥、攻擊、消除……

## 能欣賞別人

「我好 —— 你也好」這是肯定型對人際關係的基本心態，能夠「看見別人的優點與獨特性」。

肯定型性格的人，會在生活中自然展現欣賞他人的五種具體行為：

1. 不會浪費時間閒言閒語、製造紛爭。
2. 能「主動」當面稱讚別人。
3. 會在背後誠心談及別人的「好」。
4. 謙卑地學習、模仿、吸取他人的優點，使之成為自己的優點。
5. 能鼓舞別人發揮能力並開發潛能。

這是一個真正欣賞別人的實際表現，是肯定型性格的特質。

# 培養自己

專業信念是成功的必備條件，有與沒有截然不同，沒有它你永遠是平庸的，有了它你將比別人做得更為出色。

每一個成功的人，都對自己有一種使命感，他們都相信自己是為了一個特別的理由來到世上，而這個理由就是他們正在做的事情。正是使命感促使他們做每件事情時，都要求自己按照所從事的事業，哪怕是遊戲都要按照它的規律做事，按照規律做事就是對自身生活負責的一種態度。

一位國際象棋高手，下棋已有 15 年了，問到他所取得的成績時，他一下就報出數十個冠軍頭銜。接著他又談起了自己的經歷。最初下棋時，他就覺得，這個東西值得琢磨，於是他找來了棋譜演習，結果在很短時間內就擊敗了周圍的一些高手。他不肯就此止步，更不為自己這一點點成績津津樂道，而是繼續在下棋過程中鑽研棋譜，又過了一段時間，他的進步已不是一點一滴的了，而是突飛猛進，於是他走上了街頭，擺起棋盤。這位大師的確令人景仰，他的舉動不僅僅是一種勇氣，一種向未來不可知挑戰的勇氣，也是一種智慧。他知道自己是以專業水準要求自己的，也是按事物發展規律辦事的，這樣他面對不可知的高手的出現，只有繼續以專業信念的心態與之相對，所以他成功了。

我們想一想，想一想自己身邊的人，看一看大街小巷展開棋盤兩軍對壘的人們。他們也許已下了不止 15 年了，為什麼沒有成為大師，哪怕是有限範圍內的高手呢？仔細思考後我們就會明白，我們從沒有找來棋譜按專業水準要求自己，也許有的人根本就不知道還有棋譜這麼一回事。

把你所從事的工作納入到專業當中，按專業的水準要求自己，這一點極為關鍵，這是成功意識不可缺少的。專業信念是成功的必備條件，有與沒有截然不同，沒有它你永遠是平庸的，有了它你將比別人做得更為出色。

# 自信讓你有緣把握機遇

自信心對於事業簡直是一種奇蹟，有了它，你的才能就可以取之不盡，用之不竭。一個沒有自信心的人，無論有多大本領，也不能抓住任何機會。他遇到重要關頭，總是不肯把所有的本領都表現出來，因此明明可以成功的事，往往被弄得慘不忍睹。

只有勇於負起責任的人，才能成功；只有說什麼做什麼、相信自己一定能夠得到的人，才能達到目的。要負責做一件事，首先必須要有堅定的自信力，始終相信自己能夠做成任何要做的事。

有許多人，一旦稍受挫折，便心灰意冷，提不起精神，他們以為自己的運氣正在與他作對，再掙扎也沒有用。

只要你常常留心，就可以看見不少成功的人都曾經失敗過，甚至於破過產，但因他有勇氣、有決心，始終能夠從跌倒的地方站起來，更加努力地工作著。

任何想要擁有成功的人都應始終保持自己的勇氣。無論遭遇怎樣的挫折，也不要意志消沉。一個人如果老是拿不定主意，畏畏縮縮地做事，無異是攔住了自己的前途，這好像浮在水面的死魚，任憑水勢東漂西蕩一般。而一條活魚，則能夠逆流而上。

試看世上一切事業之所以會失敗，大多數並不是由於物質上的損失，而是因為沒有自信力的緣故。

除了人格之外，人生最大的損失莫過於失掉自信心。當一個人失去自信心時，一切事情都將不會再有成功的希望，正如一個背骨癱瘓的人，永遠挺不起腰站立。

有勇氣、有決心的人，沒有什麼障礙能夠阻擋得住他。班揚（John Bunyan）被關進了監獄，他仍然寫出《天路歷程》，邁騰被挖掉眼睛之後，仍能寫出《失去的天國》；派克門也靠著他一往直前的堅韌之心，寫成《卡里夫尼亞和奧里更的浪跡》。像這一類的前例，不知有多少，他們的成功

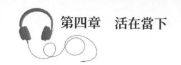

都是本著堅韌換來的。

　　一個人的能力，好像水蒸氣一般，不受任何拘束，沒有限制，誰都無法把它裝在固定的瓶子裡；而正是堅決的自信力才能將這種能力充分發揮出來。

　　正如演戲一般，一個人可以調整他自己的品格和態度，讓自己扮演各式各樣的角色。假如你有意要成為一個成功的演員，就一定將你的態度和品貌處處演成成功者的樣子。

　　一個有眼力的人，能夠從過路人中識別出成功者來。因為一個成功者，他走路的姿勢，他的舉止，無不顯出充分自信的樣子，從他的氣勢上，可以看出他是能夠自己做主、有自信和決心完成任何工作的人。一個能自主、有自信和決心的人，絕對擁有成功的資本。

　　相反，一個有眼力的人，也能夠隨時指出一個失敗者來。從他走路的姿勢和態度，可以證明他沒有自信力和決斷力，從他的衣飾，氣勢上也可以看出他一無所長，而且他那怯懦拖拉的性格也透過他的舉動充分顯示了出來。

　　一個成功者處理任何事時絕不吞吞吐吐、模稜兩可。他全身都充滿了魄力，使他不必依靠他人，而能獨立自主。那些毫無成就的人既無自信力，本身的能力又空虛異常，他的姿態總是一幅日暮途窮的樣子，從他的談吐和工作上處處表示他已無能為力了。

　　自信心可以使人的一生產生奇蹟，有了它，你的才能就可以取之不盡，用之不竭。一個沒有自信心的人，無論有多大本領，也不能抓住任何機會。他遇到重要關頭，總是不肯把所有的本領都表現出來，因此明明可以成功的事，往往弄得慘不忍睹。

　　事業的成功，固然需要才能，但是自信心也是不可缺少的。你之所以缺乏一種自信心，是因為你不相信自己具有這種自信力的緣故。你必須從心裡、從言行、從態度上拿出三個字來「我做得到」，在不知不覺之中，人家就會開始對你產生信任，而你自己也會逐漸覺得自己確是可以依賴的人了。

# 用自信的陽光照耀事業

生意清淡，存貨囤積，店員不負責任，一切欠帳又紛紛來催，這時一個商人的才能，都將了然揭示於人們的面前，人們將詳詳細細地看出他的功底究竟如何。假使他遭遇一點區區小事，便氣得暴跳如雷；心中稍不如意，便大大地對人發作；就足以證明他還沒有學會一種最重要的本領：不能隨時按捺住怒氣。

一個商人在生意興隆、一帆風順的時候，固然很容易喜形於色，春風滿面。但在生意不順利、市面不景氣、入不敷出時，一切艱難困苦都向你襲來，這時如果你仍能鼓起勇氣，從不煩惱、待人和氣，才算得上是難能可貴。當你的經營瀕臨危險，多年來辛苦積攢的資產漸將消失殆盡時，無論你身處何方還是應該保持心情平穩，而不要露出氣餒的樣子。

沉著冷靜，永不氣餒，這是每一個人所應養成的品格。任何想成功的人都應永遠保持一副親切和藹的笑容、一種希望無窮的氣魄、一個必能戰勝任何突然襲來的逆浪的自信力和決心。他應該不急躁、不懊惱、不輕易發怒，更不應該遇事遲疑不決。這些良好的品性，往往比他焦心積慮更容易解決許多困難。

從來沒有聽說過一個滿口說著「快要失敗」的人會取得成功。對於任何事，你都不應向陰暗消極的方面去想。你絕不可一天到晚埋怨市面太壞或是年成不利，這種自暴自棄的壞習慣是一般人最容易沾染的。在他們的眼裡看來，從來就沒有樂觀的時候，一切都是失望的、不會成功的。這種念頭往往無形之中會把他們拖進失敗的深淵，永遠不能自拔，永遠不能有成功的一天。

事業好像一棵嫩芽，要它成功，非用陽光去照射不可。

快鼓起勇氣來，努力推開所有一切可惡的障礙，你要學習怎樣去改變環境，怎樣去掃除外來的惡勢力。無論做什麼事情，你都應向成功方面著想，不可以整天雙眉緊皺地去想死氣沉沉的失敗。

一個光明磊落、充滿生氣、滿面春風的人，到處都受人歡迎；一個老是怨聲嘆氣，專想失敗的人，誰都不願跟他來往。世上唯有那些滿懷希望、愉快活潑的年輕人，才能繼續不斷地發展自己的事業。我們對那些滿面愁容、無精打采的人，總是盼望能早些避開。

一個有勝利決心的人，他的行為談吐無不顯得十分堅定而有自信。他意志堅強，覺得自己有戰勝一切的把握。世上最受人信任、令人欽佩的就是這種人，最遭人厭惡、鄙視的是那種猶豫多疑、拿不定主意的人。

一切成功和勝利都屬於在各方面能掌握住自己的人。那些即使遇到機會，也不敢自信必能成功的人，只能得到失敗。唯有打定主意、有勇氣奮鬥的人，才能對事業發生興趣，才能自信一定能夠成功。

那些在生存競爭中獲得勝利的人，他們的一舉一動一定充滿自信，他的非凡姿態一定會使你敬仰有加。一眼望去，就可以看出他渾身充滿活力。那些被擠倒在地、打了敗仗的人，卻永遠是那副不死不活的樣子；他們沒有決斷力、沒有自信力；他們從自己的行動舉止、談吐、態度上，給人一個懦弱無能的印象。

噴泉的高度是無法超過它的源頭的，一個人做事也是一樣，他的成就絕不會超過自己所相信的程度。

如果你已經有了適當的發展基礎，而且你知道自己的力量確能愉快地勝任，就應該立刻打定主意，不要再發生絲毫動搖。即使你遭遇一些困難和阻力，也千萬不要想到後退。

要成就事業，這一過程中的荊棘有時比玫瑰花的刺還要多。它們擋在你面前，正是你試試自己究竟意志是否堅定，力量是否雄厚的機會，任何障礙，只要你不氣餒、不灰心，終究會有辦法予以排除。只要兩眼緊盯著目標，堅決認為自己一定有自信，一定有成就事業的能力，那說明你在精神上已經到了成功的地步，你實際的事業一定也會跟著成功無疑。

你要排除一切旁人的意見，打消一切莫須有的空念頭，遇事立刻作出判斷，時時顯現任何事都有把握的態度，切勿氣餒，你所下的決心，必須

堅定如山，不可再動搖，無論你受到任何打擊與引誘——這是戰勝一切的訣竅。

世上真不知有多少失敗者，只因沒有堅強的自信力，他們所接近的也無非是些心神不定、猶豫怯懦之輩，他們三心二意，永無決定事情的能力。他們自身明明有著一種成功的要素，卻被自己活生生地推了出去。

無論你窮到什麼地步，千萬不要失去最可貴的自信力！你抬起的頭，切勿被窮苦壓下去；你堅決的心，切勿被惡劣的環境所屈服。你要做環境的主人，而不是環境的奴隸。你無時無刻不在改善你的境遇，無時無刻不在向著目標邁進。你應該堅決地說：你全身的力量已經足以完成那件事業，絕不會有人來搶走你的這股力量。你應該從自己的個性改起，養成一種堅強有力的個性，把曾被你趕走的自信力和一切因此喪失的力量重新挽救回來。

有許多人對事業曾經失去過信心，但最後還是重新建立自信，挽回了事業。世人應該保持這種價值連城的成功之寶，如應該爭取高貴的名譽一般重要。

## ▌抬起頭來要求卓越

如果你在容貌舉止之間都表現出你自認為自己卑微渺小，而處處顯得你不信任自己，不尊重自己，你自然不應抱怨別人，別人也自然不會信任你，尊重你，也會低估你、輕視你。

人的各部分的精神能力，也應像軍隊一樣，要對主帥充滿依賴——它是一種不可阻遏的「意志」。

據說，只要拿破崙一親臨戰場，士兵的戰鬥力量就會增加一倍。軍隊的戰鬥力，大半寓於軍士對於其將帥的信仰中。如果統領軍隊的將帥顯露出疑慮慌張，則全軍必陷於混亂與軍心動搖之中；如果將帥充滿自信，則可增強部下英勇殺敵的氣概。

如果一個人具有堅強的自信，往往可以使自認平庸的我們能夠成就神

奇的事業，甚至成就那些雖則天分高、能力強，但是疑慮與膽小的人所不敢染指的事業。

你的成就大小，永遠不會超出你自信心的大小。沒有拿破崙的自信，他的軍隊絕不會越過阿爾卑斯山。同樣，在你的一生中，如果你對於自己的能力心存重大懷疑或沒有自信，你也絕不可能成就偉業。

有一次，一個士兵從前線馳歸，將戰訊呈遞給拿破崙。因為路程趕得太急促，他的坐騎在還沒有到達拿破崙的總部就倒地累死了。拿破崙立刻下了一道手諭，交給這位士兵，叫他騎上自己的坐騎火速馳回前線。

這位士兵瞧著那匹魁偉的坐騎，還有上面所配的華貴的馬鞍，不覺膽戰心驚地脫口而出：「不，將軍，我只是一個平常的士兵，這坐騎太偉大，太好了，我受用不起！」

在這個世界上，有許多人，他們以為別人所有的種種幸福是不屬於他們的；以為他們是不配有的；以為他們是不能與那些命運特佳的人相提並論的。然而他們不明白，這樣的自卑自抑，自我抹殺，是會大大縮減自己生命價值的。

有許多人往往想，世界上許多被稱為最好的東西，是與自己沾不上邊的，人世間種種善、美的東西，只配那些幸運的寵兒們所獨享，對於他們來講只能算是一種禁果。他們將自己沉迷於卑微的信念之中，那他們的一生自然也只會卑微到底，除非他們有朝一日醒悟過來，勇於抬起頭來要求「卓越」。世間有不少本可以成就大業的人，他們最終只得平平淡淡地老死，度過自己平庸的一生，他們之所以落得如此命運，就因為他們對於自己期待太小、要求太低的緣故。

自信心是比金錢、勢力、家世、親友更有用的要素，它是人生最可靠的資本，它能使人克服困難，排除障礙，不怕冒險。對事業的成功，它比什麼東西都更有效。

一個人可以給予自己很高的評價，而自信處處能助他取得勝利。在他追求事業的過程中，「自信的氣勢」一旦表現出來，即使剛剛開始他就已

取得一半的勝利，操一半的勝券了。一切自卑自抑阻止人類進步的障礙，在這種自信堅強的人面前，就完全旁落他處了。

當我們去研究、分析那些「自己創造機會」的人們的偉大成就時，就會發現，他們在出發去奮鬥時，一定都先具備了充分信任自己的能力和堅強的自信心。他們的心向、志趣，堅定到了足以排除一切阻礙，嚇倒那些低估輕視自己的懷疑與恐懼，而使他們所向無敵。

「假使我們自比為泥塊，」科內里說：「那我們將真的會成為被人踐踏的泥塊。」

# 第五章
# 怕什麼，去經歷再說

## ▌勇於拋開過去，走向新的旅程

一個平凡的上班族麥克‧麥金泰爾（Mike McIntyre），37 歲那年做出了一個讓常人看來瘋狂的決定，放棄他薪水優厚的記者工作，把身上僅有的三塊多美元捐給街角的流浪漢，只帶了乾淨的內衣褲，決定由陽光明媚的加州，靠搭便車與陌生人的好心，橫越美國。

他的目的地是美國東岸北卡羅萊納州的「恐怖角」（Cape Fear）。

這是他精神快崩潰時做的一個倉促決定，某個午後他「忽然」哭了，因為他問了自己一個問題：如果有人通知我今天死期到了，我會後悔嗎？答案竟是那麼的肯定。雖然他有好工作、美麗的同居女友、親友，他發現自己這輩子從來沒有下過什麼賭注，平順的人生從沒有高峰或谷底。

他為了自己懦弱的上半生而哭。

一念之間，他選擇北卡羅萊納的恐怖角作為最終目的，藉以象徵他征服生命中所有恐懼的決心。

他檢討自己，很誠實地為他的「恐懼」開出一張清單：打從小時候他就怕保母、怕郵差、怕鳥、怕貓、怕蛇、怕蝙蝠、怕黑暗、怕大海、怕飛、怕城市、怕荒野、怕熱鬧又怕孤獨、怕失敗又怕成功、怕精神崩潰……他無所不怕，卻似乎「英勇」地當了記者。

這個懦弱的 37 歲男人上路前竟還接到奶奶的紙條：「你一定會在路上被人殺掉。」但他成功了，4,000 多里路，78 頓餐，仰賴 82 個陌生人的

好心。

　　沒有接受過任何金錢的饋贈，在雷雨交加中睡在潮溼的睡袋裡，也有幾個像公路分屍案殺手或搶匪的傢伙使他心驚膽戰、在遊民之家靠打工換取住宿、住過幾個破碎家庭、碰到不少患有精神疾病的好心人，他終於來到恐怖角，接到女友寄給他的提款卡（他看見那個包裹時恨不得跳上櫃檯擁抱郵局職員）。他不是為了證明金錢無用，只是用這種正常人會覺得「無聊」的艱辛旅程來使自己面對所有恐懼。

　　恐怖角到了，但恐怖角並不恐怖，原來「恐怖角」這個名稱，是由一位 16 世紀的探險家取的，本來叫「Cape Faire」，被訛寫為「Cape Fear」，只是一個失誤。

　　麥克‧麥金泰爾終於明白：「這名字的不當，就像我自己的恐懼一樣。我現在明白自己一直害怕做錯事，我最大的恥辱不是恐懼死亡，而是恐懼生命。」

　　花了六個星期的時間，到了一個和自己想像無關的地方，他得到了什麼？

　　得到的不是目的，而是過程。雖然苦、雖然絕不會想要再來一次，但在麥克的回憶中留下的是甜美的信心之旅，彷彿人生。

　　也許我們會發現，努力了半天到達的目的地，只是一個「失誤」。但只要那是我們自己願意走的路，就不算白走。

　　後來他寫了一本暢銷書《不帶錢去旅行》（*The Kindness of Stranger*）。

## 恐懼是人類的大敵

　　最糟糕的一種恐懼，就是常常預感到某種不祥之事的來臨。這種不祥的預感會迷惑一個人的生命，像雲霧籠罩著爆發前的火山一樣。

　　不安、憂慮、嫉妒、忿怒、膽怯，都是因恐懼而滋生出來的。它剝奪人的幸福與能力，使人變成懦夫，使人失敗，使人流於卑賤。它比什麼毒

素都更可怕。

恐懼有摧殘一個人生命的惡劣影響。它能敗壞人的胃口，傷害人的滋養，減少人的生理與精神活力，因而破壞我們全身的健康。它能打破人的希望，抹殺人的勇氣，使人的心力柔弱，因而我們不能創造或進行任何事業。

許多人常常對於一切事件懷有一種恐懼之心。他們怕風，怕受寒，他們吃東西時怕有毒，經營生意時怕虧本，他們怕人閒言，怕輿論，他們怕困苦的生活，怕貧窮，怕失敗，怕收穫不佳，怕雷電，怕暴風。他們的生命，就是充滿了怕、怕、怕！

恐懼足以摧殘人的創作、冒險與大無畏的精神。它足以消滅人的個性，而使人的精神機能趨於軟弱。大事業不是在恐懼的心情下所能鑄成的。一旦懷著恐懼的心理、不祥的預感，那做什麼事都不會有效率。恐懼代表人的無能與膽怯，這個惡魔是從古到今人類的幸福與希望最可怕的劊子手與人類事業的破壞者！

許多人都有這類的杞人之憂、這類的恐懼。他們常常預感到不幸會降臨頭上，他會喪財失位，會遭遇不測，會成為災害。一旦他們的兒女離家出門時，他們的心目中擔心會有種種災禍降臨 —— 火車出軌、輪船沉沒 —— 他們總是想到最壞的方面。

有一個人，他從小就對自己的身體狀況十分擔憂，他的生活一直沉浸在對疾病的恐懼之中，他時常因為預期某種實際上並不會發生的疾病而煩惱痛苦。假如他受了些微的寒冷，他準以為是要犯傷寒重症了；假如他喉嚨有些痛，他一定以為會變成扁桃腺炎，使他不能吞咽；假使他心頭有些驚動，他就會惶惶然以為是患了嚴重的心臟病了。世界上有很多人，都過著像此人這樣杞憂恐懼的生活。

恐懼足以縮短人的壽命，因為它損害人的全體生理機能，它真的能改變人身各部分的化學組織。恐懼能使人早老，也能使人早死。世界上不知有多少人，是被恐懼這一惡魔冤枉地送入墳墓的！它破壞了人類心理的

平衡，因此驅使人類陷於種種罪惡與不幸中，從而造成了無數人世間的悲劇。

恐懼是害人最劇的東西，它對於人類沒有絲毫的益處。一個滿懷各種恐懼的人，並不是真正的「人」。他是侏儒，他是傀儡！

快快摒棄你這種恐懼的心理吧，就像拋棄其他各種使你受害的惡習一樣。我們可以用一種消毒劑——自信、自負、勇敢、樂觀的思想——來消除各種恐懼的思想。不要讓恐懼的思想深入你的心中，不要一味地向著恐懼的方面想。一旦有了恐懼的思想，就應當立刻消毒，這樣恐懼就會立刻逃走。無論一種恐懼的思想怎樣深入人心，只要使出與它相反的消毒劑，我們總可以將剷除與消滅掉它。

當不祥的預感、憂慮的思想在你心中發作時，你不應該縱容它們，使它們逐漸長大。你應當轉換你的思想，想到種種與它們相反的方面。如你恐懼「正在進行中的事業」會失敗，那你就不該想到是自己怎樣的弱小無能，怎樣的不堪重任，否則準會失敗；你應當想著自己該如何能堅強，如何擁有各種本領，如果你在過去也曾做過與此同類的事，那麼你可以怎樣用過去的經驗來應付現在的問題，預備取得重大勝利。懷抱著這種態度，無論是自覺的或不自覺的人，就都可以步步向前、跳出恐懼的心思了。

## 恐懼的根源在於自尊感低

當你的自尊感低下的時候，你經常會為恐懼所左右，害怕現實，覺得生活過於不踏實。你害怕事實，無論是關於自己的還是他人的。你拒絕它們、排斥它們、壓制它們。你害怕自我偽裝的崩塌、害怕拒絕、害怕失敗的恥辱，有時甚至害怕成功帶來的責任。你生活更大的目的在於避免痛苦而非體驗歡樂。

那些在充滿「挫折」、「消極」的自我心像以及各種批評的環境中長大的小孩子，經常會成為吹毛求疵的成年人，缺乏足夠的自尊。「害怕被拒絕」的恐懼因此成為「害怕變化」，於是他們隨波逐流，追求與社會制度

相配的安全與地位，不敢「輕舉妄動」。「害怕變化」最後成為「害怕成功」，「害怕成功」幾乎和「害怕被拒絕」一樣強烈。

「害怕成功」之所以會充斥在我們的社會中，原因在於我們小時候所受的教育。在嬰兒時期，我們一直被撫抱，接著，我們開始知道，有許多事情是我們做不好的，有許多事情是我們不應當去做的。更主要的是，我們會在電視上看到心目中的英雄，彼此互相指責、互相殘殺、互相破壞對方的生活，然後，奇蹟般地在最後關頭完成任務。我們在家中看到心目中的模範人物 —— 我們的父母 —— 為金錢問題困擾，有時候也不是那麼相愛，可能他們收看「歡樂家庭」的晚間電視新聞時，還會厭惡地搖著頭。在我們以 10 多歲青少年或小大人的身分踏入這個世界之前（現在的小孩子，呆在「家庭旅館」的時間越來越長了），我們得到了這樣的暗示：今天的世界，比我們父母那個時代糟多了。我們被警告說，由於物價的關係，我們將永遠無法擁有一棟很好的房子，相反地，我們現在只能盼望住進一棟 12 層高的狹小公寓裡。

所有這些令人洩氣的現象中，又產生了一種最奇怪的矛盾現象，我們的父母對於沒有太多時間陪伴我們享受美好時光感到深深地愧疚，因此他們企圖收買我們的愛，於是供給我們大量的金錢，以及各種他們無法享受的物品，最後，他們卻告訴我們，出去奮鬥，為自己的權益去奮鬥，要做得比他們好。同時，他們還對我們做了很微妙的暗示提醒：「既然我們對你的前途做了這些重大的犧牲，那麼，你絕對不能失敗。」

結果我們就產生了「害怕成功」的後遺症，甚至恐懼任何嘗試。它的特點就是拚命為自己做合理的解釋，以及盡量地拖延。「我無法想像自己獨自獲得成功。」「我可以替你辦妥這件事，但我無法替自己辦妥。」「我按照他們通知的，在早上 8 點 30 分就去應徵，但我到了那裡，應徵的隊伍已經排了半條街道，所以，我就離開了。」「我很願意做這件工作，但是我沒有足夠的經驗。」「我會把那件事做好的，只要我有充分的時間……在我退休之後。」

大多數人都了解，普通人只要運用想像力，就能發揮創造力。他們都

曾經閱讀過一些偉人傳記，這些偉人本來也都是普通人，他們都是在克服重大的缺點與障礙之後，才成為偉大的人物的。但一般普通人，卻無法想像這種情形會發生在他們自己身上。他們使自己安於平凡或失敗，並在希望與嫉妒中度過一生。他們養成了回顧過去的習慣（加強了失敗的意念），並且幻想同樣的情形會再一次出現（預測失敗）。由於他們受制於別人所訂下的標準，因此，經常把目標訂得高不可及。他們既不真正相信夢想能夠實現，也未充分準備有所成就，因此，他們一次又一次地失敗了。

失敗已固定在他們的自我心像中，就在似乎已有突破達到頂點或真正進展的時候 —— 他們卻把它弄砸了。事實上，對成功的恐懼感，使他們拖延了成功所必須的準備工作以及創造的行為。而為失敗所找出的合理解釋，正好可以滿足這種微妙的感覺：「如果你們也經歷過我的遭遇，你們也不會有所進展的。」

如果我們感到自己無法理解必須應付的現實生活的至關重要的部分，如果我們以無助的心態面對生活中重要的問題，如果我們因害怕成功或害怕失敗而不敢堅持理想，如果我們感到現實是自尊感的敵人（或假設它是），那麼這些恐懼會挫傷我們的意識的效力，並進一步使問題惡化。

對待生活的基本問題，如果我們以這樣的態度，如「我是誰，怎麼會知道！」「我是誰，怎麼會判斷！」「我是誰，怎麼能肯定！」或者「有意識真危險」，或者「努力去理解、去思考都是徒勞」，那麼在起步時我們已經失敗了一半。若連自己都認為自己的追求不可能或無價值，那麼我們還會努力求索嗎？

我們的自尊感並不能決定我們的思想，它們之間的關係沒有那麼簡單。自尊感影響的是我們的情感推動力。我們的情感趨向於鼓舞或延遲我們的思想，推動我們追求或躲避事實、真情或現實，引導我們趨近或遠離成功。

# 信任自己

我們能信任誰？「可是我信任了他們」是經常聽到的一句淒慘的話。

歸根究柢，我們能信任的僅有一人 —— 我們自己。

我們能信任的是一種直覺，說某人在某種情況下會如何去做。經常，我們信任某人，吃了虧，然後說一句：「我就知道！」

其實，我們真的知道。我們的直覺清楚地告訴我們會發生什麼事 —— 然後它真的發生了。我們為什麼不聽從我們的直覺？因為我們內心有許許多多其他聲音搶走了我們的注意力，我們聽不到直覺的聲音。

對於會發生什麼事，我們所知道的遠超過我們在文化習慣上願意相信的程度。談到我們理想的實現，尤其如此。

我們也許不會知道有關未來的「每一件事」 —— 要是知道，人生豈不無聊透頂。可是，我們的確知道我們對某些人與狀況的感覺，這些感覺經常是正確的。

想養成對自己的信任，只需要簡單地觀察。下一回「那聲音」告訴我們做或不要做某件事的時候，留意一下，然後看看。它是對的還是錯的？也許說話的是恐懼 —— 或貪心。

細聽許多聲音並且研究其效應之後，就可以開始區分什麼是直覺的聲音，什麼是其他聲音（這些其他聲音有時候比較大而且硬纏著你）。

下一次，出了什麼事而你對自己說「我就知道」，並且慶幸自己聽從了內心直覺的引導之後，請回想一下這內在的引導是如何讓你聽從的。當時感覺如何、它聽起來如何？久而久之，你就能學會區別這個聲音（或感覺）與其他聲音有什麼不同。

了解我們的直覺以後，我們就可以信任它。它會告訴我們某人對我們誠實還是在撒謊。它也會告訴我們「我們」是誠實還是在自欺。與我們的直覺達成一種默契，可能要花費一些時間，不過，這是值得的。這種關係能形成一種真實、持久且可靠的信任基礎。

## 淡忘失敗

在可以燃燒的地方我更能提升自己的生命。

在火災現場，一名年輕女性將她根本搬不動的鋼琴給搬出了火場，一個老奶奶把大衣櫃給抬出來，一個母親看見自己的孩子從高樓墜下，向前猛衝並將自高空落下的孩子接住了，那一刻她的奔跑速度是連奧運選手都望塵莫及的。

一個老人獨自到亞馬遜河探險，他遭到一頭很凶猛的獅子襲擊，令人難以置信的是，他居然徒手制服了那頭凶惡的獅子！他既不是什麼大力士，也不是職業摔跤選手，他只是一個瘦弱的老人！

像這些例子都是因為人們處於緊急的狀況下沒有時間去想：「這是不可能的」或是「我辦不到。」他們在那一瞬間，根本什麼也沒想就開始行動了。他們是那麼地專心，幾乎忘了自己。

在你的腦海中，只要有那麼 1% 的「可能辦不到吧」，或是「看來這次的危機我是逃不過了」的想法，那麼像前面所提到的奇蹟就不可能出現。當你想要做某件事情的時候，就要把注意力集中在「可能」這一件事上，而對「不可能」就連 1% 都不要去想，那麼你就會離成功越來越近。

你只要專注在「可能」這一件事上，拚命地去做，你就會有許多從未想過的創意或是智慧出現在你腦海中。在這同時，你也會湧出許多的自信及勇氣，就像是在伸手不見五指的黑暗中，見到了一絲光明一般。

## 你可以應付

瓦萊莉不相信「女人四十才開始」這句話，她只知道她的生活把自己搞得焦頭爛額。過去六年裡，發生了太多的事情。首先，她和丈夫辛苦建立起來的生意破產了，接著她十幾歲的女兒被診斷患有癌症，要做化學治療。誰知女兒的病情才見穩定，瓦萊莉的公司正在大裁員，她又在名單之列。在重重打擊之中，她決定留在家裡幾個月，撫平傷痛，並乘機休息

一下。

「我真的非常害怕下一秒鐘又會發生什麼事，」瓦萊莉說：「我不知道我是不是能應付得來，我已經疲於奔命。」

瓦萊莉害怕她沒有完全的裝備，無法爬上那越來越陡峭的山坡，她的疑慮是可以理解的。在喪失信心後，挑戰就不再單純只是挑戰了，它們變成壓力，使我們窮於應付，逼得她只好棄械投降，最後完全崩潰。

根據心理學家保羅‧皮爾索博士（Paul Pearsall）的說法，當我們的身體或心理上的安定受到威脅時，壓力就產生了，而且我們還會認為我們並不足以克服正在面臨的難題。看來是沒有辦法擺脫環境的恐懼，除非我們改變內心的獨白，驅逐一切恐懼。躲在暗處的畏懼的心理，它叫我們相信，生命延續的困難，我們是解決不了的，它就是這麼壞，而你當時也的確是這樣想。

然而，我們如何才能擊敗恐懼心理、反敗為勝呢？在夏威夷大學有個叫「生命之光」的研習會，心理學名譽教授亞伯‧亞爾科夫提出了我們前所未聞的好答案，他說我們必須打心底記住這句話：

「不論發生什麼事，我會處理，我能處理。」

有人懷疑這麼堅定的毅力和自信，是不是每一個人都具備呢？所以問他：「我們如何確信，一切都能處理得很好呢？」

亞伯回答道：「嚇倒我們的，不是我們不能處理得好，而是我們根本沒有能力的想法，這樣的想法讓我們墜入失敗的情緒之中，這時候你的心裡很苦，但我們仍然要告訴自己：我會處理，我能處理。而且我們還要問自己，現在，第一步我將怎麼做？也許我們處理不好，但一開始只要知道，我們能處理，我們會處理，我們就有可能處理得好。」

採用亞伯的建議，試試這勇往直前、解除憂慮的方法，別只擔心在這一場的生命測驗中你會得到什麼成績，你只需以無比的勇氣和耐心，加入搏鬥的行列，盡你自己的力量去做，你將能夠得到意想不到的掌聲。

沒有人能做好每個項目，也許在某些難關上你可以安然度過，在其他

部分則無權過關，但是，你會應付過去的。只要你相信能辦得到，就一定有克服困難的勇氣。

## ▌採訪你信念中的好消息

請思考下列「壞消息／好消息」的分鏡腳本：

1a.　失業率上升到了 5%。

1b.　就業率穩定在 95%。

2a.　今天一架飛機在洛杉磯國際機場失事。

2b.　今天飛抵洛杉磯國際機場的 550 架客機中，有 549 架安全著陸。

3a.　約翰先生今天逝世，享年 84 歲。

3b.　約翰先生度過了漫長的富有成就的 84 年的一生，今天他得到了他的歸宿。

4a.　今天，在一次生產事故中，喬‧巴恩斯失去了一隻手指。

4b.　喬‧巴恩斯尚有九隻手指，他不但神志清醒、精力旺盛，而且他的手藝不減當年。

5a.　目前，三分之一的婚姻破裂，最終導致離婚。

5b.　目前，三分之二的婚姻美滿，夫妻白頭偕老。

哪種新聞更準確？

哪種新聞更積極？

哪種新聞報導更客觀？

哪種新聞報導更常見？

你的思想觀念是使你獲得一系列成功的推動力。無論是哪種觀念，它都會在你的頭腦中構成一幅景象，並且總是在你的頭腦裡浮現，並最終促使你到達那一真實境界。如果你對自己說：「我辦不到」、「我配不上」或者「那種事永遠也不可能發生在我身上」，那麼，這種想法就真的會帶你

走到你思想裡的現實中去。如果你相信這個世界是個短缺的世界，那你就會「看到」短缺，體驗到短缺，並且你自己也一定會短缺。短缺的觀念是自私、嫉妒、怨恨與好鬥情緒的根源，而所有這些情緒都是消極的。

無論何時，當你出現消極情緒時，首先你應當停下所有的忙碌並做片刻思考，在這種情緒的背後是一種什麼信念在支持它。你一定要問問自己：「為什麼我會產生這樣的情緒？它們是由何種信念引起的？這種信念是否合乎實際、合乎邏輯並正確地反映了這個現實世界？」

如果答案是否定的，那就要改變這個信念，樹立起堅定的積極的信念，從而把自己的情緒引導到更加積極的方向，並產生具有建設性的行為。拋棄你那些消極的信念，去除那些僵化的、不合邏輯的思想框架，你就能自由地在創造自己幸福的道路上奮進，最終實現自我。

## 當陽光照入恐懼的黑暗

有時候對付恐懼的最佳方法是問你自己：最糟會糟到什麼地步？然後靜待結果出現。通常，我們不會有這種興致去嘗試這種做法。人們常說：最可怕的事終於發生了！我們之所以抗拒懼怕的念頭，是因為我們認為，如果讓不祥的思想飄過腦際，不幸很可能就發生了。我們也會想像，自己並沒有足夠的勇氣，直接面對可惡的恐懼。

問題是，恐懼早已自覺地來到我們心中，從我們的潛意識裡，神出鬼沒地定期出現。不管我們如何盡力去阻止，那主題旋律似乎就是一再重複：像是「也許我的事業拓展得太快，到頭來不得不解僱一些靠我養家糊口的員工」。

像這類可怕的念頭，往往前仆後繼地出現，你越想扼殺它們，它們越像泉水般不斷地冒出來；只要我們一直逃避面對那深度的恐懼，它就鍥而不捨地尾隨著我們，讓我們整日焦躁不安、疑雲滿腹。唯有停止疑慮，去發現它，我們才有辦法開始注意它，看它怎麼捉弄我們的生活。

五年以前，瑪莉琳告訴記者們說：「我的女兒蜜雪兒說她的腎臟失去

功能。那時我的生命彷彿掉入一團黑暗之中，我以為她會死，怕得無以自慰，卻無計可施。不過，辦法逐漸想到了，我可以捐給她一個腎。」

「事先無法保證，我們的腎彼此相容，也沒有人敢說移植的腎就會正常運作。很可能我開刀取出一個腎，而她的免疫系統卻加以排斥。不過，我勇敢地面對了，當把我的疑慮向醫院的醫護人員道出之後，我的恐怖思想轉變成實際的可能性，這種可能性幫我消除了我內心的恐懼。我必須誠實地問自己，如果害怕的事成真了，我能受得了嗎？答案是肯定的，因為即使那樣，我仍然會對蜜雪兒響亮而大聲說道：你是我最珍惜的孩子，我會不顧一切犧牲為你求得更好的人生。幸好，她的腎臟移植手術至今一直都是順利的。」

也許你不該再閃躲，該問自己這個問題了：如果……發生了，我怎麼辦？

雖然最壞的結果可能讓人難以接受，但你還是要試著面對，想一下你可能的反應。不要局限自己，想著正常管道、傳統方法、理智行為的同時，不妨也考慮一些荒唐、瘋狂、可笑的解決方法。想清楚之後，拋在一邊，回到現在，不要急著進行，也不要奢望一時三刻有答案。假以時日，你的一些辦法會派上用場的，幫助你適當地為最壞的情況作準備。

雖然一直沉浸在最壞的打算裡是不健康的舉動，但一味逃避更不是聰明的辦法。一旦暴露於陽光下，最黑暗的恐懼也有個形狀可以讓我們加以掌握。

## ▌做你害怕去做的事

前面我們已經說過，當一個人突然面臨新的、陌生的、奇特的和無法對付的刺激或者情況時，可能引起一種恐懼的反應。例如，來到一個新的環境，面對新的情況、新的任務，看著一群陌生的面孔，接觸一些奇特的、不熟悉的事情，人們便會顯得肌肉緊張、內心沒底、氣緊而難受、舉止小心謹慎、血液膨脹、大腦空曠，渾身猶如罩在一個在正收緊的網之

中，這就是恐懼的感受。而要消除這種恐懼的感受，我們可以從克萊門特‧史東（Clement Stone）的親身經歷中吸取經驗。

克萊門特‧史東認為，在面對未知的領域時，應有勇氣做你害怕去做的事情，去你害怕去的地方。你想逃避，是因為你畏懼去做某件事情，同時你讓機會溜走了。

在史東推銷保險的頭幾年中，當他走近銀行、鐵路局、百貨公司或其他大型機構的大門時，感到特別畏懼。因此他就過其門而不入。但是後來史東發覺，他所經過的大門都是通往成功最好的機會。因為在那些地方推銷保險比在小商號推銷保險更為容易。在大機構推銷可以獲得更大的成功，因為其他的推銷員也畏懼這些地方，他們也一樣經過機會之門而不入。

其實，大機構裡面的經理和職員，對推銷員的抗拒情緒要比小商店行號裡面的人弱。在小的商店行號裡，每天總會有 5 個、10 個，甚至於 15 個推銷員敢進去推銷。在這種情形下，很多經理和職員就學會了說「不」來抗拒推銷員。

而在一個大機構裡的人，一位了不起的人，一位成功的人，一位從基層做到上面的人總是有同情心的，他會給別人機會，他會願意幫助其他向上攀登的人。

在史東 19 歲時，母親派他去密西根弗林特、沙吉那和港灣市重新簽訂合約，並向新客戶推廣。史東在弗林特一切都很順利，在沙吉那他推銷得更為順暢，每天都推銷出很多保險。由於在港灣市只有兩個合約要續簽，史東便寫信給母親，請她通知他們緩一點時間去續約，他要分階段繼續在沙吉那工作。但是母親卻打電話來，命令史東離開沙吉那前往港灣市。雖然史東很不情願，但是還是去了，因為命令總是命令。

或許是因為叛逆性，史東在到達港灣市的旅館之後，便把那兩個要續約的人的名片取來，丟進五斗櫃的右上角抽屜裡。然後前往一家最大的銀行拜訪出納，他的名字叫理德。

在兩人談話的過程中，理德拿出一塊金屬識別牌說：「我已經買了你們的保險和獲得鑰匙鏈 15 年了。以前在安阿博市的一家銀行工作時就買了你們的保險。我最近才調到這裡來。」

史東謝過理德先生，並請他准許自己和其他的人談談。理德先生答應了。於是，史東讓每一個人都知道理德先生已經接受了他們的服務達 15 年之久，結果大家都買了他的保險。

在這種動力之下，史東繼續挨店挨戶地推銷。他拜訪了當地的銀行、保險公司和其他的大機構裡的每一個人。就這樣史東在港灣市的兩個星期內，每天平均推銷出 48 個保險。

無畏，是人生命經歷豐富的結晶。生命越千迴百轉，人生越蕩氣迴腸，實踐越扎實厚實，人的膽量就越大，人也容易遇險不驚、遇難不危，即使困難重重也毫不畏懼，即使生死一線也臨危不懼，即使赴湯蹈火也面無懼色。

做你害怕去做的事，你會發現其實成功並不是很難；去你害怕去的地方，你會發現那裡更加接近成功的目標。

## 恰當的自尊讓你遠離恐懼

我們應如何糾正自己錯誤的思想，並協助其他人克服害怕或失敗的恐懼？下面這些實用的規則是每個力求上進的人應該遵守的：

### 把個人和他的表現分開

和其他人溝通時，要把他的行為或表現與個性或身分絕對分開來，對事不對人。

錯誤：「你是個騙子。」

正確：「你的說法和我所想的不同，我們一起來探討一番。」

錯誤：「根據你的主管報告，你很懶，工作效率也差。」

正確：「你的主管和我深信，你有能力把工作做得更好。如果我能幫忙的話，請儘管提出來。」

錯誤：「把你的房間整理乾淨，懶豬！」

正確：「家裡每一個房間都很整潔。我要到店裡去一下，你利用這個時間把房間整理好。我回來後，希望看到你把衣櫥裡的衣服整理得更好。」

錯誤：「除非你用功讀書，否則你永遠上不了大學。像這樣的成績單，能找到一個掃街的工作，就是你的福氣了。」

正確：「看了你的成績單，雖然我無話可說，但是我知道你本來有能力取得更好的成績。我到你的學校去了一趟，和你的班主任及幾位專任老師談過話，他們深信你一定可以得到更好的成績。我相信你辦得到。我愛你，我知道你一向盡力而為，這一點最重要，我很關心你的生活。你需要我幫忙你嗎？」〔上面這段長長的答案，是鄧尼斯看到他自己的孩子成績不理想時，與孩子的真實對話。結果，由於鄧尼斯對孩子的關切，孩子把他的表現（成績）和他本人（孩子）分開而論，因此，孩子的成績進步神速；後來，在鄧尼斯不斷鼓勵之下，孩子成了模範生，並且不斷地進步。〕

## 批評表現，稱讚表現者

責備某個人的某種表現之後，應該立即對這個受責者加以稱讚一番。維護他人自尊，即是提高自己的自尊，一個人的自尊感越強，恐懼就越小。

錯誤：「你幾乎趕不上所有的生產進度，如果你這樣繼續下去，今年，我們這一部門將會虧本。」

正確：「我需要你幫我趕上我們的生產期限。我們這一部門必須增加工作效率才能轉虧為盈，我盼望你發揮更大的直接影響力。順便提一下，由於你的幫助，我們的產品品質極佳，這讓我很高興。謝謝你，很少有顧客向我們提出抱怨。」

錯誤：「如果你再像目前這樣子，每個週末到俱樂部去喝個爛醉，那麼，我只好到別處去找樂子了。」

正確：「我們下個週末何不改變一下生活方式，去看看我們一直在討論的那場電影。我希望和你共享一些快樂而有意義的時光。」

錯誤：「對於你的防守表現，我無話可說，但你必須更專心一點，不要再漏掉那些邊線自由投射了。漏掉自由投射，往往就會輸掉一場比賽。」

正確：「自由投射得分比例高的球隊才會贏球。這樣很容易得分，因此，我們必須盡量去爭取。下一週開始，每天用 15 分鐘練習自由投射。太棒了，你的防守真是厲害無比。」

## 在私底下譴責個人的表現

如果稱讚的對象是團體中的某一個人，最好也在私底下加以稱讚。公開譴責是最壞的懲罰方式，會傷害個人的自尊，引起個人對成功與被拒絕的恐懼。公開稱讚某人，將會引起員工之間嫉妒或家庭中兄弟姐妹的不和，特別是提名的比較更是如此。最有效的稱讚方式是面對面地私底下進行，而且要在受稱讚者事先未預料的情況下；另一種同樣有效的方式，則是在一次眾人所關切的頒獎儀式中進行。

以上的做法都是在培養你自己或他人的價值觀念。這樣一來，有了價值觀念之後，自尊就會加強。在恐懼中成長的孩子，長大後在每一產業中，都會落在別人之後；反之，在稱讚中長大的孩子，將學會獨立，即使環境惡劣，也會出人頭地。

被寵壞及溺愛的孩子，長大後會變得貪婪；富於挑戰與責任精神的孩子，長大後會有價值感與目標。

　　生活在沮喪中的人，需要借助煙、酒及藥物來振奮精神；在樂觀中成長的小孩，長大後將會認為他們是要功成名就的。

　　在怨恨中成長的孩子，長大之後將看不到美與真愛；在愛心中生活的人，在他們一生中將會把愛心分散給其他人，而且不懂得什麼是恨。如果我們不斷向別人提醒他們的缺點，那麼他們將會成為我們最不希望見到的那種模樣。但是，如果我們說：「你能成為我們之中的一分子，我們真是太高興了。」那麼，他們會高興萬分，並以我們之中的一分子為榮。

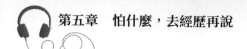

# 第六章
# 遠離自卑

## ▌ 劃除你的自卑心理

日本作家永川武在他的兩部書裡不停提到自己的頭部缺陷給他帶來的自卑感：

「我出生時，由於助產士使用了鉗子，致使我的頭部嚴重變形。小時候我認為自己是一個畸形兒，感到莫大的悲傷。長期以來，我一直認為此事對形成我那自卑感強烈的性格具有重要意義，可實際上，我覺得它影響涉及許多方面。我認為父親和我不同，因為他的頭部沒有變形，而頭部變形的我要走父親的路是不可能的。這樣一想，我覺得不僅是父親的路，其他任何人的生活方式似乎都不是我所能模仿的。」

「在學校裡我不大接觸別的同學，我覺得自己低人一等，所以不可能和同學們在同等條件下進行競爭。學校生活對我來說是痛苦不堪的。」

從以上的敘述中我們可以看出，這位著名的日本作家曾有過強烈的自卑感，但是，後來他克服了他的自卑，正是這個克服自卑的過程使他在文學上得以展露才華。

同樣面對挫折與失敗，有些人的反應是一敗塗地，萬念俱毀，拚命懷疑自己是否太差勁了；有些人卻若無其事，不覺得有什麼大不了，甚至越來越有勇氣，並能發揮出更大的能量。

現代社會中，激烈的競爭往往會導致自卑。自卑之後，出現的往往是怯懦退縮，不敢決斷。自卑情緒就像心底裡藏下的一隻傳播疾病的動物，

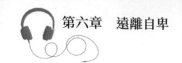 

無時不在跟前、心頭閃過，不時地在我們生活中留下它咬嚙的傷痕。自卑的人就像一顆含羞草，稍微凌屬的目光、一點譏諷的語言都將使他們停止綻放，泯滅追求。自卑使本該成就的事業衰敗，使本來偉岸的身軀萎縮，使本該有的幸福被摧毀。

## ▍含羞草是如何長大的？

的確，自卑屬於性格上的缺陷，它是由不適當的自我評價所引起的自我否定。懷有自卑心的人對自己的能力和品格評價過低，看不到自己真正的價值，總覺得自己不如別人，低人一等。有較強自卑感的人，往往悲觀失望，總覺得別人瞧不起自己。奧地利心理學家阿德勒（Alfred Adler）認為，自卑感起源於人在幼年時期由於無能而居於被照顧和依賴的狀態，因而體驗到渺小感和無助感。這種經驗很容易導致「自卑情緒」形成，並且延續下來。如果按著正常發展，隨著兒童年齡的增長，個體逐漸由依賴過渡到獨立，這時自卑感會消除。然而，人們生活道路坎坷，多次失敗或受挫的經歷會讓某些人身上的自卑感多次「復活」，並在一次次的激勵機制中被個體累積、沉澱而確認下來，這時，自卑怯懦的性格就表現出來了。他們往往消極處世，沒有自信心。

自卑使人在人際交往中往往表現出缺乏自信、退縮、不大敢與人接觸，一遇到陌生場合則慌亂無措。自卑使人在事業追求上毫無精神，無法正視自己的努力，因而裹足不前。自卑也因此而成了個人性格的極大障礙。

自卑與怯懦會抑制個人能力的發揮和潛能的挖掘，嚴重時會使人心理變態，對工作、學習、生活造成不可估算的負面影響。為了防止和剷除自卑心理，我們可以從三個方面入手：

首先，要以平常心看待競爭。在一個競爭激烈的社會中，浮浮沉沉，得失成敗在所難免，不可能僅僅是成功者，或僅僅是失敗者，自卑者的心理往往是太注重結果，對他們而言，競爭的唯一目的在於本回合的獲勝，

他們有很強的急功近利的思想，沒有想到成功往往是在失敗的階梯上前進的。他們認為，一旦失敗，就會被人瞧不起，就會永遠抬不起頭來，他們甚至想避開競爭，避開勝利與失敗的結果，因為他們不相信自己的能力，行動沒開始就會肯定自己無能力獲取成功，因而也無需開始。

自卑者應該認識到，勝敗乃兵家常事，競爭的樂趣並不在於結果，而在於參與者們在決策、行動過程中的自我舒展自我發揮，結果只有一種，它可以對競爭作否定，也可以肯定。競爭失敗者只有充分認識到競爭而不是結果的可貴，才能總結經驗，避免再度的挫折與失敗。

其次，要正確認識自己。要正確地與別人比較，每個人都有各自的優缺點，既有長處，也有短處，這一方面不行，那一方面說不定就比別人強。因而，比較時不能一概而論，更不能拿自己的短處與人家長處相比，而應該具體地、分方向地比較，這樣才能避己之短、揚己之長，而不是一概抹煞自己。古希臘哲學家蘇格拉底相貌醜陋，不也是在哲學上取得了很大成就？納博科夫（Vladimir Nabokov）一生訥於言談，他的文學作品不是為世界所矚目嗎？人與世界並非確定只有一種相互肯定的方法，為什麼所有人只能或應該成為科學家而不是一個優秀的工人？為什麼我們要在一個我們本不擅長的技術上與人相比？自卑者只有首先較為客觀地認識自己，發現自己的長處並覺察別人的短處，從而肯定自己的能力，才能真正消除自卑。

此外，消除自卑應積極參與交際活動，改變自己的性格。有人總是以「江山易改，本性難移」為藉口，不願改變自己的性格，他們就像貪婪的乞丐一樣護定自己性格的全部，生怕一有變動就無法成其為「我」，他們固守內向，獨自在心靈中應答。但是，可以這樣認為，在當今的社會中，內向已成為一種缺陷，因為它導致了太多的自卑與怯懦，太多的孤僻，推拒了太多的機會。當你成功地使自己的性格從內向轉為外向時，自卑心理會因為缺少了倚靠而消失。自卑也往往來自成功經驗的缺乏，一次次自我努力的否定，無論怎樣都有幾分殘酷、幾分無情。因此，積極參與人際交往的活動，可以增加成功的交往經驗。積極參與交往，即使只體會到很小

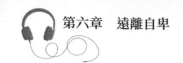

的成功經驗，也能在自卑者心中盛開安慰的小花，給自卑者帶來無盡的歡樂。自卑者可以在交往的娛樂中，在不斷的笑聲中獲取自信，排除自卑，在與周圍人們的交往中，樹立起自己的榜樣，鑄造自己的信心。

　　人要超越自我，首先必須克服自卑情緒，不要以為別人高不可攀，也不要以為自己無法與人相比。每個人都有他祕而不宣的弱點，人家之所以強，在於他克服這些弱點，而發揮利用了自己的優點。你不知道對方的弱點，並不代表別人完美無缺，至剛至強。如果你自己先屈下了雙膝，自然你就比別人矮半截。如果你能像認識自己的缺點那樣清楚地認識人家的缺點，那你就可以向他宣戰了。超越自卑，要克服行動的膽怯與拘謹，應該相信，生命歷程猶如一次漫長的探險，在泥濘裡翻爬、摔跤本是應有之事。只要你不自怨自艾，勇於正視前方，哪裡又不是成功的開始呢？

## ▎不要為難你自己

　　世間許多常見的行為模式，都具有明顯的自我攻擊意味。比如，明知尼古丁容易導致肺癌及心臟疾病，仍然繼續抽菸；天資聰明的孩子，不肯用功讀書、不交作業、考試漫不經心，以致學習成績低劣；必須依賴強健體魄以締造佳績的職業運動員，濫用古柯鹼或類固醇等嚴重損害健康的藥物，且不顧東窗事發之後的法律制裁等嚴重後果；經濟能力足以自立的男女，忍受著肉體或精神上的痛苦與屈辱，勉強維繫名存實亡的婚姻，他們寧可折磨自己，也不願意離婚，既不是為了子女，也不是宗教因素，等等，不一而足。

　　什麼是自我攻擊呢？自我攻擊的本質，是由於自己的行為怠惰，造成本身的失敗、損失、傷害或痛苦，與追求個人最大利益的行為完全背道而馳。

　　自我攻擊中的「自我」，不只是肉體，也可是某種有意義或象徵性的認同。所以，不僅造成自己肉體、感情或精神上的傷害，也可能損害個人的聲譽或人際關係。此外，我們將「自我」的觀念加以延伸，包括個人的

目標及計畫。阻止自己達成夢寐以求的工作目標（客觀上可預期），即使並未造成肉體或精神上的傷害，也算是自我攻擊。

我們把自我攻擊稱為悲哀的矛盾，因為它違背合理與正常的行為本質。心理學家對這種不合理感到好奇，因為它表明某些更深入、更黑暗的動機，可以改變正常與理性的行為方式。自我攻擊的悲傷，比單純的不幸更令人痛苦，畢竟沒有哪個人的一生當中完全都是成功和快樂；人們都相信某種程度的痛苦或失敗是無法避免的。但是，自我攻擊似乎是完全可以避免的。因為你自己的行為而破壞你的計畫，的確是一種殘酷的諷刺。

對於自我攻擊的定義，也必須強調該項行為的結果，而不只是造成的傷害或痛苦。我們認為，只有在傷害或損失高於快樂或利益時，才算是自我攻擊。在追求目標的過程中，難免有某種程度的挫折與不愉快；只要能達到目標，一切的代價都值得，這是正常且合理的。例如，慢跑有益健康，但必須忍受肢體的疲勞與痠痛；節食的人寧肯挨餓，以換取迷人的曲線美；雄心萬丈的人們，放棄休閒時間，投入更長遠的事業目標等。但是，如果最後得不償失，就算是自我攻擊。所以，關鍵在於正面與負面結果相抵之後的結餘。

有些自我攻擊的行為，是為了追求健康的目標與結果。此類行為被判斷為自我攻擊出於兩種原因：第一，他們不斷使用錯誤的方法追求目標；第二，即使已經知道不會成功，仍然不願意改變，或用更好的方式達成目標。起初這些人並不知道會有負面的後果，最後卻陷入無法自拔的痛苦，因為他們對自己所做的事情認識不夠，或受到錯誤資訊的誤導，因此徒勞無功。

大多數心理學家，對於自我攻擊行為的理論，大致都脫離不了一種觀念，即人們天生具有求死的欲望與毀滅自己的動機。這是佛洛伊德在晚年所提出的觀點，他認為在理論上絕對站得住腳。或許當時他的看法並沒有錯，但到了現在已經不合時宜。人們確實會傷害自己、打擊自己，但是這引起悲慘的結果，卻絕對不是他所願意的。他們大多是用錯了方法。

一般而言，人們想要求生存，追求成功與快樂，享受美好與健康的生

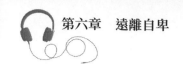

活，不希望自己失敗或痛苦。當人們出現自我攻擊的行為時，我們應該相信他們也有正常的目標，只是認識不清或是受到誤導，而採用錯誤與危險的方式，達不到原來的目標。

那麼，我們可以得出一項結論，即沒有任何天生的自我毀滅動機。這項結論，對於自我攻擊者的心理治療人員、朋友及家人，甚至包括他們自己，都應該是好消息。如果毀滅自己是一種本能，就永遠無法治療或避免，只能盡量控制或疏導；但自我攻擊的行為並不是本能，因此我們可以持樂觀的希望。

## ▌不要鑽進自我封閉的「貝殼」

「貝殼」裡似乎很安靜，但活得並不自由，並不舒服，實際上也很不安全。

如果一個人在生活中時常發生下述的狀況，那麼，他就有意無意地鑽進了「貝殼」。

例如，你的興致一時很好，於是隨同一夥人來到山林裡遊玩。可是，你卻突然覺得集體行動很不自由，不如自己任意漫遊更有趣。自然，集體旅遊中也不妨安排一些個體活動的項目，但你卻從跟隨集體來到山林的一刹那起就萌生了擺脫集體的念頭。你獨自一個人走了，走在很是陌生的山路上，但你心理上卻一刻也不曾失去忐忑不安的狀態。於是，你的注意力不得不用在「自衛」方面，從而失去了自在地觀賞山林美景的情趣。這樣，實際上你是讓莫名的恐懼把你的審美觀趕進了「貝殼」。

又如，朋友間由於認識的分歧展開了爭論，而問題正是與你有關的。朋友們期待著你的看法。可是，這時，你卻油然生出了「自我保護」的心態，不願為持正確意見的一方提供具有說服力的材料。你走了，或者雖然不走，但你默不作聲，或者你雖然發言了卻違心地各打五十大板，而且並不因此臉紅心跳。朋友們也感到再爭論已十分無趣，因為問題的相關人都如此「冷漠」，何必呢！你自以為安全了，「脫險」了，而實際上，你遠離

了對你十分有益的興論力量，是在向自我封閉的「貝殼」靠攏，待到完全鑽進去了時，你也就失去了視、聽的功能，生活在一片盲目之中，一個小小的潮汐也許會使你導致滅頂之災。

這或許可以說明，只尋求個體自由、自我保護的人，難以有真正意義的自由和安全。因為他們忘卻了，作為個體的人是無法離開人際關係這個大背景而孤立地生存和發展的。在我們生存的世界上，也確乎有許多可供人們寄居的「貝殼」，像為寄居蟹所提供的生存機會那樣。但是，貝殼畢竟是屍體的殼，是生命失去後留下的外形，以其作為護身之處，其懦弱和可悲的程度也就可想而知了。

所以，人生有一個不容忽視的重大戰略，就是警惕自身的「入殼」！或者說，善於從不幸鑽進去的一個又一個類似的「貝殼」中鑽出來。其良方就是：你必須命令自己時刻生活在人群之中，並熱誠地為他們服務，為他們的成功而高興，為他們的不幸而憂慮。讓他們喜歡你，熱愛你，把你的存在看成是一種「必須」，一種幸運，那麼，你就會體驗到一種魚游春水、雁翔晴空似的自如、舒坦和充分擁有自由之後的趣味。

## ▍驅逐膽怯

福樂園，原是群蛇圍踞中的芒草地，膽怯者你能光顧麼？

「學問不過是一堆被魔鬼看守著的黃金，膽怯者，你敢占有麼？」（莎士比亞：《愛的徒勞》）

然而，很少有人心中不駐有膽怯的幽魂，膽怯的幽魂在那裡神不知、鬼不覺地吞噬著許多人的智慧。它們總是悄悄地向人們的心靈灌輸「不要自視過高」，「不要涉足福祉」，「不要『貪欲』太多」，「不要……不要……不要……」。好像一流的學術成就，一流的創造業績，命中注定是某些特殊天才的領地，世襲者的樂園，凡夫俗子原本無權問津的。

膽怯，使人的視線縮短，四肢退化，思維被囚，靈魂被縛；人不像人，鬼不像鬼，猥瑣不識大體，自甘軀體蜷屈。於是，膽怯的幽靈出來

說：你看，怎麼樣，我勸你不要攀高枝，你原是沒有四肢的；我勸你不要瞻遠途，你原是缺乏深遠眼光的……膽怯，剝奪了幾多天才，幾多智慧，幾多美麗……

心中不容膽怯立足的人也不盡是值得樂道者，其中有魯莽者，也有真正的勇士，其區別則在於驅逐膽怯的手段靠的是野蠻還是智慧。野蠻而不知膽怯者，常是人間的禍害，常害己害人；富於智慧而無膽怯從中作祟的人，勇能勇到底，猛能猛到適度，這樣的人，如果想進「福樂園」，則有擒拿、制服群蛇的絕技；如果想謀「學問」，則有讓魔鬼背著走的孤膽。大智大勇從不分離。弱智（指後天成長過程中由於膽怯形成的非生理性弱智）膽怯如同孿生兄弟。

驅逐膽怯，亦即驅逐一切的偶像！亦即恢復人生的理性態度和本質肖像。你本不必瞻前顧後，猶豫不決，你本該勇敢地去開拓前進的路……

## ▌將小盤子變成大盤子

有不少人很偏愛自己的小世界，甚至可以說是把自己關在與外部世界完全隔絕的獨立的象牙塔中自我欣賞，這種人大部分不僅對自己沒有信心，容易自卑，還會產生自我欣賞、產生自我封閉的思想，用消極的態度去應付外部世界。他們把自己封閉在象牙塔中，覺得自己想做什麼就可以做什麼，完全可以不動腦筋就能維持目前的安樂。

但如果他們走出自己的象牙塔，加強和外部世界的連繫，自然就可以發現原來這世界是如此多彩多姿、趣味無窮。

在一個釣魚池旁邊，有一群喜歡釣魚的人正在垂釣。但似乎每個人的運氣都很不好，沒有一條魚上釣，因此當其中一位 M 先生釣到一條破紀錄的大魚時，大家都為他喝彩。而這位 M 先生表情卻非常奇怪，他兩手捧著魚目測其大小後，竟搖著頭將魚放回魚池裡。雖然周圍的人都很驚訝，但畢竟這是人家的自由，大家也只好若無其事地繼續垂釣。接著，M 先生又釣上一條大魚，他看了一下又把它放回魚池裡，大家都覺得奇怪。

等到第三次 M 先生釣到一條小魚時，他才露出笑臉並將魚放進自己的魚簍裡，準備回家。這時有一位老人問他：「雖然來這兒釣魚的人只是為了興趣，但你的行為卻令人不可思議。頭兩次釣上來的魚你總是放回水裡，而第三次你釣上來的魚非常普通，在任何一個魚池裡都可以釣到，你卻如獲至寶般地將它放回魚簍裡，這是為什麼呢？」

M 先生回答說：「因為我家所有的盤子中，最大的盤子正好只能放這麼大的魚。」

看了上面的這個故事，不知道你會不會意識到：人常常在不知覺中，以自己目前僅有的見識，來企求自己所希望得到的東西。

就像那位 M 先生，若是家裡沒有大盤子，他完全可以將這條魚切割開來，或是購買更大的盤子。這些都是解決的辦法，但是 M 先生的「潛意識」卻只限定在某一個定點上，沒有考慮到其他的辦法。

所以說一個人如果存有自我封閉的心理，目光短淺，毫無努力進取的精神，恐怕很難取得成就。

要知道人生僅有一次，若只相信「小盤子」，將會變成一個狹窄的人生，而人生所謂的「盤子」，應該立足既有的信念，並慢慢將它擴大為大盤子，才能得到更寬廣的人生。

# 第七章
# 把握當下

## ▍不要把你的前途留在身後

當你日復一日、年復一年地重複你現在每天不變的生活模式時，你會不會驀然醒悟：自己原本可以做得更好，你現在所擁有的一切並不是你一生所追求的最高目標。在你遇到挫折失敗時，是不是一味地消沉，認為自己曾一心追求的成功是自己力所不及的，從而不思進取甘於現狀呢？

如果你發現自己真的是這樣停滯不前，那麼你已經把你的前途留在你身後了。你應該像下面故事中的彼特生一樣奮進。

佛樂依‧彼特生在一場拳賽上被擊倒在地。幾秒鐘之後他就不再是世界重量級拳王了。英格瑪‧強生已經從他手中奪走了這個尊號。

專家們都說彼特生完了，他作為一名拳擊手的前途已經毀了。每個人都知道彼特生面臨著運動界古老的不成文定律：沒有一個重量級拳王在失敗之後能再贏回王座。但是彼特生卻決定重新開始 —— 更重要的是，他相信他能做到。

佛樂依‧彼特生知道他會成功，他不願成為失敗者，他曾經深深以獲得拳王的尊號為榮。

在檢討自己的失敗後，彼特生認識到他必須改變他的人生觀，而為了補償失去的時間，他必須努力勤練。他也確實做到了這一點。他聽取了教練 —— 前拳王喬‧路易斯（Joe Louis）的意見。

路易告訴他：「要打倒強生，就要先使他打不到你，然後閃到一邊。」

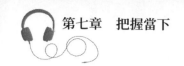 

彼特生確實使強生打不到他，也確實閃到一邊。事實上，從彼特生和強生再一次進行爭霸賽開始的第一秒鐘，到彼特生在第 5 回合以左鉤拳擊中強生的下巴為止，彼特生都證明了他的不懈努力，足以在他的內心產生出勇於向前的力量，使他再度獲得世界重量級拳王的稱號。

在彼特生和強生第二次比賽之前，記者為彼特生拍照時，彼特生說了句極有意義的話。他說：「最重要的部分你是照不到的。因為對我來說，最重要的部分是我的人生觀。」從彼特生的話中我們可以看出他已經把他消極的人生觀改為積極的人生觀了。如此一來，他的前途就在他的前面了。

你的前途是在你的前面還是後面？答案在於，你是否想辦法消除任何你自身所具有的看不到的牆──不好的習慣以及不良的思想和行動，並建立和加強好的習慣──好的思想和行動，因為擁有積極向上的人生觀是獲得真正成功的基石。

## ▌做自己命運的主宰

在貫穿人一生的活動中，大多數人僅僅利用了自身能力的 10%。而你想像中成功的自我，是不是就靠著這 10% 的能力完成了學業，終生從事一種工作，不求有功，但求無過，生活得平淡無奇呢？這就是你希望的生活嗎？

你過去的生活仍在今天延續，儘管你對許多事情抱怨不已，祈求著、期望著：「落後於時代的『廢物』應拋棄，我們的生活應變得更加美好。」可與此同時你卻又懶得動一動手、伸一伸腳。如果你希望改變自己的命運，擁有真正的成功，就應為此付出努力。

只有你自己才能改變自己的生活，才能發掘出自身更多的潛力，做更多的事情，成為你想成為的人。

瑪麗·克勞莉的母親在她出生剛 18 個月時就因肺炎而不幸去世，可憐的小瑪麗被祖母領到一個農場。在農場裡，小瑪麗沒過上一天舒服的日

子，她小小年紀就開始做雜事，一直做到 15 歲。

　　瑪麗的童年是在孤獨中度過的，在她比與她年紀相仿的其他孩子先讀完中學後，她受不了孤獨感的折磨，渴望有人來關心她、支持她，因此她早早地就找了個丈夫。可由於草率成婚，這個匆忙建立起來的家庭沒過多久就徹底破裂了，她不得不一個人承擔起撫養兩個孩子的義務。儘管她找到了一份工作，可那點微薄的薪水又哪夠維持一家人的生活呢？

　　瑪麗開始憂慮起自己將來的命運。她反覆問自己，她是只配做個含辛茹苦地拉扯孩子、斤斤計較每一分錢的小人物呢？還是能成為自己的主宰？當她明確了自己的選擇後，做出了決定：她決定要改變目前的窘境，要超越現在的自我。

　　於是，她進會計班學習，並尋到一份好工作。白天她整日工作，晚上就去南麥塞德恩特大學上課，即使週末也不休息。

　　直到有一天，當瑪麗發現自己比較喜歡家庭裝飾時，她就辭去了會計工作，把活動陣地移到了自己家裡。她把家裡布置得很漂亮，並且經常舉行各種聚會。當活動進行到高潮時，她亮出各式各樣的商品，然後向在場的人兜售，無疑，此舉獲得了成功。接下來，她成立了一個家用百貨進口公司。不久，她又創建了家庭裝潢和禮品有限公司，使自己躋身於商界。她的人生開始了新的篇章。

　　現在，瑪麗的公司雇有 2.3 萬名銷售代理人，遍布於美國的 49 個州。她還鼓勵並出資培訓了不少婦女從事商業活動。不用說，她的收入相當可觀，足以支付她的任何花費。不論是從事大的事業，還是安享快樂的家庭生活，對她來說都不是什麼可望不可及的事情了。

　　瑪麗成了各種團體追逐的對象，許多社團組織都請她去演講，幾個董事會掛著她的頭銜，她還是第一位進入達拉斯商會的婦女。而瑪麗之所以會取得這樣輝煌的成果，就在於她在極其困難的條件下不甘自生自滅，決心要改變自己的生活。用她自己的話說就是：「我相信我一定能改變自己的世界！」她把這一積極樂觀的信念貫徹到行動中，結果她成功了。相比

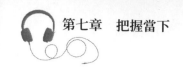

之下，既然瑪麗能改變自己的生活，你為什麼不能？行動吧！激發你自身的無限潛能，做你命運的主宰者，你一定能改變自己的生活！

## 活在當下就沒有焦慮

當日常生活面臨壓力和緊急事件時，擁有轉化時間的能力特別重要。你可能覺得腦袋快要爆炸、心臟快要跳出來；你的步調已經比周圍的混亂卻還要加速，而且脈搏一直在加速中；你可能覺得生活像參加賽跑一樣，每一個人都趕了上來而且還在超越你……在這個時候，每個人應該有自己的因應之法，運用儀式回歸當下。

電腦有「暫停鍵」，我們的生活也應該設有這種裝置才對。會利用儀式轉化焦慮的人，會放慢節奏回歸當下，並了解面對各種情況都要有自己的節奏，不能因外在力量的牽引而自亂陣腳。

有個研習班指定某位學員不定時敲鐘，當鐘聲響起，所有人員都要停下手邊的事，閉上眼睛，做三個深呼吸。同樣的，你也要為自己裝設「鐘聲」，利用它來改變生活步調。

事實上，我們的生活步調經常被打斷，不是被鐘聲，而是被一些要立刻注意的緊急事件。當這些緊急事件發生時，我們可以乘機暫停一下，而不是立即反應，這將可使自己回歸當下。

我們都有自己的鐘聲，可借此作為每天的暫停片刻。一行禪師曾說：讓電話聲成為我們的覺知鐘聲，電話響起後不要馬上接，先暫停一會兒，做個深呼吸，然後再接電話。此時，你會發現自己已經放鬆，變得更加沉穩，有更好的心境回應來電者。

老師也可以利用下課鈴聲，做個深呼吸回歸當下，再面對下一堂課。我們可以利用每天都會重複發生的事，作為提醒自己轉換節奏的鈴聲。不管焦慮何時產生，先放鬆幾分鐘，再不急不徐地繼續做應做的事。

除了鈴聲，呼吸也是轉化時間的工具，任何時候只要你想，就可來個深呼吸，多幾個也無妨，直到你覺得呼吸緩慢下來，內心深處放鬆為止。

其他轉化時間之法可能因人而異，但是，以呼吸來轉化時間的方法則是放諸四海皆準，人人都可以做到。

有人經常在激烈討論的會議中偷偷上「洗手間」，其實真正的目的是離開會議室，讓自己有時間好好做幾個深呼吸。

一個朋友，當他感覺工作已帶來焦慮時就關上門，看著度假時拍下的日落美景。他說，他的女兒心情不好時，也會抱著玩具熊密談良久。

另一個人在遇上爭議時便數數，數到 10 才開口說話。一位是鋼琴家，每次表演前，總是先喝一杯水再上臺。另一位當媽媽的朋友有自己的「安靜時間」，每當孩子無理取鬧時，她就躲進自己房內，鎖在裡面休息 5 分鐘。

有些人聽到她的做法，不以為然地表示：「這似乎是虐待兒童。」她說：「一點都不！我躲進臥室以後，小孩子就不哭了，而且我們兩人的心情也變得輕鬆，彼此可以溝通，而不是就此僵持不下。現在，每當她又無理取鬧時，她就說：『媽媽，你的「安靜」時間到了。』」

總之，關鍵不在於有多少特殊儀式可用，而在於真正了解這些儀式只是工具，用來控制焦慮、憂慮和想像中的各種危機。沒有這些工具，焦慮會增強，運用這些工具之後，焦慮會消失。

切記：活在當下，就沒有焦慮。

## ▌接受現實

接受，即承認現實就是現實。

關於接受，很多人有個難處，就是將「接受」混同於「贊成」。「我才不接受呢。它不好。」接受某物，並不表示說它是好的 —— 也不是說它是可愛的、我們偏好它，它就是那個樣子，它以某種方式滿足了我們的個人偏好。

接受，只是承認現實就是現實。

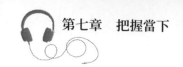

接受的反面是否認。我們否認了現實，就是製造掙扎。掙扎常常會讓你感覺痛苦和焦慮──尤其是當我們不能贏的時候。

當一件東西向下掉的時候，無論我們如何否認地心引力，它仍會以同樣的力量撞在地上，帶來同樣的結果。唯一的差別是，除了東西打破外，我們還感到挫折。承認有地心引力、承認那東西八成會打破、承認我們對此事沒什麼辦法，雖然並不能阻止東西的破碎，但是，會削弱我們內心的掙扎，我們不會再苦想「不應該」有地心引力、掉在地上的東西「不應該」破。

接受某個事物或某種現實，並不表示我們不想改變它。事實上，接受現實，是改變的先決條件。如果一件事不會直接妨礙你實現目標，最好不要企圖改變它，只需要承認它，然後往前走向你的目標。

承認，能使我們放棄在我們認為「應該」發生的事與實際上發生著的事之間的徒勞掙扎。換句話說，我們不再幻想世界應該是我們要的樣子，我們向現實覺醒。

## ▋要做，就從現在開始

有一點是所有領導者都取得共識的：重要工作職位上優秀人才短缺。如一位經理所說，有許許多多幾乎能勝任重要工作的人，但他們往往缺乏一個成功的要素，即缺乏實際工作能力和高效率的工作能力。

每一項重要的工作，不論是商業部門、科研部門、軍事部門或政府部門都需要實幹家。經理們在尋求一個重要人選時，要考慮的問題是：「他能做這項工作嗎？」「他會做到底嗎？」「他是一個從自己做起的人嗎？」「他能取得成就還是僅僅是一個只說不做的人？」

所有這些問題都有一個目的：了解他是不是一個實幹家。

只有偉大的想法是不夠的。一般想法如果得到實施，要比棄置不用的偉大想法強百倍，因為它沒有得到實施。

約翰·沃納梅克（John Wanamaker）——美國出類拔萃的商業家這樣說過：「沒有什麼東西你是想得到就能得到的。」

想一想，我們這個世界擁有的一切（從地球衛星、摩天大樓到嬰兒食品），都是一個想法實施的結果。

當你研究成功者和失敗者的時候，那些成功的人是主動的，我們將他們稱為「積極的人」；而那些失敗者是消極、被動的，我們將他們稱為「消極的人」。

我們可以從透過研究這兩類人，發現一條成功的原則。積極的人是實幹家。他採取行動，完全、徹底地貫徹他的想法和計畫。消極的人是「不做事的人」，他做任何事情，總是明日復明日，直至最後，他認為他不應該或不能做這些事情，或者太晚了，來不及做了。

積極的人和消極的人之間的差異在無數細微方面都體現得淋漓盡致。積極的人計畫去度假，他去了。消極的人計畫去度假，但他把假期推遲到明年。積極的人決定給朋友寄一封信，祝賀他取得的成就，他寫了這封信。在同樣的情況下，消極的人找一個藉口推遲寫這封信，結果這封信永遠也寫不出來。

這種差異在較大問題上也有所體現。積極的人想親自創辦企業，他這樣做了。消極的人也想經商，但他恰恰在關鍵時刻找到了一條最好不要經商的重要理由。一個 40 多歲的積極的人要調換工作，他成功了。消極的人也有類似想法，但他就這一問題考慮來考慮去，還是不換為好。

積極的人和消極的人之間的差別還表現在他們的各種行為上。積極的人做了想做的事情，結果增強了自信心和安全感，得到了更多的收入，更加獨立自主。消極的人沒有做想做的事，結果喪失自信心和獨立自主的能力，只能過著平庸的生活。

積極的人是做；消極的人是將要做但沒做。

每個人都想成為積極的人，那就先從實幹開始吧。

# 為什麼你會成為現在的你？

大多數的人，往往順其自然地塑造自我，而不曾思考過自己為什麼會變成現在這個樣子？

其實，我們之所以會變成現在這個樣子，孩提時代所受的影響十分重要。在我們生命中經常伴隨的恐怖、壓抑及緊張，大半都是在幼年時期便已深植在內心裡。

例如，母親在來訪的客人面前，總是希望炫耀自己的兒女一番。

於是對自己的孩子以半命令式的口吻說：「來，唱個歌給叔叔聽聽！」個性害羞的孩子瞬間就變得躊躇猶豫，而母親對於受傷的孩子卻絲毫沒有察覺，反而責備說：「唉！你怎麼變得這麼膽小了呢？」

接著，又轉過頭很抱歉地對客人解釋：「唉！這孩子就是這樣，平常一個人的時候，話可真多，在陌生人面前就變成啞巴了！」

母親當著孩子的面這樣說話，自然會在他幼小心靈種下「自己是膽小鬼」的想法。這種想法始終伴隨著他一起長大，儘管有時他想旁人面前表現大方自在一點，但由於膽小意識的作祟，使得他永遠表現不出孩子特有的天真活潑氣質。

知道精神意識作用的人，大概都了解：一個人若老是將自己「膽小鬼」的毛病掛在嘴邊或放在心上，情況將變得愈加嚴重，甚至可能造成一生畏懼「膽小」而放棄許多享受歡樂的機會。

許多人一輩子缺乏安全感，這種毛病往往並不是長大之後才有的，而應歸咎於根本不懂得幼兒心理的父母。

一生都是躲在人群背後生活的人，絕大部分在幼兒時期，躲在人後的意識便已深植心底了。

孩提時期深藏在心中的無力感，造成了日後畏縮的個性。當然對於自己的一切也缺乏了自信心。

「沒有人在旁邊照顧是不行的，他會弄壞東西的，連玩具怎麼玩都不

會⋯⋯」一直被人責罵笨、無能而從未被褒獎讚美過的孩子，長大以後就變成了一個「我甚至連簡單工作都不會做」的喪失信心的人。這個人之所以會如此對自己缺乏信心，就是因為在最易敏感的孩童時期就被大人責罵「連玩具怎麼玩都不會」所導致的。

你認為你的身價有多少，你就有多少。如果你的父母具有賢明智慧，那麼早已將作為一個成功的企業家所需具有的素養及自信灌輸在你的腦海裡，使你在幼小時就每天充滿著「將來我一定要做個成功的實業家」的自信，並不斷地鞭策自己。在你成長茁壯之後，只要將這種堅強的自信表現在工作上，相信夢想必有實現之日，且為時不遠。

為什麼我們不厭其煩地強調思考與自信的重要性呢？想必現在各位一定能了解了。

若在此之前你的想法塑造了現在的你，不論將來你想要成為什麼樣的人物，身價要有多高，只須改變一下有關自身的思考方法，你一定能如願以償。

## ▍現在就開始實踐

也許你已經考慮過「可能喜歡」做哪一行。那麼，先可以從查看徵人廣告開始。去找學校或職訓中心，跟已經在那一行的人多交談，收集大量產業資訊，搞清楚有哪些機會。

等你了解較多的情況，就可以判斷是否要繼續學下去。知道你自己「可能」對什麼感興趣，你便有了一個開始起步的起跳點，因為要取得成功就得開始行動，並全力以赴！

有些人很想有所成就，很想獲得成功，但是還沒有動手就感到非常為難，他們搞不清楚自己想要做什麼。由於思想上沒有一個明確的目標，所以覺得很難決定下一步要做什麼。於是，他們就束手坐在那裡等待奇蹟，然而，奇蹟並不是光憑等待就會來的。

但是，許多成大功或立大業的人，在他們心目中也並沒有很多明確的

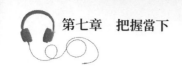 

目標，相反卻是變動得非常快，有時甚至連目標是什麼都不知道。他們只是不斷地去嘗試新的事物，接受新的訊息，直到對自己所做的選擇有所把握為止。

　　成功者都非常積極活躍，以行動作為自己的方向，嘗試許許多多新的途徑。所以，經過一番奔波忙碌之後，必然能取得某些有價值的成就。

## ▌活在現在的祕訣

　　第一、　將每一刻都當成禮物來歡天喜地的接受。

　　第二、　善用每一刻。

　　第三、　計畫未來而不擔心未來。

　　第四、　從錯誤中學到教訓，然後忘記它們。

　　第五、　對於現存真實的一刻，永遠都保持警覺。

　　第六、　把所有的精力放在正在做的工作或快樂上。

　　第七、　拒絕讓不愉快的事或人汙染自己的下一刻。

　　一個喜愛種玫瑰花的人把一朵漂亮的玫瑰送給他朋友，那位朋友很害怕玫瑰上的刺，他告訴那位朋友如何拿：「如果你知道如何拿它，它就不會刺傷你了。」

　　生活的每一刻不正像這樣嗎？如果你知道如何把握每一刻，它就不會傷害你，而會帶給你歡樂。

# 第八章
# 活出真我

## 透澈地了解自己

以今日世界之文明，地球上的許多事實已真相大白。人類自然無須再從事極地探險的工作，但卻仍有許多其他的重大任務，等待我們去接受挑戰。因此，對於本身能力的充分了解，就顯得相當重要了。

有人可能會說──我追求的生活是平凡、安逸，了不了解自己的能力，那是無關緊要的。不錯，在安逸的環境中，自然會喪失敏銳的警覺性，但須知在人生的歷程中，任何難題都可能會遇到，而且需要親自去處理，這時是否清楚地認識自己，其結果將會有很大的差別。

不了解自己的人，不僅無法正確地選擇屬於自己的人生道路，而且在處理事情時，也無法以客觀的態度去衡量。因此，可能使原本應堅持到底的事，在遭遇一點挫折時，就喪心喪志，而輕易放棄，從而也造成終生的遺憾。

但真要認識自己，豈是想像中的容易。有些人花了一輩子的時間，仍舊不了解自己，而留下許多徒嘆「失之交臂」的遺憾呢！所以，應常為自己安排思考的時間，以冷靜客觀的態度，來徹底地了解自己。

千萬不要忽視這樣的小節，雖然只是片刻的靜思，但是在忙碌的日子中，能享受靜思沉澱的時刻，既是人生中的一大樂事，而它的偶得，更是生命中的啟發。從此之後，可能因此對自己有更深的認識，而勇敢地跨出腳步，這對於整個人生來說，可能是微不足道的一小步，但對個人生命來

說卻可能是一大步。

數十年來，社會科學家一直在警告我們，這個實行專業化生產的社會將導致人性的泯滅。古往今來的哲學家一直在鼓勵我們，要認識自己，但是他們卻沒有給我們提供實際的指導，以至於我們不能真正地了解自己，從而產生力量，去改變我們的命運。

一個普遍問題在折磨著文明人，那就是他的自我認識危機。在某種程度上，這也是所有受等級組織影響的人所面臨的一個問題。人的自我意識，是人對自己的理解、對世界的看法和對理想生活方式的設想的綜合。一旦確立了強烈的個人認同感，人們就能避免精神崩潰，建立起自尊的基礎。你的自尊，基於你能完成某種對於你個人非常重要的事的自信，也使你深信你是一個很有價值的人。一旦你有了自尊，你就獲得了開拓創造性的生活能力，從而實現自己的生活目標。

富於創造力的生活，能夠解放你的想像力，幫你尋找解決問題的方法，並能改造你的生活，實現你的理想。這樣，你就會聽從真實自我的指揮，尊重自己的意志，不受內在的衝突和困惑的限制。

事實上，有誰能對自己的成就無動於衷呢？一般人一朝成功，往往志得意滿，而不知繼續追求新知以充實自己。假若你第一次成功，就沉溺於勝利的喜悅中，那麼可能就會毀滅於笑聲的浪潮中。

精益求精，更上一層樓，乃是人類進步的原動力。不僅是對自己以往的成就要有突破的心理，仰望前人的功績時，也不能一味模仿他們的行徑，應以自己獨特的做法，創出更好的成績來。

所以雖然完成了一件事，但不要因此自滿。試想，你的能力只是這樣嗎？而等待你去實行的事情還多著呢！那麼，你不但沒有時間萌生滿足的念頭，還會激起百尺竿頭，更進一步的欲望。

## ▌讓光亮照進黑暗的情緒

真正偉大的人往往能主宰自己的性情，統治自己的心靈。富有化學性

心靈的人 —— 也就是善於管理自己情緒的人，能消滅憂慮，解除煩悶，正如同化學家以鹼性來中和酸性一樣。

不懂化學的人就不知道中和的道理，錯溶在別的酸性液體裡，非但不能獲得中和，反使藥性更劇。化學家們都知道各種酸性的作用，以及與其他化合物溶解後的效用。

因此，一個具有化學性心靈的人，他知道用快樂的解毒藥來消除沮喪的神志、憂鬱的思想。他知道用樂觀的思想可以消滅悲觀的思想。用和諧的思想可以解除偏激的思想；用友愛的思想可以淘汰仇恨的思想。由於他懂得種種管理自己情緒的方法，他心靈上便不會受種種痛苦。

許多人沒有方法來消除自己思想上的種種苦悶和煩惱，因為他不知道心靈上的化學原理。任何人都會面臨心靈上的苦悶，不過到了一個時期，人應該以理性的力量來指導自己，用適當的消毒藥來解除心靈上的各種苦悶。

心中充滿了悲觀、偏激、仇恨的思想時，只要立刻轉到相反的思想上，便會產生樂觀、和諧、友愛的思想，這就好像把冷水管的龍頭一開，沸水便會立刻降低溫度一樣。

人應該能像調節水溫一樣調整自己的思想，在水太熱的時候就要把冷水管的龍頭打開。如果在怒氣填膺的時候，要立刻轉到友愛和平的思想上，這樣怒氣自然就消除了。有了友愛的思想，仇恨便不會存在。有了愛人如己的思想，便會消除妒忌和報復的惡念。

大部分人不知道以善美的思想來替代惡念，他們認為只要把惡念驅逐了就可以了，他們不知道，用善美的思想來驅逐惡念將更有效。

人們無法驅逐屋裡的黑暗，然而，只要讓光亮進來，黑暗便自然消失了。

許多人以為思想只是影響著腦神經，其實不全是這樣。生理學家發現在盲人的手指頭上，有著熟練的神經質。不少盲人有一種驚人的技藝，如能辨別織品精粗，甚至顏色的濃淡深淺，這可證明思想並不全限於腦

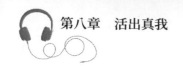

神經。

人的身體由十二種不同的細胞織成，如腦細胞、骨細胞、肌肉細胞等。而一個人的健康，全賴於各種細胞的健全。身體上的無數細胞，有益於一個細胞的，也就有益於全身的細胞。每個細胞健康還是不健康，有生命還是遭死亡，都與人的思想有非常密切的關係。

生理學家的實驗表明，一切邪惡的思想皆有損於人身的細胞。由於激怒而使神經系統所受的損失，有時要費上數星期才能恢復原狀。無數的實驗證明，一切健全、愉悅、和諧、友愛思想，都有益於全身的細胞，都有益於增進細胞的活力。至於那相反的思想，如偏激、絕望、悲傷等，都有損於細胞的活力。

科斯教授做了一個實驗，證明憤怒和憂鬱的情感有損於身體的和諧；而快樂的情感具有滋養細胞和再生細胞的力量。

科斯教授說：「不良的情感，對於人體的肌肉，有著相當的化學作用。良好的情感對人生有著全面的有益影響。腦神經中的每一個思想，都因細胞的組織而更改，而這更改是屬於永久的。」

對於水來說，沒有一種汙染不能經由化學的方法來提淨。同樣，沒有一種汙濁、鄙陋的思想不能由健康的思想、正確的思想來濾清。偏激、悲觀、不和諧都是思想的病症，而只有真實、美滿、樂觀的思想，才會提高人生的價值。一旦一個人有了健康的思想，那不健康的思想，便無存在的餘地，因為健康的思想和不健康的思想是勢不兩立、水火不容的。

## 按自己的願望計畫人生

經常有人會遇到這種疑惑：「我母親希望我將來能做醫生。」「我父親希望我像他一樣成為成功的企業家。」或者「我姐姐認為我應該像她一樣當個教師。」然後你會想，「但是我該怎麼辦呢？誰也不管我想些什麼！到底我應該怎樣去過我的一生，似乎誰也不想知道我想去做什麼！」

你的重要決策由誰來做？你的事業由誰來操持？按照別人的意見去

做，你也許覺得很不稱心。如果你聽了他們的意見，有人會高興，但是高興的不是你。如果你想得到幸福，想要取得成功，就得由你去計畫自己的人生。

你能夠活 500 年嗎？假如是的話，你可以把活在世界上的頭 100 年用來按照「父母親的需要與願望」去過，第二個 100 年「按照朋友們的意見過」，第三個 100 年「按子女和家庭的意見過」，他們都是重要的。到了第四個 100 年，你可以「按你所重視的某些團體的意見去過」。這樣，你已經是很大方的了。第五個 100 年是你生命的最後 100 年，你應該自主地生活了。

但是，你是個凡人，你的生命不是無限的，你不可能放棄自己的願望和理想去聽從別人的意見，否則你就會悔恨，有一天也埋怨他們。

我們每一個人所擁有的只是現在，只是我們的今天。你所認識的每一個人都在走向死亡，誰離開了這個美麗的世界就不再有生命。在生命中取得「成功」，就是按照你的想法，充分發揮生命中每一段寶貴的時光。

## ▍無所畏懼

請你問一下自己：「如果我只有一年可活，而且每個星期工作 40 小時，休閒 40 小時，那麼，我會怎樣支配這些時間？我會還像現在這樣過日子嗎？」

如果對最後這個問題的回答不是「是」的話，就醒醒吧！你是個凡人，時光易逝，你的生命有多少是可數的！我們時常聽人說，我討厭現在的工作，但是得靠它生活。這準是那種能夠活 500 年的人。

其實我們只有一個 100 年，也許還不到 100 年。讓我們花費生命的大部分去做龐大的事情，是花不起的。我們要去找能夠給自己生活帶來歡樂的工作領域、朋友和活動。

假定你非常討厭現在的工作，早晨幾乎不想起床，但是這份工作能夠讓你養家糊口，能夠賺來買必需品的錢。那麼，你就必須提醒自己：如果

你有能力改變目前這種你並不喜歡的生活，就用不著可憐巴巴地在現在這個位置待著。如果你在另一個領域裡做得很好，那麼去從事你願意做的工作。在生活中要大膽地嘗試，無畏無懼地尋找你的位置。

## ▌原諒別人和自己

英文中原諒（Forgive）由兩個很好的字組成：For，即贊成；give，即給予、貢獻、提供、賦予。每當我們去原諒，也就是肯定我們贊成給予。

給誰？給我們所原諒的人？有時候是給我們自己？

原諒有兩面：

其一是發生的事 —— 妨害了我們的存在或發展。我們稱之為「侵犯」。

其二是「我們」覺得被這侵犯所妨害 —— 我們論定「這是錯的，不應該發生」。我們稱之為「判斷」。

沒有一個判斷，就無所謂侵犯。我們經常被無意要惹惱我們的事物惹惱，如被電梯拒絕。反過來說，如果有人「試圖」侵犯我們，而我們不當那是侵犯，就沒啥好原諒的 —— 即蓄意的侵犯沒能「動」到我們。

當然，長久的目標是不應該改變的 —— 我們有愛心、自足，因此我們對潛在侵犯的反應是「又怎麼樣？」而非「居然如此！」到達這樣的鎮靜境界以前，我們有時候還是會帶著判斷去反應而覺得受侵犯。這時，我們就必須用到原諒。

發生原諒，是我們感覺「我們」在原諒 —— 也就是說，不是別人原諒我們。加以練習的話，醒悟這一點所花時間會越來越短。本來一星期才明白的，現在一天就明白。本來一天才明白的，現在一小時就明白。本來要一小時才明白的，現在五分鐘就明白。經歷許多事情之後，我們幾乎當下就認清並給予原諒。

原諒的過程很簡單，其實幾乎有如機械性。首先，我們原諒侵犯（讓

它去），然後，我們原諒判斷（放掉判斷）。

要做到這樣，我們只需說：「我原諒……（侵犯者）的……（侵犯）。」

然後，我們說：「我原諒自己這樣判斷……（侵犯者）和這樣判斷……（侵犯）。」

就這樣，下一步是「忘掉」。然後，繼續我們的人生。「好記性可能是好事，」艾爾伯特·胡巴德寫道，「能忘記卻是偉大的真正標誌。」

有些人覺得必須先有報復，才談得上原諒。「我們應該原諒我們的敵人，」海涅（Christian Heine）說：「可是先要把他們吊起來。」不過，我們心中這股直到所有敵人都完蛋方休的恨意會先害死我們 —— 一定會先害死我們的心。

「報復往往像因為狗咬你，你就咬它。」歐馬里說。放掉吧。原諒一下。忘掉它。

當然，我們選擇了這樣的原諒與遺忘方式，並不表示我們做了侵犯他人的事也不用負彌補的責任。

「我欠了某個人十塊錢，上帝原諒了我，」你如是說，「這並不等於還了對方錢。」

可以原諒自己沒有準時還對方錢，或者，沒有還給對方自己「認為」他應該得到的數目，但是，你該努力盡可能早日付給對方「你」認為他該拿到的那麼多。

有時候，對方也會滿足於少一點 —— 如此，你就是還了債。有時候，我們必須經歷法律程式，諸如破產或離婚。這樣，債務 —— 雖然不是償還 —— 但還是解決了。原諒、遺忘，然後好好把你的人生過下去。

「這麼說來，他欠我錢而沒還，我應該原諒並且忘記，我要是欠某人錢，卻應該還他。這是什麼道理？」

如果你把財富定義為健康、幸福、充裕、富有、愛心、關切、分享、學習、知道自己要什麼、機會、享受及平衡。

我們如果能彌補，就彌補。沒辦法彌補，就不要彌補。有時候，我們只能由衷地道歉。對方可能接受，可能不接受。我們的責任不是使他或她接受，我們的責任是誠心道歉，盡我們所能去彌補。然後，好好過我們的日子。

但是，我們在彌補之「前」原諒自己。我們不必為了得到原諒而做彌補。我們做彌補，是因為它能讓我們心安一點。原諒則是不待外求的。

## 打開塵封的心結

人的心靈，很容易被成見、貪婪和懼怕所阻礙；也很容易被暗示或受蠱惑，失去理性。所以人常常作繭自縛，把自己籠在愚昧的巢穴，封閉在狹隘的死胡同裡，變得心煩鬱悶。

人的心只要被塵封起來，就會有迷信、衝突、困擾。現代人都以為自己有豐富的知識，但其實能打開心靈、獨立思考、清醒覺察的人實在不多。我們很容易被一些似是而非的觀念所困，比如說，有人買了新房子，請個風水師來看風水，風水師告訴他說：「先生！這棟房子方位不適合你，住進來會生病，不利健康。」主人聽了頓時覺得憂懼，每天為這件事情煩惱。這時他的心靈被一些莫須有的觀念所封閉，而正是這些觀念阻礙著他的理智思考。

人很容易嫉妒別人，以致心懷敵意，這時過當的防衛機制開始作祟，不敢跟別人交心，當然也就失去做知心朋友或進行親密交往的機會。你為自己與別人之間築起一道牆時，頓時覺得孤立和敵意。這時的心靈是封閉的，因為他不敢跟別人交往，所以也就無從建立親密的關係。

我們都忙於工作，忙是沒有錯的，打拚也是應有的本分。可是，當你把全部時間投注於工作，變成工作狂時，心靈就會被忙碌所困，體會不到生命的樂趣。這時你犯了本末倒置的錯：把生活當手段，把工作當目的。生活變得乏味，日子久了心智就開始僵化。這會給自己的生活帶來困擾，也會為自己帶來心理健康上的危機。

人們往往習慣以自己為中心，來看待人際關係，希望別人能給自己更多青睞和讚美，自己卻很少去欣賞他人。這時人際的溫暖和社會支持，就開始解體了。尤其是汲汲於爭取別人的讚美和豔羨時，那種期待和乞求，更容易使自己陷於疲乏。人在汲汲營營之後，會變得寂寞孤獨。許多名人，不就是在獲得掌聲之後才崩潰、自殺的嗎？

這是一個知識發達的時代，一個自由開放的時代，你被迫要接收不同知識和價值觀念。或者，只要你不去妨礙別人的自由和權利，就可以做任何想做的事，說任何想說的話。但是這些紛繁的知識，卻要靠自由的心靈才能去分辨它們、處理它們。那些心靈不自由的人，或者容易被知識、觀念、私欲綁架的人，碰到這紛繁的現代生活，不免要困坐愁言，煩心的東西太多，心靈的障礙很重，結果心靈世界被塵勞捆住了、封閉了。

現代人想得太多，為自己也為子孫，為名利也為學歷。就一般人而言的問題，正是心理困擾和生活失調的根源。人若想打開塵封心結，過清醒有創意的生活，就必須經過一番淨化的過程。

## 使自己成為一個贏家

當你探究成功時，你會發現，成功者的態度是決定性的因素。

歷史上和文學作品中有無數這樣的人：

因一些殘疾而受苦，有不少天才表現得比他們四周的人差勁；有時生活在最惡劣的環境中，通常要面對許多失敗，但這些人最後還是成功了。

看看下面的這些例子，你會相信嗎？

- 《小婦人》作者，露易莎・梅・艾考特（Louisa May Alcott）的家人曾希望她能找個傭人或裁縫之類的工作。

- 貝多芬學拉小提琴時，技術並不高明，他寧可拉他自己作的曲子，也不肯做技巧上的改善，他的老師說他絕不是個當作曲家的料。

- 歌劇演員卡羅素（Enrico Caruso）美妙的歌聲享譽全球。但當初他的

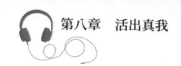
父母希望他能當工程師，而他的老師則說他那副嗓子是不能唱歌的。

◆ 發表《進化論》的達爾文當年決定放棄行醫時，遭到父親的斥責：「你放著正經事不做，整天只管打獵、捉狗捉老鼠的。」另外，達爾文在自傳上透露：「小時候，所有的老師和長輩都認為我資質平庸，比聰明我是沾不上邊的。」

◆ 華特‧迪士尼當年被報社主編以缺乏創意的理由開除，建立迪斯奈樂園前也曾破產好幾次。

◆ 愛迪生小時候反應奇慢無比，老師都認為他沒有學習能力。

◆ 愛因斯坦 4 歲才會說話，7 歲才會認字。老師給他的評語是：「反應遲鈍，不合群，滿腦袋不切實際的幻想。」他曾遭到退學的命運，在申請蘇黎士技術學院時也被拒絕。

但，是什麼使他們實現自我的？

當其他人的天分比他們高，當其他人有較多的資源時，祕密是他們有成功者的態度！

## 養成讓你成功的好習慣

成功和失敗，都源於你所養成的習慣。有些人做每一件事，都能選定目標、全力以赴；另外一種人則習慣隨波逐流，凡事碰運氣。不論你是哪一種人，一旦養成習慣，都很難改變。這種情形我們稱之為「慣性」，是自然共通的法則。

大自然利用慣性定律，維持宇宙萬物彼此之間的關係，小至原子的排列組合，大至星球的運行；一年四季、疾病與健康、生和死，形成井然有序的系統。

一粒橡子可以長成橡樹，松子萌芽長成松樹；大自然從來不會出差錯，讓橡子長出松樹，或是讓松子長成橡樹。這些都是你看得到的事實。但你是否看得出來，這些都不是偶然發生的？有一種力量造就它們！同樣的力量，也使我們養成習慣之後就不再改變。造物者只讓人類有權利依照

自己的欲望，養成適當的習慣。

我們每一個人都受到習慣的束縛，習慣是由一再重複的思想和行為形成。因此，要能夠掌握思想，養成正確的習慣，我們就可以掌握自己的命運。每一個人都可以做得到。養成良好的習慣，就可以取代原來不良的習慣。

每一種生物的習慣都是由所謂的「直覺」所形成，只有人類例外。造物者賜予人類完整的、無可匹敵的權利，掌握思考的力量；運用這種力量，我們可以達到所有期望的目標。

這是一項奧妙的真理。你可以用來開啟智慧之門，讓生活有條不紊。你可以掌握成功所有必要的因素。只要能夠掌握自己的意志力，一心一意朝向既定的明確方向，報酬是非常可觀的。如果不好好把握，則會受到很大的懲罰。

慣性的作用無足為奇，也不會無中生有，更不是一成不變。但是它的確會幫助，甚至強迫一個人追求目標，將思想付諸行動。

養成能讓你成功的好習慣。一心一意地專注於你想要追求的目標，等到時機成熟時，這些新的思考習慣，將為你帶來預期的名聲及財富。

你自己夠不夠專注？你是否知道自己想要追求什麼？是否有確實的計畫？那麼你接下來就必須專注於這個目標和計畫，下定決心，任何阻礙都不能使你動搖。

記住，只要你不自我設限，就不再有任何限制。突破自我設限，任何事情都不能阻止你。

## ▎你不可能得到想要的一切

有這樣一句話：你可以有你想要的「任何東西」，但你不可能有你想要的「一切」。這是一個似乎再明白不過的人生道理，但我們這麼說仍然害我們惹了一大堆麻煩。

　　一方面，傳統文化的維護者不高興「你可以有你想要的任何東西」。他們勸我們「適應」、「將就」、「別興風作浪」。我們對這些人說：「沒錯，你可以有你想要的任何東西——無論多出色多奇妙的東西。」會讓他們想起他們為了成功而拋棄的種種夢想。自然而然，他們不願意被提醒這一點，於是他們指責我們這些編寫自助書籍的人說瘋話、害他們煩惱。

　　另一方面，我們說：「你不可能有你想要的一切」，又有點得罪了主張「你可以有一切」的人。事實上，當然是我們不可能有一切——「一切」太多了，而時間不夠。即使我們「能」得到一切，我們哪裡去找時間來「用」它？「每個人遲早會碰上每一件事，」蕭伯納（George Bernard Shaw）說：「如果時間夠的話。」要命的是「如果時間夠的話」。我們一生只這麼多年。沒有時間供我們碰到每一件事。

　　承認你可以有你想要的任何東西，但不可能有你想要的一切，是個「平衡」的看法。持此看法，有兩個明顯的好處。

　　第一，我們可能挑選我們「最」想要的東西，然後用我們全部精力、熱情、資源去追求它。我們就不會忙碌於幾十個目標之間，過著李可克描寫的那種日子：「他躍到馬背上，瘋狂地往四面八方騎去。」

　　第二，採取平衡的觀點，我們就能放掉所有——雖然擁有很好——但不如我們的夢想重要的所有東西。芙蘭‧雷伯維茲作家（Fran Lebowitz）寫過一種「那樣豈不更可愛」的夢想：「電話鈴響起來。我不大樂意。這不是我最愛的醒來方式。我最愛的醒來方式是有個法國影星在午後兩點半在我耳旁輕柔地說，如果我要及時趕到瑞典領取我的諾貝爾文學獎，我最好按鈴叫早餐。這種事可惜從未曾像我們希望那樣發生過。」一點也沒錯。

　　不再想要那些我們無法得到的東西，這是快樂的一個重大要素。假使不放掉我們不可能得到的那些東西，我們就是走上了淒苦、不知感恩、貧窮之路。「樣樣抓，樣樣掉」，一句 14 世紀的俗語這麼說。

　　阿倫‧班尼特（Alan Bennett）充滿諷刺的這段話，是不是聽起來並不

陌生？「我認為政府在津貼與減稅方面對藝術家與作家的照顧不夠。身為藝術家、作家，我們周圍應該盡是美麗的東西和美麗的人。而美麗非錢莫得。」

有時候，我們必須像錢德勒（Raymond Chandler）筆下偵探菲力普·馬羅那樣心平氣和地面對世界：「我站起身，走到角落拿個碗，往臉上潑冷水。一會兒之後，我覺得好了一點，但只是一丁點。我需要喝兩杯，我需要大筆人壽保險，我需要度假，我需要一幢別墅。我真正擁有的只是一件大衣，一頂帽子，一支手槍，我裝備上它們，走出房門。」

知道自己最想要什麼，放掉其餘一切 —— 才是財富的重要成分 —— 開始於一個簡單但痛苦的領悟：你可能有你要的任何東西，但你不可能得到你想要的每一件東西。

## ▌關心自己能付出什麼

這是非常一般的處世良方，但是，如果你設法透過親密關係創造更多的愛，這副良方尤其有用。

如果你早就是個善於付出的人，可以再找更大度的方式表現自己的慷慨。不幸的是，大多數尋求關係的人，通常都在設法找一個可以給他什麼，而不是他可以付出什麼的對象。他們碰到一個男人或女人，就馬上想到這個人能否滿足他們的要求，沒想到這個人能否欣賞他們的特色或他們必須付出什麼。

這就回到人為什麼想要與人交往的問題上面，而問題的起因大都由於一般人總想在伴侶身上尋找自己所缺乏的東西。事實上，另一個人永遠也無法填補你所沒有的東西。如果你內向且膽怯，不會因為攀上一個生龍活虎的人，就變得既外向又有勇氣，你必須自己變得外向才行。如果你覺得自己的外貌不怎麼出色，跟一個俊男或美女在一起，也不會使你變得好看些。

愛是你付出之後才會得到的東西。你愛得越多，自己就越像愛的化身，有親密的關係時，是練習愛的好時機。看看自己能付出什麼 —— 也

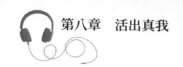

許是你的聰明才智，你修修補補的技巧，或規劃的天才 —— 多次付出之後，總有一天你會有所收穫的。

一旦懂得付出，付出就不難。今天就開始。問問你正在交往的人，自己可以如何幫助他，要怎麼做才能減輕他的負擔 —— 也許只是聽他訴說一個特別複雜的問題，並說出你的看法。你對她的需要有多關心？你能提供什麼幫助？她需不需要你到機場去接她的朋友？如果需要，就去接機。她浴室的水龍頭漏頭嗎？幫她換個橡皮墊圈。她與一位同事的關係是否出現問題？看你自己能否給她一個新點子。

如果你把付出擺在生活和關係中的第一位，你的同伴會把你當成仿效的對象，而你們目前的關係也就更可能持久。

## 想想你擁有的幸福

人生難免遭遇問題！有人曾說，在人生旅途上，你不是已有問題、剛解決問題，就是將面臨問題。不過，你勢必得選擇，究竟是要滿腦子想著問題，還是去想你所擁有的幸福。

我們應一心去想自己的幸福，而不是那些問題。不幸的，大多數人滿腦子想的都是自己的問題，而忽略了所擁有的幸福，那遠比問題還多的幸福。為什麼能如此斬釘截鐵地說？因為你正在讀這本書，這代表你不僅活著，而且還能閱讀。無論你有什麼問題，那無數躺在墳墓裡的人都情願付出一切，與你易地而處。因為只要你還活著，就是幸福！你有能力閱讀、去看、去聽，或跟他人溝通觀念。或許，你沒有很多錢，物質上也不豐富，但由於活著，因此有能力在未來把事情做得比以前更好。只要你還活著，就有機會嘗試！想想你所擁有的幸福，而不是問題。

## 重視自己的感覺

你是否一直都明白地說出「討厭的就是討厭」呢？是否將心裡所想的

都誠實地說出來了呢？

　　無法說出自己的想法，扼殺自己感情的人，很容易把壓力累積在身上。這種情況多半發生在膽小的人、覺得自己一旦拒絕就會被討厭的人，以及覺得自己不管說什麼都會被取笑的人身上。如果一直都是這樣的態度，很容易就會受他人左右而隨波逐流。這種人首先必須要改變「怎樣都可以」、「什麼都可以」、「就交給你了」這種沒有自主性的態度。接著試著坦率而且大聲說出自己想怎麼做，訓練自己由平常的小事就清楚地說出：「是或不！」

　　例如要好的朋友邀你去看電影或參加派對，要是你不感興趣，也要明白地拒絕。

　　如果你一直都是無可奈何又勉勉強強地陪別人，以後就鼓起勇氣拒絕吧！

　　你一定體會過，自己明明不想去卻不得不勉強陪人去那時候的感覺了吧！不感興趣的時候就要明白地說「不」。以前一直在意別人的想法而說不出「不」，試著鼓起勇氣說說看吧！

　　此外，一直畏縮，過於壓抑自己的某些感情的人，不妨也主動將自己的感情表現出來吧！受人故意欺負、捉弄或是被人惡意嘲笑、諷刺的時候，不需要一直保持沉默。偶爾毅然地表現出自己的憤怒也是必要的，不要膽怯，要鼓起勇氣直接面對對方。不試著說出來怎麼會知道結果如何呢？因為自己是自己，也為了避免受到他人的操控，養成主動表達的習慣吧！

## 對自己滿意

　　你喜歡自己嗎？

　　你覺得「目前的我」是真正的自己嗎？

　　當一個家庭，是以考試分數來決定其能力時，這個孩子無法活得

快樂。

當一種文化，是以一流大學、傲人學歷來標榜其成就時，這個少年勢必活得非常辛苦。

當一個社會，是以賺錢多寡來評斷其地位時，這個人必定迷失自我。

上美術課時，一位幼稚園中班學生，觀賞自己被掛在學校牆上的作品，站立許久而且頻頻點頭，完全陶醉在其中。

當他看到老師正微笑地看他時，便跑過來說：「我覺得，我畫得很好！」

然後，兩個人笑得非常燦爛。

有趣的是，隔日早晨，這位小朋友一到學校，便先站著欣賞自己的作品。

當他看到那位老師正巧經過時，便悄悄地在老師的耳邊說：「我還是覺得畫得很好哩！」

然後，兩個人笑得非常燦爛。

聽了這個故事，讓我們陷入思索與心靈激蕩中。一個 5 歲多的小孩就已經能夠欣賞自己，擁有自己的位置。這整個過程，充分顯示一個心理象徵：他已經找到了自己。

在你的成長的過程中，有像這孩子勇敢肯定自己的經驗嗎？而你在最近一個月來，有如此擁有自己的感動嗎？有一句話說：「活得滿意，自然沒有敵意！」

一個非肯定型的人，經常活在自憐中；一個攻擊型的人，卻不斷活在自傲中。不論自憐或自傲的現象，都在告訴我們一個真實：「活得不滿意，自然充塞敵意！」

一個人要勇敢地做自己，是一件不容易的事。因為，生活中總是有許多不必要的「干擾」，讓我們失去自己。這些「干擾」，有的可能來自他人的批判，或自我的期望，使你失去活力，而不斷質疑自己的信心。也有的

「干擾」，可能是因為他人的期待或環境的需要，使你不得不「為五斗米而折腰」，因而不斷怨嘆時不我與。

還記得，名片《鐵達尼號》中，男主角傑克與他的朋友站在船首欄杆處，大聲高喊著：「我是世界之王！」

這句話，不知震撼了多少人的心！大家也都希望能跟我們一樣地吶喊，但是，事實上在成長的過程中，經常「事與願違」，要喊出「我是世界之王」是多麼的困難。

自我肯定，就是在強調：

每一個人，都是自己世界的國王！

每一個人，都是自己世界的第一！

在每天的生活中，我們都非常需要這種「勇敢做自己」的經驗。

## 接受自己的不完美

見到她的時候，我們可以判斷出，她是一個「活得很辛苦的人」。在短短的聚會中，她起碼接了不下 30 個電話，她的部屬、她的家人，好像什麼事情都得要請示她之後才能進行。

有人說：「你累不累啊？這麼多事情都要管。」她立刻有很多的抱怨和牢騷，聽得出她是一個完美主義者。

在課堂上或個別諮商的過程中，我們常看到許多因為要求完美而導致身心疾病的人。「完美主義者」的本質其實是個操縱者，最大的原因是，他們害怕自己不被愛，害怕自己不夠好，於是要求自己，也要求別人，一切都必須如自己所期望的進行。

有一位非常優雅美麗的女性，出現的時候，嘴角總是以相同的角度微笑著，臉上永遠化著相同的妝，即使在大家都穿著 T 恤，非常輕鬆休閒的場合，她還是那麼優雅正式的儀表。她的祕書說，她曾經因為寄信的時候郵票沒有貼正，足足被這位女主管退件 10 次。

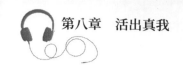

　　還有另一位先生，因為是家中的老大，他從小就認定自己是凡事要以身作則。因此他的生命中，似乎永遠承受著超過自己負荷的工作，只因為他要做得比別人更好。在不允許有絲毫差錯的情況下，長年深受胃病折磨，但他依然對自己嚴苛地要求。

　　他們過得實在很辛苦，並且往往自己活得不好，使得身旁的人也活得不好。

　　完美主義者總以為只有自己表現完美時，才能獲得更多的愛。然而事實卻剛好相反，當一個人願意接納自己的缺點，並且把自己當作是一個活生生的「人」，而不是無故障的「機器」時，才能變得可愛與真實。

　　因此，如果你是一個完美主義者，往往在潛意識心靈程式中，輸入的指令是：「我要做到十全十美，別人才會喜歡我。」或是「我不能出任何差錯，否則我就不完美了。」這些指令都像層層的關卡，卡得人動彈不得，為了追求完美，只會讓自己常常感到挫折與不足。

　　當一個人能夠分辨出哪些事物必須嚴格要求，哪些可以適度即可，甚至得過且過，無需強求時，將會發現，除了自己和旁人更輕鬆自在外，也可以集中能量，把真正重要、有價值、有意義的事情做得更好。否則，只是盲目和習慣性的要求完美，結果只會是讓自己身心俱疲，當然不能令事情如己所願。

　　從自信喜樂的神情、雖不奢華但卻是亮麗獨特的裝扮，我們可以知道她的主人真正懂得如何珍愛、善待自己。

## ▌為自己而活

　　有一對母子，兒子不知做了什麼讓母親不悅的事，只聽到母親一直數落著：「你不聽話，明天告訴你們老師。」這孩子彷彿沒有聽到，仍然糾纏不休，母親又繼續叨念；把你送到警察局、罰你不能看電視等等威脅恐嚇的話語。

　　不知道是不是這個小男孩平常聽多了辭嚴色厲的責備，他對母親的教

訓和憤怒似乎無動於衷，絲毫不予理會。

過了一會兒，這位母親帶著和緩的語氣，蹲在孩子面前，說：「你乖乖，媽媽才愛你。」小男孩大概沒料到媽媽會來這一招，他愣了一下，安靜了下來，我們清楚地看到，他眨了一下眼睛，牽動嘴角，彷彿若有所思，又好像有什麼話要說。

長久以來，我們深信，每個人都是帶著「渴望被愛」這個期待來到世界，而「渴望被愛」往往也代表著渴望被接納、被稱讚、被肯定。

大多數人之所以缺乏自信、不快樂、不健康，也是因為這個需求沒得到滿足。

有一位被大家稱作「拚命三郎」的男士，一提到他，周圍的人常不約而同地說「真是十足的工作狂」。從小他就非常努力讀書，在成長的過程中，幾乎沒有享受到童年的天真歡笑，記憶所及，都是埋首苦讀的情景。大學畢業之後，不到 10 個月的時間就拿到碩士學位，並且以優異的成績考取了許多人嚮往的一流企業。

他真的很努力，表現也的確很優異，儘管過度的壓力已經讓他開始感到身心疲憊，使他在午夜夢醒之際，也不禁嘆問：到底為誰辛苦為誰忙？然而，他還是沒有辦法改變自己「拚命三郎」的習慣。直到有一年過年，父親的一席話才徹底點醒了他。

那天吃過年夜飯，大家酒足飯飽，聊天聊得很開心，忽然父親嘆了一口氣，用帶著血絲的眼神看著他說，這輩子最大的遺憾是兒子沒有幫他完成心願：讀博士，當醫生。

在這一剎那間他忽然明白，原來過去 45 年的歲月中，他一直渴望獲得父親的肯定與讚許，也因為沒能達到父親的期望，他一直有一種覺得自己不夠好的感覺。從小，在他的潛意識中就輸入了「只有讓爸爸滿意，我才是好的」，這樣的指令。然而，「再努力也無法滿足父親的期望」，就像一個沉重的擔子，多年來，重重的壓在他身上，他只能努力讀書和拚命工作，絲毫不敢有所懈怠。

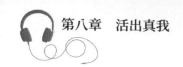

取悅他人畢竟是不容易的，你不妨也檢視自己的潛意識裡，是否也有著「為達成某人期待而活」的重擔？

## 採取行動改變自己

每一個人都活在自己的想法之中。人懼怕時就會產生擔心，行動開始猶豫，態度變得消極。若沒有正確的目標，就會覺得彷徨，甚至不知所措，或無所事事。反之，人若有了自信，有了目標，自然能振作精神，心情愉快。這不只在世俗的生活如此，在宗教信仰上也是一樣。

有人常問道：「我很憂鬱怎麼辦？」「我很不開心怎麼辦？」「我很擔憂怎麼辦？」唯一的解決方式是要採取行動，才能克服不好的心情；做幾件有意義的事，讓自己振作起來。

一位高一的學生說他不喜歡讀書，每天又不得不去學校，既痛苦又無聊，想輟學去工作就業，又覺得不心甘情願。心理教授告訴他：

「你的心靈空虛飢餓。很長一段時間，你沒有做過一件對自己有意義、有價值的事，所以你覺得空虛、無聊。你的學業已荒廢好一段時期，要跟上學習進度有困難，另一方面，你並非因為另有興趣而不想讀書，結果目前這種索然無味的生活，讓你痛苦不已。」

年輕人從周圍的生活感受，談到廝混的朋友，再反省自己在家裡待不下去的情況。接著他們談花錢無度、抽菸成習和寂寞等等。繞了一圈回來，問題的核心就是寂寞無聊。

「現在你看清你的問題了吧？」

「我知道我很無聊，所以愛玩、愛花錢、抽菸等等。」

「針對自己現在的生活，做一件有價值的事，讓自己不再空虛，讓自己覺得有所成就，怎麼樣？」

「我能做什麼？」他一臉迷惘的表情。

「在功課之中去找。」教授直截了當告訴他。

教授開始向他解釋，每一個人都注定要在自己的現實生活中，尋找有意義的事，好好去做，去刻苦成就它，這樣就能引發積極的思考和態度。你必須像發動機車一樣，用力一踩，而且要踩在發動的搖桿上才行。

「試試看，做點什麼，而且要克服一些困難，竭力去做，那就能改變自己。你已知道，繼續目前的狀態對你沒有任何好處。」透過建議，經過他認真的思考，終於有了答案。他下定決心，傾全力好好練習他最有興趣的數學，在期末考試中考個好成績，給老師和父母一個意外驚喜。

他摒除一切干擾，全力投入他的數學；找了許多資料閱讀、思考和練習，其他科目只維持往日的水準。經過一番打拚，數學經過一個月的努力，果然考得好成績。

行動帶給他新的心情和想法，他開始脫離空虛和無聊，連交友的習慣都漸漸有了改變。這是一個事實；只要能採取積極的行動，就會有新的思想和心情。

俗語說：「人怕站，不怕慢。」要改變自己的壞習慣，就得打起精神及時行動，即使做起來緩慢，只要堅持努力，就能克服困難，實現預期的目標。

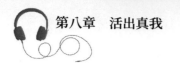

第八章　活出真我

# 第九章
# 尋找快樂

## ▌選擇自己的路走

在荒野上兀自摸索，固不足取，但是在人生的道路上，唯一的辦法就是自己做選擇。

事實上，自然世界要求你這麼做，如果你曾觀察形形色色的動物，你就知道，父母的功能就是為年幼的下一代做準備，總有一天，所有的幼獸，小貓或小狗，都必須自謀生活。人類的情形也一樣，只不過我們的依賴期遠超過必要的期限。精神分析學家佛洛伊德認為人類的精神官能症，部分歸因於我們在生理上獨立之後，卻仍然在感情上依賴父母親。

好，今天就開始更順乎自然 —— 選擇自己的路，決定做獨特的自己。即使你看起來像某人，說話像某人，舉止像某人，想法像某人，工作的態度像某人，或遊戲對象像某人，你還是你，你還是在自己的路上走。別人也許幫助你，指引你，說服你，影響你，妨礙你，設法在路上阻擋你或設陷阱害你，但是這一切都不會有結果。你仍然繼續走著自己選擇的路，不管這條路多麼崎嶇或曲折，你永遠都認得這是自己的路。

記住，你這條路會經過各種複雜地形，你有時是一人獨行，有時有人相伴。途中，你有時要為別人擔負責任，有時則有別人照顧你。有上坡，有下坡，還有許多無坡的平地。你會在某些時期覺得自己剛強，有時則覺得軟弱，而經過一段時期的摸索試探之後，你會知道何時放慢腳步，何時應重拾步調，何時該歇息片刻，何時繼續向前行。

但是，路途中不管發生什麼事，根本的事實永遠不變，那就是，你自己已經選擇這條路，這種生活，這份愛情。而且，只要你是身心健全的人，有意志與能力去適應沿途的各種情況，你就會永遠安全無憂。不論發生什麼事，你都早有準備。你會像那位老禪師 —— 他終於領悟到自己無論如何都跑不過那頭餓熊，於是從懸崖縱身一跳，接著，為了避免被吞噬，他就整個人掛在一根小樹枝上，並因此採到一顆肥厚多汁的野草莓，他還說：「多甘美的草莓啊！」和他一樣，在你選擇的生活之路上，只要你堅定地向前走，也將會有許多峰迴路轉的局面出現。

## ▌助人是人生的至樂

當我們愛自己時，我們發現一件極為奇特的事 —— 我們的愛十分迅速地充實著我們自己。一個曾經空空如也，被我們端著向每個人去求一滴仁心、同情及關愛之水的杯子，經由我們對自己仁愛、同情、關心，馬上就變得盈滿而溢。

我們的杯中之水滿溢出來。溢出來，怎麼辦？猶如大熱天裡得到 50 杯霜淇淋而手邊沒有冰箱 —— 我們施予別人。把照顧自己後仍有餘裕的愛給別人，斯之謂助人。

助人是人生至樂之一。

不過，為他人做事的名聲有點不妙。其原因有二。第一，人經常在應該謀自身利益的時候為他人出力。因此，助人有時與自我犧牲、克己以及「施予施到心疼」混為一談。我們不認為這是助人，我們認為這很笨。第二，助人經常落在「為善者」手裡。這些人並不是要施予，他們是在實行改革。「瞧，我把你的需求滿足得多美妙，」為善者說：「那是因為我相信某事。如果你也相信某事，你也會美妙而快樂，像美妙、快樂的我這樣四處為他人做事。」這種有條件的助人不是服務 —— 而是操縱。

助人，是施予而絕對不求任何回報。我們有益於他人並自感快樂就是我們的報酬。

助人也是對我們財富的一種肯定。助人等於說：「謝謝你，我擁有的多過我所需要的。」這是對財富的最深刻、最有力的肯定之一。透過助人而證實我們擁有的多過我們所需要的，我們不但肯定我們的財富，而且是大開門戶來接納更多財富。

何處助人？幫助誰？我們只要敞開助人之心，需求就會找到我們。也許是朋友打來的一個電話、報紙上的一篇文章、我們做事時碰到的一個人，或者街上的無家可歸者。「助人者欲服務之時，即有助人之事可做。」

我們給什麼？我們給我們所擁有的。有時是金錢，有時是益人之言，有時是一個微笑，有時是一句鼓勵的話，有時是鮮花，有時是我們的才智，有時是實際投入把事情做好。

讓我們極誠實地說吧：我們是為了純屬自私的理由而助人的 —— 我們助人，因為那種感覺真好。知道了這一點，當人有需要的時候，你對人的最大善意之一就是允許別人幫助你。

因此，在助人過程中，誰是助人者、誰是被助者，很難分辨。如在戀愛中，不容易分辨誰是求愛的、誰是被愛的。

## 讓自己開心一點

我們說某些人「對自己要求很嚴」，他們在遇到失敗或失意的時候，很難原諒自己。許多經理人都是這樣，給自己設定的標準很高，有時就難免達不到那樣的標準。給自己定下了很高的標準，就需要有適當的平衡，那就是要能讓自己開心一下。適時獎勵一下自己，享受一下人生。若是沒有這種平衡，很高的標準，就未必是件好事。

工作得很辛苦，或者是遇到困難時，給自己一點獎賞，一點禮物，這就是賞心樂事，通常都是小事，但是能叫我們覺得很愉快，例如吃過午餐後，在公園裡散散步；花一個小時閱讀一本自己喜歡的書，經過一天辛苦工作之後，喝一杯酒。

第一步：寫下你所有的賞心樂事。

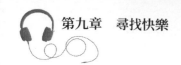

第二步：展望未來的一週（或者一天、一個月），事先計畫好，在艱難的會議之後，辛苦的一天之後，令人不愉快的任務之後，消耗大量精力之後，給自己一點獎勵，開心一下。

第三步：要把上述情形養成習慣。

想不出什麼賞心樂事來嗎？只要請教一下朋友或同事，就可能得到不少點子。你一旦克服了不好意思的心理，就能了解其他人有關這方面的事情，而且會發現，其實每個人都會時不時讓自己過得開心一點，只不過有些人比其他人擅長罷了！沒關係，實行的次數多了以後，你也會覺得很拿手。

我們也在這裡給你提供一點意見，不過我們並不想讓你覺得太耽溺於享樂！我們提供的點子包括：洗個熱水澡，洗頭髮；下午休息一下，寫幾封信，到外面散散步；週末時到外面遊玩一下；和好朋友玩遊戲；和子女共處一段時間；給自己買一束花；偶爾吃塊巧克力糖；找隻貓來撫摸一下；呆在浴室裡，把門鎖起來，和外界隔絕 10 分鐘。

就男人來言，學習怎樣照顧自己，怎樣讓自己過得開心一點，通常是格外重要。我們現在這個社會中，家庭和工作仍然是分開的，仍然有男人的工作和女人的工作之分。男人和女人從小就受教導，相信女人是情緒方面的專家。通常比較能讓自己過得快樂一點，而許多男人則受到過時想法的限制，不能讓自己開心一下，沒有解脫，沒有娛樂。這是很遺憾的。記住：如果你可以自己過得快樂一點，也就有可能讓身邊的人過得快樂一點。

## ▌永遠保持樂觀的希望

盡量抓住任何一絲樂觀的希望吧，也許事情不會都那麼令人絕望的。不管你相不相信，樂觀絕不是天真和不切實際的表現，也許它遠比你自導自演的悲劇更接近事實。

我們都習慣預測事情會變壞，而不習慣預測事情會變好，但我們必須

抗拒這種傾向。試試看，不要人為產生任何悲觀和妄想的預測，不要認為這種判斷是對的，更重要的是不要把這種想法付諸行動。你不需要先叫自己相信，反正別這樣做就對了，以後自然就會了解它的意義。

如果剛開始的時候，你還是覺得自己常常胡思亂想的話，請不必擔心 ── 只要你別把這種感覺付諸行動就好了。即使你發現自己有輕微的胡思亂想，也不用擔心，你照樣可以克服它 ── 只要你認清它，而且不把這種想法繼續下去。

你也可以向朋友吐露你心中不合理的恐懼，比方說：「我有點害怕自己會失去目前的工作。老闆沒有說我什麼不好，兩個月以前還給我加了薪水，可是我還是一直擔心。」這和朋友相信你快被解僱不一樣，如果是說服的話，你就是企圖讓大家都知道你的恐懼非常合理，而增強了你的妄想。可是如果只是偶爾承認自己有一些不著邊際的恐懼（誰沒有呢？），反而可以讓你從這個誤解裡解脫，不再認為非得馬上採取防衛行動不可，否則天就要塌下來了。

擬定可行的方向，然後放手去做。如果我們一直要到完全確定之後才開始行動，一定成不了大事。每種行動都可能會有錯誤、失敗，走錯一步永遠勝於「原地不動」。你一向前走就可以矯正你的方向；若你拋了錨「站著不動」，成功是不會跟著你走的。

## ▌休假是一種快樂投資

「與其花錢去請醫生，
毋寧到鄉間去尋健康，
那聰明的人，
把『運動』當作『治療』，
自然界的治療能力要超過一切的人工。」

那些每年到鄉下去吸收新鮮空氣、休假的人們，是不會與世界上任何

的醫生、藥房、診所發生關係的。看看那些終年勞碌的商人，當著炎熱的酷暑仍然在店鋪裡工作，他們的面容是多麼憔悴。而那些絞盡腦汁的作家，他們連續幾個月不停地用腦工作，到了後來，他們的筆都寫禿了，他們的肉體與精神機器也運轉不靈了，他們的思想也就變得遲鈍了。那些業務繁忙的律師和醫生也顯得疲憊不堪，儘管他們仍然在勉強地支持，但他們的心中在呼喊著要有相當的休息。有一些家庭主婦們，一年到頭終日閒在家中，為家務操勞，為煩瑣的事而困倦，顯然，她們也需要到大自然中去休息。一些面色慘白的學生終日學習，時間一久必定彎腰弓背，好似枯萎的花木。上述各行各業的勞碌者，在每一個城市中都有，他們都需要田野森林來豐富他們的生活。

聰明的人會不惜代價，去換取一個休息的假期。他們休過假後再回來了，同時帶著清醒的頭腦、強健的體魄、飽滿的精神和新的希望，他們簡直像一個新人，不再感覺疲勞和厭倦，而是充滿了愉悅和快樂。

花掉一些時間，可以使你重新獲得大量的精力和體力，使你重獲應付各種問題的更大力量，使你對生命、對工作、對事業有一個愉快的感覺，這難道不好嗎？世上還有哪種投資比一年一度的休假更來得划算呢？

如果一個人在一年中竟然不能為自己安排一個假期，那麼他一定有些反常。或是因為職務低微，他的能力不足以應付他的業務，他的工作缺乏條理和秩序，或是過分的吝嗇，他以為離職幾星期，會減少自己的收入。當然，如果他做事沒有條理，缺乏系統性，那麼他的暫離開必然會影響到全部的工作，這樣的話，假期對他反倒是弊大於利。但如果他是個具有管理才能的人，那麼幾個星期的假期對他肯定是大有裨益的。

一年一度的休假是最有價值的投資。人們能從休假中獲得更大的益處、更多的生命資本，至於對精神上的愉悅和身體上健康的好處，那就更不用說了。

許多人由於終年工作，得不到片刻的休息，積勞成疾，以致斷送了生命。還有好多人，因為他們每年得不到幾個星期的假期，被送進了醫院、診所、瘋人院。

對於品格的培養來說，休假也是有極大價值的。俗語說得好：「在患病時，任何人都是惡水。」即使是最善良的人，身體患病、精神衰弱之時，也會變得橫暴無理。人在腦筋疲勞以後，立刻就要休息。如果那時還得不到休息，就容易因瑣細的事情而憤怒，就會變得思想遲鈍、雙目無光、腳步無力。

無論是學生、商人，還是企業界的其他人士，有了上述的病症後應該立即停止工作。如果此時還不加以注意，就要遭受更大的痛苦，甚至影響一生的前途。大自然的規律是不以人的意志為轉移的，它將多次警告人們。不管是誰，如果對大自然的警告不加理睬，都會受到最後的審判，受到大自然的懲罰。

## ▍挖掘自己的興趣

請你做個小試驗：先找出兩種你沒有興趣的東西 —— 可能是某種音樂或運動 —— 接著問你自己：「我真正了解多少？」這時你的回答幾乎千篇一律地是：「所知不多。」

多年來美國潛能大師史華茲（Richard Schwartz）對於現代藝術一直沒有好感，他認為它只是由許多亂七八糟的線條所構成的圖畫而已，直到接受一個內行的朋友開導以後他才恍然大悟。有了進一步的了解後，他才發現它真的那麼有趣、那麼吸引人了。

這個練習是幫你建立「對某種事物的熱心」的關鍵，那就是：想要對什麼事熱心，先要學習深入了解更多你目前尚不熱心的事。

你可能根本不關心大黃蜂，但是如果你設法多了解它們一點，例如：「它們對人類有什麼益處？」、「它們跟別的蜜蜂有什麼關係？」、「它們如何製造蜂蜜？」、「它們冬天住在哪裡？」心裡了解大黃蜂的生態，你很快就會發現原來大黃蜂這麼有趣。

有時史華茲會使用「溫室」的例子向學員說明熱心可由「深入了解」而發展出來。他會問他們說：「有沒有人對於建造和推廣溫室有興趣？」

當他這麼問時，從來沒有得到過肯定答覆。然後他接著說些溫室的事：「當大家的生活水準提高以後，對於生活上的奢侈品會越來越有興趣。美國的家庭主婦一定很喜歡親自種植果樹和菊花，如果有幾萬個家庭負擔得起溫室，因為溫室比游泳池便宜。」他同時也用數字來說明：如果每一間溫室平均以 600 美元推銷給客戶，即使只有 50% 成交，也可能發展出年營業額 6 億美元的大生意，同時也會帶動供應花木和種子的年營業額達 2.5 億美元的大企業。

這個練習最麻煩的地方是，這些學員 10 分鐘前根本漠不關心，現在卻非常熱心，甚至不想繼續討論下一個題目了。

請你用這種「深入了解」的方法來培養起對於別人的熱心與關切。你只要盡量找出別人的優點（包括他所做的事情、他的家庭、他的出生背景、他的各種創意與野心），你對他的興趣與熱心，就會漸漸增加。長此以往一定可以找到某些共同的興趣與嗜好，最後也會發現這個人的確很吸引人。

這種「深入了解」的方法也可以幫你喜歡一個新地方。史華茲曾說他有幾個朋友突然想從底特律搬到佛羅里達州中部的一個小鎮。他們把自己的房子賣掉，結束所有的產業，跟朋友辭行之後，真的說走就走。

六個禮拜以後他們又搬回底特律了，原因跟他們的工作無關。他們說：「我們受不了小地方的單調無聊，何況我們的朋友都住在底特律，所以又搬回來啦！」

跟他們談過幾次以後，史華茲才了解他們不喜歡那個小鎮的真正原因。他們住在那裡時，對於當地的了解不多，關於它的歷史、它的未來發展以及人口結構都只有一知半解。他們只是把自己的身體搬到佛羅里達，心卻留在底特律。

史華茲曾經跟幾十個主管、工程師以及推銷員，研究過他們職業上的困難 —— 公司要他們轉移工作地點，他們卻不肯去。「我不想搬到芝加哥（或舊金山、亞特蘭大、邁阿密）。」這種話每天都會發生好幾次。

深入了解可以幫你喜歡一個新地方，盡量去了解這個新社區的點點滴滴，跟鄰居多多來往。搬進去的頭一天就要從當地人的觀點思考，這樣很快就會喜歡那裡並熱心起來了。

今天美國有幾億人在投資購買股票，還有幾億人卻沒有一點點興趣。因為他們並不了解股票是什麼？股票市場的操作情形如何？以及美國的經濟奇蹟是什麼？

為了養成對於事物（無論是人、地或物）的熱心，必須先深入了解。了解越多，越容易培養出興趣。所以下次你不得不做什麼時，一定要應用這項原則，發現自己不耐煩時，也要想到這個原則。只要進一步了解事情的真相，自然會挖掘出自己的興趣。

## 用微笑來迎接每一個早晨

要想創造出光明的未來，走好自己的路，你必須用微笑來迎接每一個早晨，將未來的每一天，都視為一個絕佳的時機，能讓你完成昨天未盡的工作。做一個積極進取的人，將你每天的第一個小時譜下積極的主旋律，讓接下來的這一整天的心情都與這個主旋律互相輝映。今天一去不會再來，不要用錯誤的開始，或是根本還沒開始，就把這一天給浪費掉了，畢竟你不是生來就失敗的。

我們中間有很多人，每天早上都是帶著恐懼的心情從床上起來，生怕這新的一天會有什麼事情發生，殊不知我們對早晨這幾個小時的態度，足以影響到接下來的這一整天，更有甚者，它還會影響到我們的明天，以及所有明天的明天。

譬如，有人整天絮絮叨叨，看什麼事都不順眼，動不動就抱怨這個抱怨那個，好像所有的人都做了對不起他的事；還有的人，生活漫無目標，整日無所事事，只會嫉妒別人的成就，自怨自艾為什麼好運永遠不會落在他的頭上；此外，還有的人嗜酒如命、沉迷藥物、好財成性、飲食不知節制、消費成癖、縱情聲色等等，這些都稱得上是對自己不負責任的表現。

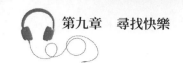 

　　你應有更好的方法去生活，你應滿懷希望地去面對每一個早晨。用虔敬的心情去迎接這一天的來臨，因為它包含著無數使你成功的機會；用笑聲和愛心來問候你碰到的每一個人，不論敵友，都以溫和親切和誠懇的態度相待；充分利用這一去不回的寶貴時光，好好享受你工作上的成就感 —— 這才是你該走的路。

　　永遠不要因為別人潑你冷水，而害得自己一整天都籠罩在鬱鬱不樂的受挫情緒中。你要記住，想做雞蛋裡挑骨頭的找碴工作，是不需要頭腦、不需要才華、不需要人格，便能勝任愉快的。除非你自己願意接受，不然任何的外在事物都不能對你產生絲毫的影響。你的時間太寶貴了，要浪費在對付那些卑鄙小人的憎恨和嫉妒上是絕對不值的。你應將你那珍貴易碎的人生保護好，讓它變得更加美好。

## ▍對自己負責

　　也許你可能會說雖然你自己也希望能以樂觀的心態開始每一天，但由於大多數時你都生活在一種個性被束縛、發展受到阻礙的不良環境中，生活在一種足以挫傷人的熱誠、消磨人的志氣、分散人的精力、浪費人的時間的氛圍中，所以你沒有勇氣去斬斷束縛自己的枷鎖，更沒有毅力去拋棄一切可以憑藉的東西，而僅僅依賴自己的努力去向更高遠的目標攀登，你往往會不由自主地步入一種獨來獨往、散漫無聊的環境中，而你的志向最終會因沒有活動的空間而在失望之中歸於毀滅。

　　假使你要想成就事業上的偉大，要想求得自我的充分發展，你就必須首先不惜任何代價，取得自由。阻礙著你生命中的最高、最好的東西，使其不得發揮，這種損失，將無法補償。所以，你當不惜任何犧牲，將它發揮出來！當然，要將你生命中最高、最好的東西發揮出來，你必須得經歷大量的痛苦、承受常人難以想像的磨難，要向各種阻礙和困苦做不懈的奮戰。要知道；如果沒有經過琢磨，鑽石所內含的光芒和華美是絕不可能顯現出來的，而琢磨就是將鑽石從黑暗中釋放出來所必需的過程。

許多人都被愚昧所囚禁，他們永遠得不到自由，他們的精神永遠被封鎖著，從不對外開放。他們沒有將自己從愚昧中釋放出來的勇氣，於是，本可以達到優越地位的他們，就只能終身屈居下層了。還有許多人更是為偏見與迷信的桎梏所束縛，於是他們的生命越來越狹隘渺小。這類人最為可憐，他們已麻木到了不知自己不自由，反而硬要說別人不自由的程度。

消除一切足以阻礙、束縛我們的東西，步入一個自由而和諧的環境中，這是取得成功的第一要素。在我們的天性中，往往有部分受到了束縛，妨礙了我們去自由地辦成「原來可以做成」的大事。儘管我們為人一世也許只能做些卑微渺小的事，但假使我們能夠剷除一切阻礙束縛我們的東西，我們也能成就偉大的事業。

那些在世界上曾經成就過偉大事業的人，他們偉大的動力、寬廣的心懷、豐富的經驗，究竟是從哪裡來的呢？成功者會告訴你，那是奮鬥的結果；他們還會告訴你，他們正是在掙脫不自由、改變不良環境以及實現理想的種種努力中，使自己得到了最好的紀律訓練，接受了最嚴格的品格修養。

有願望而不能得到滿足、有志向卻被窒息，這最使人喪氣。它會削弱人的能力、消滅人的希望、破滅人的理想，它會使人們的生命成為一種空殼，一張無法兌現的支票。不管他的處境怎樣，在一個人還沒有將他生命中最高、最好的東西發揮出來，沒有將他的天賦才能充分發現出來以前，他的生命不可能是幸福快樂的。

一個享有自由的普通人，可完全勝過一個處處受束縛的天才。

在今天，有許多人本來可以指揮別人的，現在卻處處受制於人，就因為他們被債務、不良的交際及各種不良的習慣所束縛，以致使自己失去了表現他們能力的機會。

不管待遇怎樣優裕、報酬怎樣豐厚、地位怎樣高不可攀，你千萬不可以去從事一種妨礙你自由、光明磊落地做事的事業，你不應當讓任何顧慮鉗制你的行動！你應當將自由、獨立作為你神聖不可侵犯的權利，只要這

樣，任何顧慮都不能使你放棄你所從事的事業。

　　一個本來有所作為的人，一旦他喪失了行動、言語與信仰的自由，這個損失是用什麼也補償不了的！一個本來可以獨立自在、昂然坦蕩過生活的年輕人，一旦他落得卑躬屈膝、仰人鼻息、阿諛諂媚地度過一生，這種損失難道是金錢能夠補償的嗎？所以說一個人該盡的責任是對自己負責，而不是對別人負責。給自己一個充分發展的空間，擺脫一切束縛，這樣你才是自由的，才可能不斷進取。

## 快樂祕方

　　放棄沮喪，快樂是可以創造的。

1. **宣布今天為我的日子**：列出五件你喜歡但很少做的事，例如：買件漂亮的衣服、洗一個澡、看場好電影、聽優美的音樂、選本喜歡的書，坐在麥當勞裡喝著咖啡聽著音樂，累時偶爾抬頭欣賞來來往往的人群。你也可以為自己一起爭取做這五件事。

2. **不要說「只要我減掉十公斤，只要我有男朋友，只要我換了新工作，我就會快樂。」**：為何將快樂推到以後呢？完成一件工作，讀完一篇文章，整理房間，洗完今天的衣服，即使是小小的成功，也能帶給你快樂。

3. **讓自己忙一些**：勿嘗試迴避世界，你越忙於工作和交友，你就越能將憂慮拋在腦後。

4. **為他人做些好事**：這不僅可以使你的情緒脫離痛苦，而且也因此使人得到快樂。你看：你是個多麼好的人呀！

5. **微笑，認真的微笑**：研究顯示，我們可以「騙」我們的身體進入快樂的狀態，即使我們沒有真正感到快樂。微笑和真正的快樂一樣，可以對我們的心臟、血壓、大腦，產生實際的推動力。

6. **行動起來**：如果你能找出你憂慮的原因，例如：完成最後限期的工作，那麼，立即做。將你的憂慮使你受到傷害的情況告訴好友，並立即行動，從痛苦的情緒中擺脫出來。

7. **接受這樣的事實**：沒有十全十美的人。我們經常將自己和他人比較：比較工作、比較成就、比較外型、比較能力；但是，我們卻忽略了他們的缺點和問題。須知，沒有一個人是十全十美的。

8. **將自己來一次改造**：對自己的外貌感到快樂，是精神快樂的一半。換一個新髮型、做敷臉的護理、穿著適宜清爽的服飾。自信和修飾外貌的人，可贏得他人較多的尊重。

9. **要自我愛護**：或許童年時，當你不快樂，你的母親會讓你洗熱水澡；現在，你可以為自己溫杯熱茶，在床上靜躺一會兒。你已成長，有能力自我愛護、自求快樂。

10. **做一評估**：將你昔日做的所有事寫下來。現在，你可以看出，生活不像你認為的那麼壞。

11. **要運動**：心情不快樂，會損耗我們的活力和精力，因此，利用運動促進新陳代謝，是很重要的。血液供給增多，不僅可增加你的精力，而且還可以改善你的精神狀態。

12. **給自己處方不太貴的香草提神劑**：它們是香草精，滴幾滴即可使你的精神振奮，將你心中的不快驅散。你不要認為這是小事而不做。

13. **擁抱伴侶或孩子或某物**：雖然你的寵物狗、貓不如你的伴侶、孩子那麼可愛、美麗，但是，撫摸或擁抱牠，可使你的血壓和緊張降低。

14. **將情緒低沉的想法到一邊**：如果你因情況而無法做什麼事，不必將它和他人商議，以免更引起你的注意而使你痛苦。當情緒低沉的想法一進入你的腦內時，立即想其他的事。

15. **快樂不一定是欣喜雀躍**：我們需要的是溫和而持久的快樂，天天有快樂的心情，還可以保持健康！

16. **從日常的小地方尋找快樂**：身旁的風景、花鳥、友人突來的電話都是你身邊的小事，然而他們帶給你的輕快感，可使你快樂。

17. **吃健康的食物**：食物和精神有關。如果你想吃巧克力，要改吃複合碳水化合物—麵、米飯，因它們可以刺激身體製作較多的血清素。它是可使我們心情快樂的荷爾蒙。

18. **到化妝品商店走一走，索取一些免費的化妝品新產品樣品**：了解化妝品的新趨勢，有利你的美容、護膚，你可從中得到快樂。

19. **不要使自己難受**：總是杞人憂天地想著將來的事，會使你生活在憂慮之中。將那些想法完全拋在腦後，你只要想著如何使自己快樂的事就夠了。

20. **用一束鮮花善待自己**：將它擺在床頭或辦公桌上，你一聞到鮮花的香味，便想到你對自己的好，心中會因此快樂。

21. **大笑**：專家指出，造成全身活動的大笑，可使心跳、新陳代謝的速度加快，也會使製造有鎮靜作用的荷爾蒙增多。

22. **不要總是夢想，要採取行動**：如果你想參加有氧舞蹈班，立即找出廣告，打電話去報名。不要讓生活支配你，而是你要支配生活，行動是支配生活的重要方法。

23. **打破慣例**：做些與日常生活不同的事情，例如：改變午餐的地方；早起一小時，去公園散步，這些都可以帶給你快樂。

24. **和使你快樂的人交往**：你需要和使你沮喪的「朋友」保持連繫嗎？誰能使你大笑，你就可和他（她）交往。

寫這麼多快樂的方法，並不是要你每個方法都去做。只是想提醒你：在繁忙的日子裡，有沒有記得讓自己快樂？

## ▋ 你有權選擇快樂

快樂不是追求來的，而是你對日常生活的感受和評價所產生的內在回饋。如果你覺得回想是舒服的、歡喜的或愉悅的，那就是快樂；如果你的內在回想是不悅，甚至是難耐的，那就陷入不快樂或痛苦中了。

很多人想要追求快樂，在物質生活上提高享受，在感官或情緒上增加刺激，結果一時的激情和快感，仍然不能排遣沮喪。為了使自己能維持快樂，於是增加物質的刺激和激情化的生活素材，或是對自己家人、子女，提出更多要求，結果失望、衝突、無奈接踵而至。

不當地追求快樂，只能更多地失去快樂。快樂不是追求來的，而是自己對所遭遇的事所作的解釋得來的。簡單地說，人若碰到挫折，直覺地把它解釋成一輩子命運不濟，就會陷入無奈和絕望，而反應出消極的情緒。

反之，若把它解釋為暫時的逆境，只要想辦法，就能克服它，信心和熱情又再度被召喚出來，這就引發樂觀的想法。

曾經有一位滿臉愁容的爸爸來找心理教授，他說：

「我的兒子令我絕望。他不聽話、不肯用功讀書，還頂撞我，用錢不知節制。我被他氣得要死，夜裡不能入睡，連工作的士氣都受打擊……」心理教授專心聆聽他的傾訴，他說得越多，心理教授了解的也越多。他知道這位父親就是標準型的悲觀主義者。在他的敘述中，他幾乎用了大部分悲觀者的不正確思考方式：

把一件不如意的事，看成全部的不如意；孩子的一件錯誤，總被他解釋成危及前途的錯誤。把孩子現在的叛逆、用錢不當行為，看作孩子一輩子的缺點，而使自己陷入不安的絕望。

對於生活上的挫折，習慣性地往消極面去想，總認為要克服難題是不可能的。不懂得轉移，沒法打住消極性思考的惡習，不能採取新的行動去培養樂觀的態度。

一個悲觀、愛批評、不肯說鼓勵話的父親，再加上孩子的叛逆行為，就使父親和兒子水火不容，發生嚴重衝突。這位父親模仿兒子的語氣說：

「我兒子罵我冷血動物，指責我小氣，說我比豬還笨。老師，這些話是多麼不堪入耳！」

心理教授告訴他這些話是過火了，是極不當的的憤怒發洩。不過，接著他問這位父親：「人在衝突時，什麼話都說得出來。沒錯，這是極富攻擊性的話，你說它是惡毒也不為過。不過，你能告訴我，在衝突之後，你的感受怎樣？這些話會影響你對自己的評價嗎？」

這位父親沮喪的表情，無助中帶著憤怒，他說：「他傷害我的自尊，他讓我覺得自己一無是處，無地自容。」然後，用雙手捧著臉痛哭一場。

等他哭完，教授說：「兒子的話只是憤怒的表示，那是跟你衝突的工具，而不是對你的評價，你要把它區隔開來，否則，你永遠沒有樂觀的態度去教育兒子。

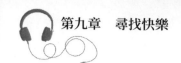

　　「現在，你要學習培養樂觀的態度，不要把單一的事件解釋成孩子的全部缺陷，不要把暫時的衝突看成永遠的絕望和失敗。請留意，不要把錯誤通通往自己身上攬，也不要一股腦地想著都是兒子的錯。衝突時要化解它，並使它成為心智成長的助力，而不是看著衝突發愁。」

　　於是教授給了這位父親處方；當父子衝突發生時，記得先叫停，想清楚怎麼辦之後，再採取行動。

　　你快樂嗎？如果你想當不快樂的人，就照前面悲觀者的思考方式去做，保證你越來越痛苦。如果你想過得快樂，讓心智不斷成長，那麼請試著照教授給這位父親的處方去做。

# 第十章
# 養成良好品格

## ▌正直、善良與仁愛

在美國新奧爾良的一個大廣場上，佇立著一座漂亮的大理石雕像，雕像上寫著這樣幾個字：「瑪格麗特雕像，紐奧良」。

在黃熱病瘋狂蔓延時，瑪格麗特活了下來，成了一個孤兒。她在年紀不大時就嫁人了，但不久她的丈夫死去了，她唯一的孩子也死去了。她非常貧窮，沒有文化，除了會寫自己的名字外幾乎什麼也不會寫。於是她就到女子孤兒收容所去謀生。她從早到晚地忙碌不停，將整個生命都投入到為了這些孤兒的工作中去了。當一家新的漂亮的收容所建造起來以後，瑪格麗特和這些修女從原先的艱苦條件下擺脫了出來。後來，瑪格麗特還在這個城市開了一家屬於自己的乳品麵包店。這個城市的每個人都認識她，他們還資助她去購買運送牛奶的小車和烤麵包爐。瑪格麗特非常努力地工作著，將節省下來的每一分錢用來幫助那些孤兒，因為她已經把這些孤兒當成自己的親生孩子了。而她自己從來就沒有一件絲綢衣服，也沒有戴過一雙羊皮手套。她的努力也得到了回報。她離開人世後，這座城市就為這位孤兒的朋友和保護者建造了一座美麗的紀念雕像，以表達對一個美麗的、無私的人的感激之情。

將自己徹底地放棄，把自己奉獻給所有更完美、更純潔與更真實的事物，這是造就偉大個性的祕密。借助於對所有高尚完美的事物的強烈感情，我們對自己的熱愛和對生命的感激也會變得更為柔和與清晰。常常將完美作為我們的目標，我們就可以清除自身所有的糟粕與缺陷，並讓那些

無法作為我們永恆生命的東西隨風飄散。這才是一種帶有明顯個性特徵的高尚生活。

查理斯‧金斯萊（Charles Kingsley）說：「讓每個人都全身心地投入到應該做的事情中去，而不是別的。不久，他的頭上就將印上某種標記，以顯示他所有勇敢堅毅的特質，也將顯示其難能可貴的自我克制，顯示其偉大的理想或無盡的悲痛，它也有可能是一種殉道者的印記。」

法蘭西斯‧克利斯利先生曾講述過一個有關格萊斯頓（William Gladstone）的故事，顯示了這位了不起的英國政治家的仁慈和胸襟。據克利斯利先生說，這個故事是他從聖馬丁牧師那裡聽來的。

牧師曾經到他的教區去探望過一個清掃人行道的清潔工，當時那個人生病了。

「有沒有人來看過你？」

「有的，格萊斯頓先生來過。」

「他怎麼會來看望你呢？」牧師不由自主地問道。因為格萊斯頓時任英國財政大臣，儘管他也住在這個教區內，但牧師還是不理解他為什麼要來探望一個生病的道路清潔工。

「哦，」這個清潔工回答道：「這不奇怪，其實當他路過我打掃的那條人行道時，他總和我打招呼。這樣，當我不在時他當然會記得我。他曾經向替我工作的同伴打聽過我住在哪裡，當他聽說我生病了，就問了我的住址，將它記在了紙上。後來，他就來看我了。」

「那麼，他來這裡後都做了些什麼？」牧師問道。

「他給我念聖經上的話，並且為我祈禱，」清潔工回答道。

格萊斯頓的這種品格是多麼偉大呀！對每個人保持高度的熱忱，並且始終這樣去做，這是一種接近耶穌基督的行為啊！

讓我們再來看看，有沒有一個基督徒會比約翰這個重罪犯更有自我奉獻的精神？

他原先是一個品格極其惡劣的人，一頭剪得極短的頭髮，走起路來搖搖晃晃。後來，在孟菲斯發生的黃熱病災難時，他向有關機構提出，要求擔任護理人員的職務，但醫生最初拒絕了他的請求。

「我想成為護理人員，」這個人堅持著，「先試用一個星期吧！如果你不願意，再把我辭掉；如果你覺得滿意，再付我報酬。」

「好吧，」醫生說，「我就試著錄用你，儘管我認為這樣做不合適。」那醫生這時還在心裡對自己說：「我會時刻盯著他的。」

但是，不久這個人就用自己的行動證明了他根本就不需要任何人監督。幾個星期後，他就成為了這個勇敢團體中最出色的護理人員。在這場瘟疫瘋狂蔓延的地方，總有他努力工作的身影。患病的人因此而非常愛戴他。對那些被命運遺棄的人來說，他那張粗糙的臉簡直就像一張天使的臉。

然而，在發薪水的那天，他卻表現得非常不同凡響。他經過後面的街道走到一個隱蔽的地方，那裡放著一個為黃熱病患者所設的救濟箱。有人看見他把自己整個星期的薪水都放進了那個救濟箱。遺憾的是，不久以後，他也在這場瘟疫中感染上黃熱病死去了。由於沒有人知道他是誰，所以他的屍體只得被安葬在一個無名者的墳地中去了。然而，就在這時人們才發現他身上有一塊青灰色的烙印 —— 原來這個護理人員曾經是一個被定了罪的重罪犯。

「人生中只有一種追求，」科爾頓說，「這是一種至高無上的追求：就是對美德的追求。」愛默生說：「美德具有至高無上的價值，它是一種偉大的品格力量，在所有價值中它處於最高的位置。」

在斯特拉特福子爵（Stratford Canning）為克里米亞戰爭舉辦的晚宴上，曾發生過一件事情。時至今日，提起這件事，仍讓我們感覺頗為親切。在這個晚宴上，他們玩了一個遊戲，老軍官們被要求在各自的紙片上祕密地寫下一個人的名字，必須與那場戰爭有關，並且要他認為此人是這場戰爭中最有可能流芳百世的人。結果每一張紙上都寫著同一個名字：「佛

蘿倫絲‧南丁格爾」。「帶來光明的天使」——南丁格爾。那是那場戰爭中贏得最高名聲的婦女。

下面是一段關於南丁格爾的報告：

在幾個小時內，只有她自己和她的護士小分隊來到了這裡，而成百上千的傷患從巴拉克戰役中被運了回來，不一會兒又有更多的傷患從印克曼戰場中被運了回來。什麼事情也沒有準備好，一切都需要從頭安排，而南丁格爾的任務就是要在這個痛苦嘈雜的環境中把事情弄得井井有條。在她負責的第一個星期，有時她要連續站上 20 多個小時來分派任務。而當各種事務都在有序地進行著時，她自己就又會去處理其他最危險、最嚴重的事情。

一位曾和南丁格爾一起工作過的外科醫生說：「南丁格爾的感覺系統非常敏銳。我曾經和她一起做過很多非常嚴重的手術，她可以在做事過程中做到非常準確。那些對任何人來說都是非常噁心的特殊任務，特別是當與一個即將死亡的人打交道時，我們常常可以看見她穿著薄薄的制服出現在那個傷患的身邊，俯下身子凝視著他，用盡她全部的力量、使用各種方法來減輕他的疼痛。南丁格爾幾乎從不離開傷患的身邊，直到死亡奪走那個人的生命為止。」

「她和一個又一個的傷患說話，向更多的傷患點頭微笑，」一個士兵說：「我們每個人都可以看著她映射在地面那親切的影子，然後滿意地將自己的腦袋放回到枕頭上安睡。」

另外一個士兵說：「在她到來之前，那裡總是亂糟糟的，但當她來過之後，那裡聖潔得如同一座教堂！」

這些涉及到人類最高貴特質的小故事是多麼相似呀！這些小故事所折射出來的聖潔人格又是顯得多麼偉大啊！這種特質，使得一個人區別於其他人，並且使我們能很自然地記下這些人的名字。這些人始終保持著對上帝和對人類的忠誠，他們理所當然應受到世人的尊敬。

這種嚴格地不折不扣地對職責的遵循，被安娜‧詹姆士女士稱之為

「黏合劑」。這種黏合劑將整個道德建築物黏在一起，如果沒有它，所有的才能、善良、智慧、真理、歡樂和愛本身就不會持久。

如果一個人的信仰是正確的，那麼，這種信仰必然能發展他的能力，增強他的精力，提高他的自尊，使他的品格變得更為穩固，並且會增進他的利益，幫助他拓展成功的前景！在一個靈魂最為崇高的旅程中，正直的特質永遠不會被超越，而且心靈也永遠不會過分。

## 做極堅硬的核桃

「堅韌」是解除一切困難的鑰匙，它可以使人們成就一切事情。它可以使人們在面臨大災禍、大困苦時不致覆亡；它可以使貧苦的年輕男女接受大學教育，並在這個世界上有所表現；它可以使纖弱的女子能夠擔當起家中的負擔，維持家庭的生計；它可以使身心障礙者能夠掙錢養活衰老的父母；它可以使人們逢山鑿隧道，遇水架大橋；它可以使人們修築鐵路、建設現代通訊設施，將各洲貫通聯絡起來；它可以使人們發現新大陸，挖掘人類更大的潛力。

世界上沒有任何東西可以比得上或是替代「堅韌的意志」。教育不能替代，財力雄厚的父母、有權有勢的親戚，一切的一切，都不能替代。

堅韌的意志，是一切成就大事業的人所具有的特徵。他們或許缺乏其他良好的特質，或許有各種弱點與缺陷，然而他們具備了堅韌的意志。這是所有成就大事業的人所絕不可缺少的涵養。勞苦不足以使他們灰心，困難不足以使他們喪志。不管處境如何。他們總能堅持與忍耐，因為堅韌是他們的天性。

年輕人可以用「堅韌的意志」作為資本，去從事他們所追求的事業。他所能取得的成功，比那些以金錢為事業之本的年輕人還要大。人們的成功史已經證明，「堅韌」可以使人擺脫貧窮，可以使弱者變成強者，可能使無用變成有用。

卡內基夫人曾經說過，很多人成功的祕訣，就在於他們不怕失敗。他

心中想要做一件事時，總是用全部的熱誠全力以赴，從來想不到有任何失敗的可能。即使他失敗了，也會立刻站起來，抱持更大的決心，向前奮鬥，直至成功為止。

那些普通人，他們在事業上一經失敗，就會一敗塗地，一蹶不振。而那些有堅韌力的人，則能夠堅持不懈。那些不知怎樣才算受挫的人，是不會一敗塗地的。他們縱有失敗，但他們從不以那個失敗作為最終的命運。每次失敗之後，他們會以更大的決心，更多的勇氣，站起來向前進，直至取得最後的勝利！

你曾經看見過一個做事時不管情形怎樣，總是不肯放棄，不肯停止，而在每次失敗之後，總會含笑起立，並以更大的決心，衝向前去的人嗎？你曾經看見過一個不知失敗為何物的人；一個不知何時才算受挫的人；一個要將「不能」、「不可能」等字眼，從他的字典中抹去的人；一個任何困難與阻礙都不足以使他傾跌；一個任何災禍、不幸都不足以使他灰心的人嗎？假如你曾經看到過這樣一個人，那他就是你曾經看過的一個偉人，一個人上人。

大膽、無畏，永遠是成就大事業的人的特徵。生性膽小，不敢冒險，而逃避困苦的人，自然一生只能做些小事了。

當你在事業上，有「向後轉」的念頭時，你最應該加以注意。這是最危險的時候，最重要的關鍵！歷史上的許多大事業，都是在大多數人都想「向後轉」的時候所造就的。

每件造福於人類的科學發明，都是出於那些有極強的堅韌力的人之手。霍沃在發明縫紉機時所經受的痛苦、貧窮與損失，恐怕一萬人中沒有一個能忍受得下！世界上的一切偉業，都是在別人放棄而自己仍然堅持所取得的。一個能夠堅持到底，而且即便旁人笑他不智時仍然堅持的人，他的前程多半令人感到「可畏」！

許多人做事往往有始無終。他們開始時還滿腔熱忱，但在遇到了困難後，往往會半途而廢。他們之所以會如此，就因為他們沒有充分的堅韌

力，來使他們達到最終的目的。當一個人滿腔熱誠，意氣豪邁的時候，他做事是何等的容易啊！所以開始做一件事時，是毫不費力的，正因為如此，我們也不能以一個人在剛開始做事時就估量他的真價值。我們不能以一個人競賽起步時的速率來評判他得到冠軍的潛力，而應該在他將達到終點時的速率來評判他。

一個人在做事時，能否不達目的不甘休，這是測驗一個人品格的一種標準。堅持的力量是最難能可貴的一種德性。許多人都肯隨眾向前，他們在情形順利時，也肯努力奮鬥；但是在大眾都選擇退出，都已向後轉時，而他自己覺得是在孤軍奮戰時，要是仍然能堅持著不放手，這就更難得可貴了。這是需要堅韌力，需要毅力的。

有人向他的一位紐約商人朋友推薦一個少年，在他向他的友人舉出了那個少年的種種優點後，商人這樣問道：「他有耐性嗎？這是最要緊的事。他能堅持嗎？」

是的！這是你終生的問句：「你有耐性嗎？你有堅韌力嗎？你能在失敗之後仍然堅持嗎？你能不管遇到任何阻礙仍然前進嗎？」

## ▍不能失去信用

有些年輕人開始經商時，常常存有這樣一個念頭：以為一個人的信用是建立在金錢上的。有了錢，有了雄厚的資本，就可以讓人信任了。其實這是不對的。高尚的品格、精明的才能、吃苦耐勞的精神，比起百萬財產來實在要高貴得多。

誰都應該自己造就良好的名譽，使人都願與你深交，都願竭力幫助你。一個聰明的商人，他一定要把自己訓練得十分出色，很有經商的本領，為人十分信實而豪爽，遇到任何事時都具有迅捷的決斷力。

精明的銀行家是很有眼光的，他們對於那些擁資巨萬、然而品行不良的人，總是不大信任。因為有許多資本雄厚的商人，遠不如那些資本不多然而肯吃苦耐勞、小心謹慎、隨時都在留心機會的人穩妥得多。

　　那些銀行信用貸款部的職員，每次經手貸出一筆貸款之前，必先了解一下對方的信用，生意是否穩當？能否成功？並仔細研究一下，等到覺得實在可靠了，才肯貸出款項去。

　　誰都知道：人格是一個人一生中最重要的資本，當他欠人一筆錢時，無異於把他的人格典當了一部分出去。

　　羅西爾‧賽格說：「守信用是成功的最大關鍵。」一個人要想得到人家的信任，非下極大決心，花費許多歲月去努力從事不可。

　　一位讀者向一家大雜誌的主編格林先生徵詢獲人信任訣竅，他說了下列三點：

　　第一，他必須努力加強修養，建立良好的信譽。他做事必須懇切認真，他隨時都在設法糾正自己的缺點，他的行動實際可靠，他的言語必須兌現。同時，當他與人交易時，必須誠實不欺 —— 這是獲人信任最重要的條件。

　　其次，一個希望獲人信任的年輕人，必須實事求是地做出成績來給人看，證明自己的確是有眼光，有才識，能做事的人。一個才能平凡的人，把他多年的積蓄拿來發展前途，固然是很好的事，但如果他能夠在某一方面格外有所專長，他所給人的印象，更不知要好上幾倍。因為在這種企業都走向專業化的時代，一個無所專長而又樣樣都懂得一點的人，總是競爭不過那些在單一方面有所專長的人。這種把最可靠的資本藏在自己身上的人，隨便走到哪裡，都將令人另眼看待。

　　第三，一個志在必成的年輕商人，他更需要一種可貴的資本 —— 習慣。有良好習慣的商人遠比那些有各種惡習的人容易成就事業。世上有不少人本來都已快到成功的地步，只因有了一些不良習慣，別人始終不敢信任他，便中途停下來了。有各種惡習的人，大都是自己不知不覺的，但那些與他發生信用往來的人卻看得很清楚，因為他們是十分留意這一點的。

　　這是毫無疑義的事，一個人的品格大都是他的習慣培植成功的。往往有些年輕人，本來有良好的品格，只因後來沾染了一種不良習慣，以致再

無出頭之日了。他起初小看習慣，覺得那只是暫時的小事。可是日子一久，當他因為一些惡習被逐出人群時，才懊悔起來，說：「想不到那樣玩玩，也形成了改不好的癖習。」但是還有什麼用呢？

一個有志成功的年輕人，為了自己前途打算，必須在開始受到外界不良引誘時，就立刻打定主意不為所惑。他必須使自己永遠堅持：不飲酒、不賭博、不舞弊、不在無意義的事情上負債、更不上跑馬場。他的娛樂應該顯得嚴正而有意義。否則，他只要稍動邪念，就可以使他的信用、個性、成功都走向破產之途。我們只要仔細分析一個人在商業上失敗的原因，就可以知道多半是因為有著種種不良習慣的緣故。

某家雜誌社的社長荷萊克先生說：

整個社會的機構，無非是用信用之牆築成的，古時我們的祖先靠著信用來合作，所以產生了我們現在的文化。現在我們也仍得靠著相互間的信用，把生活推向更進步的時代。這原是非常明顯的定理。我們只要稍稍留心，就可以看見過去許多商人的失敗，都是因為沒有充分了解信用之重要的緣故。至今仍有許多商人，對於取得信用漫不經心，不肯在這方面花些功夫。這種人都是不能持久的，用不了多久就要失敗的。

他奉獻給年輕商人一句話：「你應該隨時隨地去加強你的信用。一個人要加強自己的信用，絕非放在心上思慕就能成功的，他必須有堅定的決心，並能努力去奮鬥。他必須用實際的行動來達到自己的志願，這樣才能有所成就。」

這就是說，求取信用除了人格的基礎外，還需要實際的行動。任何年輕人在一開始做事時，絕不能立刻為人信任，他必須拿出所有的力量來，在經濟上建立起堅固的基礎，在事業上發展得有所成就，然後他那良好的品行，優美的人格才能為人發現，才能使人對他完全信任，才能走上成功之路。一家雜誌社在訪問社會上的成功者時，最注意的倒不是那個人的生意發達不發達，進帳多不多，最注意的往往是那個人是否正在進步，他的品格怎樣，他的習慣怎樣，他過去的歷史怎樣。

有許多年輕人都沒有注意,越是細微的事情,越容易給人留下深刻的印象。譬如你向人借錢,到了約定還錢的日子,仍不設法還掉,隨口說再過幾天吧。那人如果稍有見識,他一定可以立刻確定你是一個怎樣的人,你的信用自然就很明顯了。

你也許會這樣想:再過幾天有什麼要緊的呢?那位債主不是很有錢嗎?可是你反過來想一想,這樣一來,自己的信用將受到多大的損害啊!

又有許多年輕人,平日為人的確是非常誠實,但因對於任何事都太疏忽了,便不知不覺地失去信用。譬如當他們在銀行裡存款已經不多時,還是不知不覺地開出一張超額的支票,害得收款人去碰壁。他們這樣做生意,一切信用都將因而破產了。

一個精明有為的商人,做事總是迅速敏捷,從不顯得拖拖拉拉的樣子,這就是他成功的不二法門。他訂出合約去,從不失約,開出支票去,從不碰壁。他知道做生意非這樣小心注意地去做不可,否則,信用將難免受到損害。

取得信用的方法,除了要有誠實的品格外,更須有敏捷正確的做事習慣。一個人即使有了充足資本,如果做事遲疑不決,頭腦糊裡糊塗,一點沒有敏捷的手腕,果決的判斷力,他的信用仍將維持不住的。

一個人一旦失信一次,那麼合作人下次便不大願意和他來往了。他們寧可去找靠得住的別人,也不願再因他多生出許多麻煩來。

如果你要使你的信用破產,那真是簡單得很。即使你已經有了多少年誠實可靠的歷史,你只要開始糊塗起來,開始把任何事都不放在心裡,隨意遺忘、錯誤一下,不消多少時候,就將沒有一個人再來信任你了。

## ▌增加你內在的財富

年輕人剛開始踏入社會時,如果要使自己今後前途順利,就非得先具有一筆資本不可,這筆資本是什麼呢?就是健康、學識、信用和常識。

大發明家愛迪生說：「專門學問的功用僅及普通常識的一半。」一個具有專門學問的天才固然足以自豪，但在應付一切困難上，仍舊遠不如那些有實際經驗與常識的人。專家也許不難實現他們偉大的思想；有天才的人往往能從自然界發現真理，加以利用，可是如果他們沒有常識，那麼他們的理想與發現對於日常生活又有什麼用呢？德國有一句俗語說得很好：「在你遙望明亮的星空時，請別忘了屋裡的蠟燭。」世上大部分人都不看重常識的力量，以為那是不足為奇的，他們平常不肯花時間去學，所以有時只因欠缺常識而做錯了事或導致失足，但他們仍不自覺，反怪命運作祟，這些人永遠不會有進步，他們一切的錯誤與失敗都是自己造成的。

除了常識以外，一個人還須具備各種優異的技能，才可能憑藉自己的力量去創造機會。成千上萬的年輕人都專心致力於尋求機會，其實一個人如果沒有一種以上的特長，即使你手裡握著大學文憑，背後依著親戚朋友，也仍然沒有實際的意義。如果真想求得機會，最好還是在自己身上去找有利的條件。一切事情只想依賴他人，總是靠不住的。如果真的能從外界找到機會，你還是得靠自己的技能和本領，否則這些機會只能是白白的流逝和喪失。

總之，你應該盡量培養自己的本領，把它積蓄儲存起來。你可以沒有表面上的財富，但你必須培養和累積自己內在的財富。這樣一旦社會經濟蕭條，或碰到什麼不幸時，你才不至於完全失敗，並能度過困境。請從今天起，就努力增加自己內在的財富 —— 你必須有一個健全的體魄、勇往直前的氣概、和善可親的態度和嚴謹不苟的人格。

你有沒有才學，任何人都能從各方面看出來，譬如你的眼睛、你的談吐、你的工作成績和對事情有無誠意等。如果你的內在的確富足，那你就正如一朵綻開的玫瑰，走過你身邊的人都能立刻欣賞到你的美麗與芬芳。

許多人一踏進社會，就急功近利，不惜把自己內在的大好資本孤注一擲，這真是一件可怕的事。一個人開始做一番事業時，必須顧慮到自己未來的需要，千萬不要過度耗費了自己的精力，糟蹋自己的身體。

有一種年輕人，自己身上明明擁有真實的財富，但卻不把它用到正途

上去，甚至日以繼夜不務正業，他們不僅浪費了錢財，而且糟蹋了自己的才能，眼見大好的機會就如此輕易溜過而不去利用，這比浪費內在的資本更令人擔憂。

更可悲的是他們甚至犧牲名譽、理智及最重要的成功要素——人格。

一個活潑開朗、和善可親的人，到處都會受人歡迎，凡是與他交往的人，也都會覺得親切愉快，一個人有了這種品格，無疑為自己增添了無窮的寶貴資源。

你希望別人知道你家藏多少寶物嗎？你希望對方知道你有多少股票、多少地產嗎？這些都是無聊的念頭。一個人只要有正直的品格、良好的信用，隨時隨地都可以獲得別人的關注，人格是你最有效的自薦書，你一生的前途都得依賴著這封自薦書。

人格偉大的人，才是世上最富有的人，一個只積有百萬家產的富豪，比起一個名譽良好的富人，就好像是矮子見了巨人一般；一個以邪術發了財的人，比起一個嚴正不苟的窮人，真不知會顯得多麼窘迫；一個發了橫財的愚蠢富翁，立在一個清貧的博學多才者的面前，真會活活地羞愧而死。現在的家庭和學校，都應該諄諄教導年輕人，使他們知道人格的重要和它的偉大價值，否則真是一種無形的巨大損失。這種損失不僅是個人的，也是社會性的。

我們應該利用所有的時間和精力，去賺取利人利己、屬於名譽上的財富。

只要你具有各種良好的品格：待人和善、處事忠誠、言行坦白，那麼無論你的容貌是否美麗，隨時隨地都會受人歡迎。人類本是一種理智的動物，當我們看見一個人格偉大、誠摯、富有愛心的人時，不必經人介紹，就會對他肅然起敬。偉大的人格確有一種奇怪的力量，足以感化一切人的人格。

我們踏入社會，應該努力培養一種偉大的人格，使它像大海中的燈塔

一般，光亮四射。你平日的言行舉止，也必須保持理智，不偏不倚，這樣才能達到成功目的，千萬不要整日鑽在花花綠綠的鈔票堆裡，只想發些橫財。

## 做人的人格與操守

年輕人在開始進行自己的事業時，假使能下定決心，將自己的人格和操守當作事業上的資本，做任何事都要求自己不違背人格，那他在日後，雖然不能成名得利，但也不致於在事業上遭到失敗。反之，一個在事業征途中失去人格和操守的人，則永遠不能成就真正偉大的事業。

人格和操守，是從事事業最可靠的資本。這一點，許多年輕人總是不加注意。他們在事業上，每每借助於投巧、權術、詐取、勢力、憑藉等等，而忽視了誠實及品格。這些人應該想一想，為什麼有許多公司，願意出大量的金錢，去借用一個已經死去很久的人的名字「當作招牌」呢？豈不是因為在那人的名字中蘊涵著力量，昭示著人格，代表著信用嗎？在商業界中，一提起有些人的名字就讓人肅然起敬，他們的信用穩固，如同磐石一般，我們便可以從中明白人格的價值了。

林肯去世已經很久，然而他的聲譽卻愈益光大，有如日月經天，江河行地。為什麼？正是因為林肯生前公正自持，廉潔自守，從來沒有作賤過自己的人格，糟蹋過自己的名譽的關係。在世界歷史上，再找不出第二個人，像他那樣擁有偉大正義的力量，也找不出第二個人對世界文化的影響像他那樣深切。「人格與操守，是世界上最偉大的力量」，這句格言從林肯身上得到了明證。

年輕人明明知道這些事實，但還是常常讓急功近利的思想超越和掌控，而將他們的事業基礎建築於機巧、詐謀的手段之上，卻不是建築在人格、信用的基地上。這些年輕人如此天真幼稚，把事業立於疏鬆不穩固的基地上，而放棄信義、正直的磐石，應該說這是一種目光多麼短淺的作法。

　　除了誠實，世界上沒有其他任何可靠的東西。有不少人因為離開了誠實，而遭致最終失敗。

　　成功的關鍵在於正直、公平、誠實及信義。離開了這些，就不能取得真正的成功。

　　每個人都應有所覺悟，在自己的生命中，練就寶貴的人格。這一人格，不是富貴所能淫，貧賤所能移，威武所能屈的。這個人格，是任何代價也不能購買的。甚至在必要時，一個人寧可犧牲自己的生命，來成全這種人格！

　　一個人能夠知道尊重自己的人格，不把自己當作一件物品買賣，不肯為了薪水、金錢、勢力、地位而出賣自己的人格，墮落自己的操守，那他一定能成為社會中重要且有力量的一分子。

　　林肯當律師時，有人請他為一件訴訟案中理屈的一方辯護。他回答說：「我不能做這種事。因為到了當庭陳詞時，我的心中，一定會不停地這樣想：『林肯！你是說謊者，你是說謊者！』我相信，那時我會失態的！」

　　一個人戴上了假面具，去從事不正當的事業或職業，那他一定會常常受自己良心的嘲笑，並且還常常鄙棄自己。良心的譴責，或內心的羞慚，是很痛苦的。它能減損人的力量，淹沒人的品格，足以葬送一個人的自尊心與自信心。

　　不管有多麼大的利益，千萬不可留戀於不正當的職業。假使你要從事這種事業，你最後一定會遭遇失敗與不幸的。做良心所不允許的事，是足以損害人格，破壞各種精神機能的。

　　假使你的上司要你做不正當的事，你可以明白地告訴他，你必須將人格的標記銘刻在所做的每一件事上，否則就不做！你不能將你的人格，你的操守，你的尊榮，出賣給任何不正當的機關，或不誠實的人們。

　　你應該有這樣的志向；世界上沒有東西可以引誘你去做「人」所不應該做的事；你不願為了金錢而作賤你的人格與自尊，去為他人作種種不正

當的工作！

不管你從事於何種職業或事業，你總應該尊重你的人格，保持你的操守。在你當一個律師、一個醫師、一個商人、一個店員、一個農夫、一個議員或一個政治家時，不要忘記，你是在做一個「人」！最初，最後，直到永遠。

## 高度的自我克制

性格的力量包含兩個方面 —— 意志的力量和自制的力量。它的存在有兩個要求 —— 強烈的情感以及對自己情感堅定地掌握和控制。

瑞斯帕夫人問道：「你認為女人有點脾氣很糟糕嗎？」她的丈夫回答道：「當然不是，那是一件好事，女人應當永遠保持這一點。」

著名傳教士利文史東（David Livingstone）的母親、詩人拜倫的母親，她們本身都具有大自然賦予的優秀素養。但一位擁有平和的基督徒性情，一生保持了自己溫和的天性，從而使自己的生命到達了幾乎難以企及的高貴和尊嚴；而另一位則無法控制脾氣，使她的一生只比一堆五光十色的廢墟稍微好一點。

世界上沒有人天生好脾氣，沒有任何人有那種不需要任何注意和控制的好脾氣；但也沒有哪個人天生脾氣就十分糟糕，即使經過一定的教養也不能加以改善，使之變得令人愉悅。

一位享有至高聲譽的醫學權威斷言，過度的勞動，周圍環境的潮溼和寒冷，缺乏富含營養的必要食品，居所情況過於簡陋，以及懶惰放縱等等，這些都是人類生活中最致命的敵人；但是，所有這些因素都不會比狂暴的脾氣對人更不利。很多男女儘管遇到前面提到的種種不利健康的因素，但是都活到高齡，而脾氣暴躁易怒的人則很少有長壽的。

著名的弗萊徹先生（Frank Fletcher）脾氣非常暴躁。一次，他的管家向他提出辭職時，弗萊徹先生溫和地請求他留下來。管家說：「我實在無法忍受您的脾氣，先生。」弗萊徹先生回答道：「我承認自己比較情緒化，

但是我發脾氣很快，剛一開始就馬上結束了⋯⋯」「但是剛結束你很快又會發新的脾氣！」管家接著說。

迪蒙聽米拉波（Honoré Riqueti）做一次關於馬賽的演講，演講的每句話都被不時的叫喊和辱罵聲打斷：「這是誹謗！撒謊！該殺！惡棍！」諸如此類。米拉波停下來，對其中最為義憤填膺的人用非常友善謙和的語氣說：「諸位，我等大家把這些話都說完，再向大家做報告。」

馬修・亨利說：「我曾經聽說，有一對夫婦的脾氣都很急躁，但他們在一起共同生活卻相安無事，過得舒適而安逸，因為他們制定了一條共同遵守的原則 —— 一個人發怒時另一個就保持冷靜。」

有一天，一個脾氣暴躁的人闖入了威靈頓公爵的書房，那人說：「我叫亞玻倫，有人派我來這裡刺殺你。」公爵說：「刺殺我？真奇怪。」那個人又把話重複了一遍：「我是亞玻倫，我一定要殺了你。」「一定要在今天嗎？」「他們倒沒有告訴我在哪一天或者什麼時候，但是我必須完成自己的任務。」公爵說：「那現在可不方便。我很忙 —— 我有很多信要寫。你下次再來吧，給我留一張便條，我會準備好了等你的。」說完，他就繼續寫他的信。公爵的嚴厲和從容，表現出的大度和鎮靜使那個暴徒大為吃驚，他冷靜了下來，然後走了出去，再也沒有回來。

蘇格拉底一旦發現自己將要發火時，他就會降低聲音來控制怒氣。如果你意識到自己處於情緒激動的情況下，那麼一定要緊閉嘴巴，以免變得更加憤怒。許多人因為過分憤怒倒地而亡，突然的暴怒往往會引發一些突發的疾病。

喬治・赫伯特（George Herbert）說：「辯論的時候一定要冷靜，因為情緒激動會使微小的失誤變成錯誤，使真理變得無禮。」

「那麼，你是怎樣避免和人爭吵呢？」一個朋友問道。他回答說：「啊，很簡單，如果一個人對我生氣，我就一言不發，讓他跟自己吵去。」

牛津皇家學院一間屋子的窗戶上寫著一句話，說明英王亨利五世曾經

在這裡住過。這位英勇的年輕國王被描述為：「一位征服了敵人也征服了自己的人。」他在阿金科特戰役中打敗了敵人（亨利五世曾於 1415 年在法國北部的阿金庫爾村重創兵力數倍於己的法軍）；而戰勝他自己卻需要付出更加艱苦的努力。

## 克制的第一課

某個政黨有位剛剛嶄露頭角的候選人，被人引薦到一位資深的政界要人那裡，希望這位政界要人能告訴他一些在政治上取得成功的經驗，以及如何獲得選票。

但這位政界要人提出了一個條件，他說：「你每次打斷我說話，就得付 5 美元。」

候選人說：「好的，沒問題。」

「那什麼時候開始？」政客問道。

「現在，馬上可以開始。」

「很好。第一條是，對你聽到的對自己的詆毀或者汙蔑，一定不要感到憤恨。隨時都要注意這一點。」

「噢，我能做到。不管人們說我什麼，我都不會生氣。我對別人的話毫不在意。」

「很好，這就是我經驗的第一條。但是，坦白地說，我是不願意你這樣一個不道德的流氓當選的……」

「先生，你怎麼能……」

「請付 5 美元。」

「哦！啊！這只是一個教訓，對不對？」

「哦，是的，這是一個教訓。但是，實際上也是我的看法……」

「你怎麼能這麼說……」

「請付 5 美元。」

「哦！啊！這只個教訓，對不對？」

「哦，是的，這是一個教訓。但是，實際上也是我的看法……」

「你怎麼能這麼說……」

「請付 5 美元。」

「哦！啊！」他氣急敗壞地說，「這又是一個教訓。你的 10 美元賺得也太容易了。」

「沒錯，10 美元。你是否先付清錢，然後我們再繼續？因為，誰都知道，你有不講信用和賴帳的『美名』……」

「你這個可惡的傢伙！」

「請付 5 美元。」

「啊！又一個教訓。噢，我最好試著控制自己的脾氣。」

「好，我收回前面的話，當然，我的意思並不是這樣。我認為你是一個值得尊敬的人物，因為考慮到你低賤的家庭出身，又有那樣一個聲名狼藉的父親……」

「你才是聲名狼藉的惡棍！」

「請付 5 美元。」

這是這個年輕人學會自我克制的第一課，他為此付出了高昂的學費。

然後，那個政界要人說：「現在，就不是 5 美元的問題了。你要記住，你每一次發火或者你為自己所受的侮辱而生氣時，至少會因此而失去一張選票。對你來說，選票可比銀行的鈔票值錢得多。」

孩子們應當從小就受到教育，要養成耐心、平和而安寧的性情，對自己的一切都能樂天知命，使自己的身體始終處於和諧的狀態，避開疾病的侵擾。應該告訴孩子們，純潔簡樸的生活、良好的道德和快樂的天性，要勝過醫生或藥物所能為我們提供的一切。應該告訴孩子們，不道德的罪惡思想、惡毒的意念以及一切造成精神不和諧的東西，都會引起我們身體上

的不和諧，都有可能激發潛藏在我們體內的疾病，或者會降低我們的免疫能力。

對芸芸眾生來說，沒有什麼比陷入突如其來的怒氣當中更能造成災難的了。

## 養成習慣性的自我克制

習慣性的自我克制所帶來的平靜是多麼美妙啊！它能使我們免除多少激烈的自我譴責啊！一個人面臨突如其來的挑釁，能夠做到一言不發，表現出一種未受干擾的平靜心態，當他這樣做了以後，他一定不會感到後悔，而是認為自己做得完全正確，所以他的心靈會非常的安寧。

相反，如果他當時發怒了，或者僅僅因為當時的憤怒，或者因為自己不小心說錯了話，或者表現出了內心深處的真實想法，從而使他顯得有失風度，隨後他必定會感到一種深深的羞恥感。神經緊張而易怒是一個人個性中最重大的缺陷之一，它往往是激化矛盾的催化劑，它往往會破壞一個人行為處世的原則，使他的個人生活變得一團糟。

阿特姆斯·沃德（Artemus Ward）說：「喬治·華盛頓可以稱得上是世界上最優秀的人了。他頭腦清楚、為人熱心、處事冷靜。他從來不會突然爆發出激烈的感情或者情緒波動。一個人如果行事魯莽而草率。在壓力大的時候他們往往無所適從。他們急不可待地跳上路過的第一匹馬，一點都沒有注意到正有一隻蜜蜂叮在它身上，這匹馬四處亂踢、心煩氣躁。當然，這個人遲早會從馬背上摔下來，這只是時間早晚的問題。當他看到大家蜂擁而至，對他讚不絕口時，自己也馬上開始變得心浮氣躁、盛氣凌人，而不是心平氣和、實事求是。人們不懂得，現在大家把他捧到天上，一旦認為自己受騙上當，就會毫不猶豫地把他狠狠地摔在地上，從此他就可能一蹶不振。而華盛頓從來沒有出現過這樣的情況，他根本不是那樣的人。」

在賓夕凡尼亞州的賈斯特，有一個店以其店主的耐心服務聞名鄉里。

一天，有一個人決心要考驗一下這個店主的耐心。他到了店裡，一會兒要這種布料，一會兒要那種布料，挑來挑去，看了半打不同款式和顏色的布料。最後，他好像挑中了一種，說：「我想要的就是這個。你給我裁一塊一美分大小的。」不動聲色的店主拿了一個一美分的硬幣，心平氣和地照樣裁剪了一小塊能蓋住硬幣的布，用紙包了起來，然後遞給這個存心搗亂的顧客。

約翰‧亨德森（John Henderson）曾和一位牛津大學的學生進行辯論，那學生生了氣，把一杯酒潑到他臉上。亨德森默默地擦乾自己的臉，然後冷靜地說：「先生，這僅僅是個插曲，現在請繼續辯論。」

《相夫教子》一書的作者曾經問道：「一個連自己都管不住的母親，還能指望她管好孩子嗎？管理家庭最重要的一點是能讓人在家裡感覺到舒適和自在。對家庭管理開始於父母的懷抱。每個母親必須學會控制自己，克服自己衝動的情緒；她要為孩子們樹立溫順柔和、鎮定總代表的榜樣；否則，她試圖控制孩子們情緒的所有努力都將是徒勞無益的。」

## 完美的自制能力

作為一種特殊的職業，間諜必須表現出極強的自制能力，只要一刻不警惕或不小心，他們就可能因此送命。有一個間諜被捕後假裝又聾又啞。敵人用最靈敏的設備來測試他，但他一直裝聾作啞。最後，逮捕他的人說：「好了，你可以走了。」這個間諜沒有顯示出一點點聽懂了他的話的跡象，他心裡知道最嚴酷的的考驗已經過去了，但絲毫沒有表露出來。那些逮捕他的人說：「他要麼是裝得天衣無縫，要麼是個真正的白痴。」這個間諜完美的自制能力救了他的命。

唐納德‧麥克瑞是一個蘇格蘭人，有一次他的冷靜和耐心為自己帶來了很大的好處。他在鄉下開了一家小小的雜貨店，儲存了各種貨物，平時他的小店窗戶灰暗，布滿蜘蛛網，東西也賣得很慢。他向倫敦訂了「40磅」靛青，這就足以讓他賣上幾年的了。結果，他的訂單在客戶那裡被寫

錯了，變成了「40 噸」靛青。因為客戶得知唐納德信譽很好，於是就決定發了 40 噸靛青給他。

可憐的唐納德被驚呆了。整整一個星期，他頭昏腦脹地走來走去，一直四處詢問該怎麼辦。他想盡了靛青可能有的所有用法。但是，老天啊，有 40 噸之多啊！不過，他仍然保持著耐心和冷靜。

有一天，突然來了一位衣衫整潔的推銷員，坐著兩匹馬拉的大馬車從倫敦到鄉下來，找到了唐納德住的地方，然後對他說，倫敦的公司知道他們自己犯了個錯誤，他就是被派來處理此事的，他們可以運回已經發出的靛青，並且將支付給唐納德運費。唐納德心想：「公司如果沒有什麼益處的話，是不會特地派個人來專門處理此事的。」於是，唐納德堅持說，並沒有弄錯。

而這個推銷員又提議說：「那我們去找個小酒店，邊喝邊談吧。」唐納德控制住了他對美酒的喜愛，心想現在必須保持清醒的頭腦，所以就沒有答應。那個推銷員用了各種各樣的方法，試圖與唐納德談談，但是唐納德都避開了，還對那個人說：「你如果以為蘇格蘭人不知道自己在做什麼的話，那可就大錯特錯了。」

後來，這個職員失去了自制，說出了真相：「真實上，我們得到了一個大得多的靛青訂單，我們的現貨不夠，為此，我們可以給你 500 英磅的獎金來拿回發給你的靛青，另外運費仍然由我們承擔。」唐納德搖頭，他想看看對方的底限到底是多少。推銷員提出的另一個價錢也被唐納德拒絕了。最後這個推銷員完全失去了自制，把公司給他的指令和盤托出，說：「喂，你這頑固的老頭，5,000 英鎊，我最多能給這個價。」唐納德平靜地接受了。

原來，西鯿群島的農作物歉收，當地政府的軍隊需要藍色顏料來染軍服，因為迫切需要購買大量的靛青。唐納德‧麥克瑞因為非凡的自制力而發了一筆財。

能自我控制的精神才是真正獲得自由的精神，而自由就是力量。

　　亞伯拉罕‧林肯剛成年的時候，是一個性急易怒、一觸即發的人。但後來，他學會了自制，成為了一個富有同情心、具有說明力而又耐心的人。他曾經對陸軍上校福尼說：「我從黑鷹戰役開始養成了控制脾氣的好習慣，並且一直保持下來，這給了我很大的益處。」

　　出口不遜的言辭從未給任何一個人帶來過一丁點好處，那只是虛弱的標誌。沒有人會因為它而變得更富有、更快樂或更聰明，也不會使人受到他人的歡迎；它令教養良好的人反感，使善良的人感到厭惡。

　　「我的夥伴們，」一位海軍船長向站在後甲板上的全體人員宣布他的命令，開始領導這艘船的時候，說道：「我要請大家幫忙。我，作為一位英國軍官，大家作為英國水兵，我希望大家能夠幫助我。夥伴們，你們意下如何？你們願意幫你們的新船長 —— 我 —— 一個忙嗎？我保證會對你們很好。」「沒問題，先生。」所有的人都嚷嚷道，「我們到底要做什麼？」「你們瞧，很簡單，你們必須答應，我是這條船上第一個可以開口咒罵、第一人有權發脾氣的人。」船長回答道。

　　完美的自制意味著像羅伯特‧埃斯沃那樣能徹底地控制自己。他是一個辭典編纂者。有一天，他的妻子突然因為某事而大怒，盛怒之下把他大部分的辭典手稿都扔進了火裡，但他只是平靜地轉身走到桌子前，重新開始工作。

　　你要衡量一個人的力量，必須是以他能克制自己情感的力量為標準的，而不是看他發怒時所爆發出來的威力。

　　「你是不是從來沒有見過什麼人遭受到公然的凌辱，只是臉色變得稍微有些蒼白，就立刻平靜作答的？或者，你有沒有見過一個人陷入極度的痛苦，卻仍然站得像石雕，一動不動地控制自己的？或者你有沒有見過，一個人每天忍受著敵方無望的審訊，而一直保持沉默，沒有向他們透露一絲關於內部的資訊的？這才是真正的力量。那些擁有強烈的感情卻保持貞潔的人，那些非常敏感但內心充滿憤慨的男子漢，那些遭遇到挑釁但仍然能控制自己並寬恕別人的人 —— 才是真正的強者，才是精神上的英雄。」

## 本能與情緒的誘惑之島

當尤利西斯航行經過女海妖（傳說中半人半鳥的海妖，常以美妙的歌聲誘惑經過的海員而使航船觸礁沉沒。）的島嶼時，他事先用蠟封住了船員的耳朵，把自己綁在桅杆上，以避免被女妖美妙的歌聲征服。那歌聲已經征服了所有聽過的人。但奧菲斯在尋找金羊毛時也路過這個小島，他演奏出了非常美妙的音樂，以致於征服了女妖，完全地航行通過。

我們在途經誘惑之島時，僅僅靠道德的力量是不夠的，比如像綁在桅杆上或用蠟封上耳朵來免除誘惑一樣，但是，如果我們充滿了基督徒的剛毅精神和高貴品格，就像俄爾甫斯那神聖非凡的音樂一樣，我們就能拒絕所有致命的誘惑。

情感是吹動我們生命之舟向前航行的風，而理智則是駕駛這艘船的舵。如果沒有風，船不會前進；如果沒有舵，船就會迷失方向。

在 33 歲以前，亞歷山大就在伊薩斯、格拉尼卡斯和阿拜拉等處打了勝仗，建立了世界上最龐大的帝國之一。但是，這位載滿榮譽的年輕希臘英雄卻被自己的本能征服了，像白痴一樣在巴比倫花天酒地和放蕩墮落的生活中死去。其實，那個最不起眼的字「不」就能拯救這個年輕人，然而那個虛妄的藉口「只有一次」卻帶給他徹底的毀滅。

拿破崙在重大的戰爭中贏得了一百多次激烈戰役的勝利，然而，當他被囚禁於大西洋一個荒涼的小島上時，他卻有失身分地與哈德遜‧洛爾爵士就禮儀和香檳問題發生了不光彩的爭論。

莎士比亞筆下描寫了無數失控的情緒造成的身體和精神毀滅的情形。他筆下的約翰王，因其對權力的欲望逐漸泯滅了每一種高貴的衝動、每一種高尚的特質，結果幾近沉淪到畜生的地步，像一頭野獸。李爾王則是失控的怒氣的犧牲品。在馬克白先生和馬克白小姐那裡，野心超越了義務和信譽，甚至促使他們走上謀殺犯罪的道路，而謀殺後的恐懼、懊悔與自責又立即帶來了可怕的報應。奧賽羅是被自己嫉妒的怒火慢慢毀滅的；許多其他人物的遭遇更強化了這樣的教訓：那些奉其情感為主人的人，一定會

遭到他們的主人蠍尾一樣狠毒而殘酷的鞭打。

在給一位女士的信中，伯恩斯在談到他的同伴時說：「夫人，如果我不與他們一起喝酒的話，他們就會埋怨我不陪他們。因此，我必須放棄自己的一部分原則來迎合他們。」年輕人，千萬不要為了迎合許多傻瓜的口味，而放棄你良好的品性。

一艘從伊利湖開到安大略湖的船，在離尼亞加拉大瀑布一、兩英里的地方著火了。火勢越來越大，船員和乘客離開船到了救生艇裡，放任那艘船燃燒沉沒。當時是夜晚，這艘巨大的船沉入水中的時候，就像一個漂浮著的火爐，煙火映紅了天空。

岸邊擠滿了人，看著那艘船接近了一個巨大的漩渦。岸邊的人們都屏住呼吸，等待著那必然會來臨的一刻。那船安靜地、堅定地朝著可怕的漩渦邊緣滑去。最後，隨著嘶嘶的燃燒聲，紅紅的火光，以及若隱若現的煙霧，船身一震，立即被滾滾的洪流淹沒了，徹底地消失了。世界上有成百上千的人養成了壞習慣，就像那艘著火的船一樣，穿過了充滿誘惑的夜晚，漂浮在水流中，最後永遠地消失了。他們伸出乞求的手，懇求我們幫助他們、阻止他們。但我們無法幫助他們、阻止他們，或許只有上帝才能做到。

曾有多少次，我們在生命的路途中看到一些標語：「對酒當歌，人生幾何」，「聽一首歌吧 —— 一個千載難逢的機會」，「喝杯酒吧 —— 難得一次」等等。但酗酒的代價卻是 —— 一個溫馨舒適的家、深情的妻子和可愛的孩子；為千分之一的勝出機會而沉湎於賭桌旁的人，他們卻把一些更重要的東西廉價出賣了 —— 高尚生活的可能性、個人的能力、輝煌的前途、富有才氣的見識、受過的正規教育和專門訓練、本來可以大有用武之地的智力、熟練的手藝、寶貴的經驗、聰明機智以及他人深切關注的目光，這一切統統成為了不端生活的代價，而換回來的只是醉醺醺的感覺、混亂的頭腦、錯亂的智力、有毒的血液、多病的身體、心臟功能的紊亂，以及最後不可避免的因病早逝。

一個年輕人被人發現溺死在英國的梅西河裡。他的口袋裡放了一張

紙條，上面寫著：「虛度的生命！別問我任何事情。酗酒就是罪魁禍首。讓我死去，讓我腐爛。」在一個星期裡，驗屍官接到了英國各地的父母們寫來的 200 多封信，詢問那個年輕人的樣子，因為他們的孩子也走失了。200 多個家庭為他們不在身邊的孩子傷心難過，由於沒有這些孩子的消息，父母們的心又一次被撕裂，他們的心在流血。那個潛伏在酒瓶裡的惡魔給無數家庭蒙上了沉重的陰影。

一個德國人在戒酒的集會上說：「過去，我把手放在頭上，會感覺到一種劇烈的疼痛；我把手放在我的身體上，也感覺到會疼痛；我把手放進口袋裡，發現裡面空空如也。現在，我的腦袋和身體都不痛了，而且我的口袋裡還有 20 美元。我以後滴酒不沾。」

一個「不」字，是孩子們最容易學會的字之一。但這個字卻又是成年人最難說出口的，「不」字代表了生命的尊嚴與一種永遠的幸福。傳統的哲學與現代的智慧，歸根到底就是一個字 —— 面對誘惑，說出「不」字。

把說「不」的力量賜予最虛弱的人，他也能說得堅定而富有力量。然而，這種力量來自於說話者本身。無論是多大年紀的人，只要他能下定決心，那麼這種決心就會為他的自制行為提供力量與支援。一個人如果能夠支配自我，控制情感、欲望和恐懼心理，那麼他會比國王更偉大、更幸福。但如果缺乏自制，沒有人能在生命過程中、在性格的完善和獲得成就的道路上取得任何有價值的進步。自制是剛毅的本質，也是性格的靈魂。

真正的成功人士都是把才能置於自制之下的。無論是好運還是厄運，不管是在順境還是逆境，他都能很好地控制自己，緊緊抓住他的目標。無法學會自制的人，不管他的才智有多高，他總是受到情緒和環境的控制。他無法直面敵人勇敢作戰。

自我克制能夠造就一個天才；而自我放縱卻能毀滅十個天才。

## ▎自制的人格力量

克萊登這樣評價英國國會領袖之一 —— 了不起的漢普登：「他是自己

情感的至高統治者。由此，他獲得了統治他人的偉大力量。」自制不僅使人充滿自信，也會贏得別人的信任。在商人中間，自制往往會產生信用。銀行會相信那些能控制自己的年輕人，那樣的年輕人更值得信任。商人們相信，一個無法控制自己的年輕人既不能管理好自己的事務，也不能管理好別人的事務。一個年輕人可能在缺乏教育和健康的條件下成功，但他絕不可能在沒有自制能力的情況下成功——那種對自己的掌控，使他能度過艱難的歲月和困苦的境地而衝到最前面去。

希臘著名歷史家普魯塔克（Plutarchus）在論及伯利克里斯（Pericles）時說：「他的性格如此冷靜，處於權力和職位的頂峰時生活竟能如此純潔和毫無瑕疵，根據我們對神聖的『奧林匹斯山神』的理解，他完全可以被稱為『奧林匹斯山神』」……「當伯利克里斯走上講壇去演講的時候，他向神祈禱，希望不會無意中說出不合時宜的字句。曾經有個人整個下午都追著伯利克里，不停地辱罵他。到了晚上，還跟著他回家，在門口罵他。而伯利克里斯卻叫來他的僕人，讓他拿來一盞提燈，照這個辱罵他的人回家。」

戰爭中的「費邊主義」是一個有名的詞語，這個詞的來源與費邊‧麥克斯有關，他是偉大的漢尼拔的敵人。「費邊主義」意指一種「精巧的以靜制動」，它在危急時刻拯救了羅馬。這位偉大的將軍並不缺乏膽量，當他作為大使被派到迦太基時，在一次不得人心的會議之後，他站起來對那些迦太基的貴族們說：「現在我們給你們帶來的或者是和平或者是戰爭。至於選擇哪一個，悉聽尊便。」結果，那些人告訴他說，他可以決定選什麼方式。他憤怒地大叫：「那麼，我就選擇戰爭。」

漢尼拔這位迦太基的亞歷山大，很快就征服了西班牙，翻過了阿爾卑斯山，侵入了義大利，又在斯瑞門湖一帶擊敗了羅馬軍隊。於是，所有的人都指責費邊無能。但這正是需要自制的時刻，費國立刻決定採取「拖延」策略，絕不冒交戰的危險，而這一策略給他帶來了「拖延者」的惡名。當時，義大利最富有的南部地區在他面前呈現出一種荒蕪的狀態。但他不會被挑釁激怒而輕率前進。隨後，他又透過一系列技巧性的轉移，前

進或者撤退，選擇了最有利的防禦位置，因此使他的對手十分惱火，因為他們根本無法把費邊的軍隊拖到易於攻擊的戰場上來，而費邊卻從漢尼拔軍隊可能的錯誤和疏忽中尋找著每一個機會。

「費邊帶著軍隊在山間移動，而在山裡漢尼拔的戰馬根本沒有用。然後，費邊切斷了敵人的供給，除了正面交鋒以外，他採用一切有利的手段來不停地騷擾對手。他堅定不移地執行著自己的計畫，根本不考慮他的小心謹慎在羅馬會造成什麼樣的誤解，這充分表現了他非凡的意志力量。但有人甚至懷疑他，是否借此來故意延長自己司令員的任期。在當時，漢尼拔是義大利為數極少的了解費邊的人之一。費邊的政策對習慣於劍戟的羅馬人來說是全新的，因此費邊的軍事策略令羅馬人非常不滿。在這一作戰過程中，米魯斯帶領羅馬軍隊取得了一個小小的勝利，於是費邊就分一半的軍隊給他，結果差點被全部消滅，還是費邊趕去援救了他。6個月的時間過去了，費邊的任期到了，他卸任時警告新的司令官不要主動進攻。但人們不顧費邊的警告，結果造成了凱撒一役戰敗的慘烈局面，羅馬軍隊被打得一敗塗地，80名元老院的議員被殺死，從戰場上死去的羅馬武士手上取下的戒指整整可以裝滿一英斗。費邊的自制策略被實踐證明是有效的，但他並沒有嘲笑自己的競爭者。此後，費邊又恢復了原來的職位，和米魯斯一起指揮羅馬的軍隊，而他們二人被稱為『共和國的盾和劍』。正是費邊政策，拯救了偉大的羅馬。」

> 在充滿血腥的戰場上，
> 光榮歸於勝利者，
> 死亡歸於失敗者。
> 但是我要謳歌那些抗爭，
> 並征服了自己的過失和罪過的人，
> 他在艱難困苦的歲月中掙扎著，
> 對抗自我，並取得了勝利。
> 這裡長眠著一位戰士，所有的人都應為他拍手喝彩，
> 他久經沙場，無論是在國內還是國外，

但是他曾經歷過的最激烈的交戰，

卻是在與自己過失的戰鬥中征服了自己。

誰征服了自己，誰就是一個天生的英雄，

他的名字或許會消逝，被人們遺忘，

但他以精心的照料和痛苦的眼淚播撒的種子，

卻在不朽的歲月裡生根發芽、獲得豐收。

許多名人寫下了無數文字來勸戒人們要學會自我克制。詹姆士·博爾頓說：「少許草率的詞語就會點燃一個家庭、一家鄰居或一個國家的怒火，而且這樣的事情常常發生。半數的訴訟和戰爭都是因為言語而引起的。」喬治·艾略特（George Eliot）則說：「婦女們如果能忍著那些她們知道無用的話不說，那麼她們半數的悲傷都可以避免。」

赫胥黎（Aldous Huxley）曾經寫下過這樣的話：「我希望見到這樣的人，他年輕的時候接受過很好的訓練，非凡的意志力成為他身體的真正主人，應意志力的要求，他的身體樂意盡其所能去做任何事情。他頭腦明智，邏輯清晰，他身體所有的機能和力量就如同機車一樣，根據其精神的命令準備隨時接受任何工作，無論是編織蜘蛛網這樣的細活還是鑄造鐵錨這樣的體力活。」

里奇特爾曾經說：「如果人們僅僅是面對重大過失的誘惑，他們可能一直會很好；但是，每天都要與細微的過失作戰卻往往使人們一敗塗地。」至今，里奇特爾的告誡仍然具有巨大的警世作用。

## 忍耐力戰勝一切

在面臨艱難困苦的境地，人人都停下來不再去做事情，只有富有忍耐力的人才會堅持去做；人人都因感到絕望而放棄的信仰，只有富有忍耐力的人才會堅持著。

當「智慧」已經失敗，「天才」無能為力，「機智」與「技巧」說不可能，其他各種能力都已束手無策，宣告絕望之時，「忍耐力」便惠然來臨，

幫助人們取得勝利、獲致成功。

因為無堅不摧的忍耐力而做成的事業是神奇的。當一切力量都已逃避、一切才能宣告失敗時，忍耐力卻依然堅守陣地，依靠忍耐力，終能克服許多困難，甚至最後做成許多原本已經失望的事情。

比如，堅持有禮貌的做法，使很多的商人獲得了成功。無論顧客怎樣的粗暴，怎樣的沒禮貌，甚至表現出具有侮辱性的言行，成功的商人反倒更為殷勤地接待，堅持和氣的態度，不慢不怒，長期這樣做，終於獲得了顧客的讚揚，使自己的業務獲得了發展。而那些冷待顧客的商人，不但永遠不會得到發展，反而會讓生意冷落，最終破敗。因此也失去了最為重要的客戶群。

作為顧客也是如此，比如一種顧客在購買貨物或訂閱書籍時，即使商場或書店的銷售人員對他很冷淡，他也不動氣。店員對於這樣有禮貌的顧客，是不大容易拒絕的，非但不能草率對付，甚至會對那位顧客的人格產生敬仰的心理。

一個慈祥、和藹、誠懇和樂觀的人，再加上富有忍耐力的卓越特質，實在是非常幸運的。

做我們喜歡的事情，做我們感到富有趣味的事情，是比較容易成功的；但要盡力去做那些我們自己不喜歡的、甚至為我們的內心所反對而又不得不做的事情，卻是需要忍耐力的。

那些以一種勇敢精神、以堅毅的步伐、以熱忱，去做自己不喜歡、不相稱的工作，並最終能做出非凡業績的人，真正具有英雄般的忍耐力。不論工作合意與否，總能堅持到底，一定要達到目的的人，才能獲得勝利。

沒有什麼比竭盡全力、堅定意志去完成自己既定目標的人，更能獲得他人的欽佩和敬仰。

一個人一旦樹立了有毅力、有決心、有忍耐力的聲譽，那麼世界終將為他打開出路。而那些意志不堅定，缺乏忍耐力的人，往往就要為別人輕視，甚至要受到踐踏和棄絕，最終難免於失敗。

　　沒有堅持到底的意志力的決心的人，往往做不成大事，也得不到別人的信賴與敬佩。唯有那些有堅定的決心、有十足忍耐力的人，才能創造一切，為他人所信賴。

　　那些意志不堅的人，世界上往往沒有他們的地位；而那些意志堅定的人，世界反而會替他們開闢道路。以一顆富有忍耐力的心，堅持自己的意志，並發揮自己的天才，便會獲得成功。

## ▌培養機智

　　由於人們缺乏機智、不能隨機應變而造成的錯誤與損失，不知道有多少。有好多人因為缺少機智，糟蹋了自己的才能，或是運用自己的才能時不得其法。還有許多種情況，由於缺乏機智，朋友傷害了朋友的感情；由於缺乏機智，商家失去了他們的顧客；由於缺乏機智，律師減少了他們的業務；由於缺乏機智，作家得不到讀者的支持；由於缺乏機智，牧師引不起信徒的注意；由於缺乏機智，商家失去了他們的顧客；由於缺乏機智，律師減少了他們的業務；由於缺乏機智，作家得不到讀者的支持；由於缺乏機智，牧師引不起信徒的注意；由於缺乏機智，教師失去了學生的信賴；也是由於缺乏機智，政治家失去了民眾的擁護。

　　一個人即使才高八斗，如果他缺少足夠的機智，不能隨機應變、權衡利弊，不能在適當的時候說適當的話做適當的事，那麼他就不能最有效率地運用自己的才能。

　　受過高等教育的人，或者在專業方面具有高深造詣的人，往往因為缺乏機智，事業上很難有進展。一個人如果有了機智，再加上堅毅努力的精神，便可以在事業上大有所為。

　　「一個有機智的人，不但能利用他所知道的東西，並能善於利用他所不知道的東西，他還能用巧妙的方法來掩飾他無知愚拙的方面，這樣的人往往更易得到別人的信賴與欽佩。」

　　在各種經營活動中，機智是一筆大資產。比如，大城市裡的百貨公司

在策劃如何吸引顧客注意的時候，機智就占有重要的地位。

一個著名的商人把機智列為他自己成功的第一要素，他認為自己成功的另外三個條件是熱忱、商業常識和衣飾整潔。

曾有這樣一位朋友，他的一生努力而勤勉，但是因為缺少機智破壞了自己的事業。他有著為人領袖的潛質，但是他喜歡憎惡他人，從來不能與人合作，結果就讓他失敗了。他常做一些令他人感到不悅的事情，常在無意中傷害他人，因此影響他一生的成就。考察他一生未得成功的原因，無非就是缺乏機智。

一般人之所以缺乏機智，一則是由於他們不識時務，二則是由於思想不敏銳。

有一個女子從鄉下朋友家做客回去以後，給招待她的朋友寫了一封信，對她的熱情款待表示感謝。在信中，她說回到自己家裡後感覺很好，不過對在府上被蚊蟲咬的傷痕，甚感痛苦，而回到自己舒適的臥室，深覺愉快。這個女子想表示感激之意，但在無意中寫成了一封不客氣的信，毫無疑問，這是因為她機智不足。

機智的人善於交際，能迎合別人的心理。這種人初次與人會面，就能找出對方感興趣的話題，提出來以作為談話的材料。他們不會過多談論關於自己的事情，因為他們深知，對方最感興趣的莫過於他們自身的事情和希望。而不機智的人就不是這樣，他們只喜歡談及自己感興趣的事情，常常顧及不到他人的感受。於是，這樣的人便常為朋友們所不喜歡。

機智的人即使對於不感興趣的事，也不會輕易在表面上顯露。而那些有怪癖的人，往往最容易得罪他人，這種人如果要加入一個團體，也一定不為大眾所歡迎，不是受到冷遇，便是自討沒趣。

要說種種優良特質，機智可能算得上是最緊要的。機智的人，對於一切事情都能隨機應變、處置得當，這樣的人才能利用適當的機會，發揮自身的潛能。

那麼，如何培養機智呢？一個作家曾經巧妙地寫到：

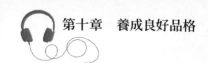

「對於人類的天生性情，比如恐懼、弱點、希望及種種傾向，都要表示同情。」

「對於任何事情，都要設身處地地思考。在考慮事情的時候，要顧慮到他人的利益。」

「表示反對意見的時候，不應該傷害到他人。」

「對於事情的好壞，要有迅速的辨別力。必要之時，作必要之讓步。」

「切勿固執己見，你要記住，你的意見只是千萬種意見中的一種。」

「要有真摯仁慈的態度，這種態度，能夠化敵為友。」

「無論怎樣難堪的事，要樂意承受。」

「最重要的，便是有溫和、快樂和誠懇的態度。」

# 第十一章
# 走出貧困的叢林

## █ 脫離貧困境地的祕訣

世間的大部分貧窮都是一種病態，是千百年不良思想、不良生活、不良環境的結果。我們知道，貧困的境遇是一種反常的狀態，是絕不受任何人歡迎的。許多事實證明：世界上一切產業，只要們勇敢地堅持去做，都會獲得成功，那貧困的環境就可以打破。

如果普天下的貧窮人，能夠從黑暗和沮喪的環境中回過頭來，去朝著光明和愉快的方面努力，並且立志要脫離貧困，那麼即使在最短的時間內，也能使貧困盡數消失。但有很多人想脫離貧窮，卻不肯十分努力。

就事實而論，世間的大部分貧困都是由懶惰造成的，都是由奢侈、浪費、不願努力、不肯奮鬥造成的。而且懶惰往往與浪費攜手同行，懶惰的人常常也浪費，浪費的人一定懶惰。

但人類有著幾種堅強的品格，是和貧困勢不兩立的，那就是自信和勇敢。有許多人雖處貧困，雖遭患難和不幸，但因為他們有著自信和勇敢的秉性，終於能夠制服貧困這個惡魔。如果一個人缺乏勇敢和自信的卓越特質，而只是過著一種懶惰、畏縮的生活，那麼他就永遠不能戰勝貧困、奮發有為。

如果一個人立意堅定，要永遠地擺脫貧困，要從服裝、面容、態度等生活的各個方面拭去貧窮的痕跡，要表現自己的卓越特質，要一往無前地去爭取「富裕」與「成功」，那麼世界上應該沒有一件事情能夠動搖你的

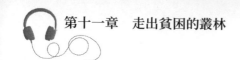

決心。這樣，自然會增強你的自信，使你發揮出潛在的力量，最終擺脫貧困，獲得驚人的成就。

如果一個人安於貧困，視貧困為正常狀態，不想努力擺脫貧困的狀態，那麼在身體中潛伏著的力量就會失去它的效能，他的一生便永遠不能脫離貧困的境地。

還有一些人，缺乏脫離貧困的自信，並把貧困視為他們自己的命運，那麼他們實在是沒有希望，除非他們能恢復已失去的自信，並擺脫甘受命運支配的思想。

一個美國一所著名大學畢業的年輕人，他說如果他父親一星期不供給他 20 美元，他就要挨餓。

這實在是一個沮喪的年輕人，他不相信他能做成什麼，他也嘗試地做過許多事情，盡遭失敗。他對自己的才能也沒有信心，他總是不相信自己所做的事業會成功，因此今天做這個，明天做那樣，終於一事無成。

貧窮本身並不可怕，可怕的是貧窮的思想，以及認為自己命定貧窮、必老死於貧窮的錯誤觀念。一旦處於貧窮的境地，就認為自己命定貧困，這實在是個絕大的謬誤。

如果你覺得目前自己前途無望，覺得周圍一切都很黑暗慘澹，那麼你應當立即轉過身回過頭，走向另一面，朝著希望和期待的陽光前進，而將黑暗的陰影盡數拋棄。

要迅速地斬除一切貧困的思想、懷疑的思想，忘卻腦海中一切暗淡、憂鬱的印象，而代之以光明的、有希望的和快樂的印象。

在偉大的世界裡，造物主為每個人都預備了美滿的結局，我們應該下定決心，集中精力，去努力爭取。爭取這美滿的人生結局是天賦的權利，有成千上萬的人因為能運用這種權利，能夠努力向前，終於脫離了貧困的境地。

# 節儉是財富的基石

　　節儉不僅適用於金錢的使用，而且也適用於生活中的每一件事。從明智地使用一個人的時間、精力，到養成小心翼翼的生活習慣，我們都要堅持這一原則。節儉意味著科學地管理好自己和自己的時間與金錢，意味著明智地利用我們一生所擁有的資源。

　　人類是所有文明的締造者，而節儉則是人類之友。厲行節儉將提升一個人的生命價值，改善一個民族的命運，它同時也維繫著一個民族的最高福祉。

　　羅斯貝利勳爵在論及節儉時提到：

　　所有偉大的帝國必須遵循的原則就是節儉。就拿偉大的羅馬帝國來說吧，它有歷史上許多方面都堪稱最偉大，它曾經一度雄霸世界。它曾因節儉而建國，然而當它陷於奢移浪費時，這個帝國就開始走向衰退和滅亡。又比如普魯士，它剛開始時只是位於北歐的一個小而狹窄的沙灘地帶上的小國。正如有人所說，從普魯士的地形到它全副武裝的居民，所有的這一切使得普魯士讓人咄咄逼人。正是腓特烈二世賦予了普魯士節儉的品格。他甚至透過近乎吝嗇的節儉手段斂聚了巨額的財富，建立起龐大的軍隊。節儉最終成為普魯士建立偉大基業的有力武器，今天的日爾曼帝國也由此而發軔。再比如法蘭西，在我看來，法蘭西實際上是最節儉的國家。我不知道法蘭西人是不是總把錢存在銀行，是不是也像其他某些國家一樣去計算有多少存款。然而在 1870 年這個災難的年頭過後，當法蘭西頃刻間被外國軍隊所擊敗，因幾乎賠款百遭受重創時，你知道發生了什麼事情嗎？法蘭西農民把他們多年的積蓄統統獻給了國家，居然在短得令人難以置信的時間裡付清了巨額賠款和戰爭費用。以上事例表明，羅馬和普魯士以節儉建國，而法蘭西以節儉救國。

　　節儉不僅是財富的基石，也是許多優秀特質的根本。節儉可以提升人的品性，它對人的其他能力的培養也大有助益。節儉在許多方面都是卓越不凡的標誌。節儉的習慣可以表明一個人的自我控制能力，同時也可表明

一個人不是其欲望和弱點的犧牲品，他能夠支配自己的金錢，主宰自己的命運。

　　一個節儉的人是不會懶散的，他有自己的一定之規。他精力充沛，勤奮刻苦，而且比那些奢侈浪費的人更加誠實。節儉是人生的導師。一個節儉的人勤於思考，也善於制定計劃。他有自己的人生規劃，也有相當大的獨立性。

　　如果你養成了節儉的美德，那就意味著你具有了控制自己欲望的能力，意味著你開始主宰你自己，意味著你正在培養一些最重要的個人特質，如自力更生、獨立自主、謹慎小心、深謀遠慮，以及聰明機智和獨創能力。換言之，它表明你已有了生活的目標，你已成為了一個非同一般的人。

　　一個作家在談到節儉時說：

　　節儉不需要超常的勇氣，也不需要超常的智力和任何過人的本領，它只需要你具有抵制自私地享樂欲望的能力。實際上，節儉不過是日常工作中的一種常識。它不一定要你有堅強的決心，只需要你有一點點的耐心和自我克制即可。養成節儉習慣的方法就是馬上開始履行節儉！自我克制者越節儉，節儉就變得越容易，他們為此所作的犧牲就能越快得到回報。

## 貧富相差一念間

　　這世上有無數的人在企求財富。他們非常希望能對自己說：「從現在起，錢財將再也不是我擔心的事了。」他們極欲擺脫錢的煩惱，不幸的是，雖然他們想盡各種致富的辦法，但最終卻是一場空。他們因此而變得灰心喪氣，認定自己注定不會成功致富。這些人為了能獲得使自己寢食無憂的經濟基礎而無所不為，卻不知唯一能改善他們貧困潦倒的現狀的是──先從改變自己的人生觀著手。

　　克萊門‧史東曾遇到這麼一個人，他的經濟情況十分窘迫，他的太太總是抱怨著自己有時都不敢去開門，因為上門來的都是些收帳要錢的。他

們的境遇確實令人灰心。史東將自己宣揚積極人生觀的著作給了這對夫婦一本，希望這本書能幫助他們突破某些想法。那位太太瞥了一眼說：「我不看這種東西，裡面沒什麼可看的。」而做丈夫的則說：「我要看！」結果，先生開始有了不同的想法，並逐漸展現出一種全新的面貌。不到一年的時間，這對夫婦就搬進了較高等的社區，傢俱全部更新，甚至還預購了一部新車。

史東並沒有給這位先生任何金錢上的資助。當然，就他當時的情況來看，錢對他一定有用。然而，錢只能暫時助他一臂之力。史東所做的是把他引導到正確的道路上，使他能運用積極、正確人生觀的力量來改善自己的經濟情況。這也正是其他想提高自己經濟能力的人所需要做的。如果不從根本想法上改變，你永遠別想改善經濟狀況。絕大部分的人都忘了一個基本道理：牙齒是由裡往外生長的。同樣的道理，想成功致富的人也應該從改變內在的人生觀著手，一旦你能改變自己的金錢觀，你的經濟狀況也將隨之改善。

凡事皆在一念，觀念的轉變，必將導致生活截然不同的局面，貧富的差異就在人生觀的一線之隔。只要你為自己選擇了一種正確的健康的「金錢觀」，那麼財富必將如約而至。

## ▌必有一條致富的道路適合你

成功的方法訣竅有很多，但有許多追求財富的人被同一個問題給絆住了：要怎樣才會知道哪一條是適合自己的致富之路呢？他們對於這件事極度關切，深恐選錯路徑。恐懼及不安全感是窮人的老調；而你，一個有創造力的生命體，在能力的發揮上是毫不受限的。要選哪一條路才會通向財富，這要依靠你自己。

在克萊門特·史東建立公司不久的一早上，他在芝加哥一幢辦公大樓挨門挨戶地推銷保險。在那幢大樓裡，當他向一位中年的房地產商出售一個保險時，這個房地產商問道：「你的公司在什麼地方？」

「南拉沙爾街 29 號。」史東回答說。

中午，當史東回到公司想看看有什麼信件時，發現那位房地產商顧客卻在那裡等著。而當房地產商發現史東這個 20 歲的推銷員同時也是經理時，向這麼年輕的人申請工作，他似乎有點出乎意外。

史東曾經決定在開業的第一年不雇用推銷員。因為他若把精力完全用在自己推銷上，可賺很多錢。而且要建立一個推銷組織要花去很多精力、鈔票和代價極高的推銷時間，當時史東不敢浪費其中任何一項。況且他自己推銷可以得到全部傭金，而雇用推銷員他只能得到總傭金的 1/3。因此，史東必須在雇用很多推銷員後，從推銷員身上抽取的傭金才會趕上他自己推銷所賺的傭金。

但史東還是接受了這位房地產商，讓他成為他的第一位推銷員。因為這位房地產商是一位有推銷經驗的人，而且他也是一位有品德的人 —— 一位推銷經理面試推銷員第一要注意的是品德。更重要的是，史東雇用他將只有獲利而沒有損失。後來證明史東的決定是正確的，因為這位推銷員跟他在一起打拚很多年，表現一直很好。

一位好的推銷員可能會受到激勵而自組公司，變為一個老闆。而在創業過程中，他可能會遇到三種情形：

第一：他缺少資金，但是他想依賴雇用的推銷員賺取生活。然而，由於業務上以及私人的開支遠遠超過他的收入，他欠債越來越多，最後破產了。這一切都是因為他糟蹋了自己的推銷時間和精力。這是條通往破產和失敗的道路。

第二：他有資金。他也是一名了不起的推銷員，把精力完全用在自己推銷上。他不用投資時間、精力和金錢來建立一個推銷組織，因此他只是一名拿推銷傭金的推銷員而已。他不會破產，但以作為一名推銷經理而言，他卻失敗了。對一家公司的老闆來說，這只是一條平平凡凡的道路。

第三：他欠缺資金，為了確保賺錢和有清償債務的能力，他自己推銷，只有當他能吸收人員的時候，才一次雇用一名新的推銷員。他建立

了一個組織，而當他的組織夠大的時候，他就把他全部的精力用在管理上面。

很明顯，第三種情形才是正確的。要想成功致富，首先必須清楚地意識到自身的形勢。

致富有捷徑嗎？當然有。捷徑的定義是：比一般過程更直接、更迅速達到某一特定目標的方法，它是比一般人所採用的更直接的一條路。而走捷徑的人明確自己的目的地，也知道哪一條路更直接。立刻動身，並且無論遭遇什麼困難和阻礙都繼續前進，他就會很快到達目的地。但成功致富的捷徑要根據你自身而定，絕不能無視現實、異想天開，否則你只能一輩子陷於貧窮。

## ▌錢是怎麼賺來的？

不管是從微薄的薪水中致富，還是借用別人的錢，要想成功致富，你必須先學會用自己的智慧去支配金錢。很多人抱怨自己的生命，對生活感到厭煩，覺得萬事都不如意，殊不知他們本身都賦有一種能力，能使生命再現新機。一旦你正視到這種能力的存在，並且開始加以運用，就能使生活完全改觀，使生活完全合乎我們自己的理想，煩惱不堪的生命會變得美滿快樂，失敗可以化為成功，一度為潦倒、貧乏所困的生活，可再現生機，怯懦可化為自信，挫敗的生活可變得豐富多彩。

無論你是擁有萬貫家財，還是身無分文，你都要首先意識到自己絕不能淪為金錢的奴隸，你要想成為自己生命的主宰，你必須做金錢的主人，用你的智慧支配你的金錢，才能創造更多的財富。

在加州海岸的一個城市中，所有適合建築的土地都已被開發出來，並予以利用。在城市的另一邊是一些陡峭的小山，無法作為建築用地，而另外一邊的土地也不適合蓋房子，因為地勢太低，每天海水倒流時，總會被淹沒一次。

一位具有想像力的人來到這座城市。具有想像力的人，往往具有敏銳

的觀察力。這個人也不例外。在到達的第一天，他立刻看出了這些土地賺錢的可能性。他先預購了那些因為山勢太陡而無法使用的山坡地。他也預購了那些每天都要被海水淹沒一次而無法使用的低地。他預購的價格很低，因為這些土地被認為並沒有什麼太大的價值。

他用了幾噸炸藥，把那些陡峭的小山炸成鬆土。再利用幾臺推土機把泥土推平，原來的山坡地就成了很漂亮的建築用地。另外，他又雇用了一些車子，把多餘的泥土倒在那些低地上，使其超過水平面，因此，也使它們變成了漂亮的建築用地。

他賺了不少錢，是怎麼賺來的呢？

只不過是把某些泥土從不需要它們的地方運到需要這些泥土的地方罷了，只不過把某些沒有用的泥土和想像力混合作用罷了。

那個小城市的居民把這人視為天才；而他確實也是天才 —— 任何人只要能像這個人這樣地運用他的想像力，那麼，他也同樣可以成為一位天才。

靈魂的創造力，是每個人自己的財富，是你在這個世界上唯一能夠絕對控制的東西。

## ▌勇敢探尋你的致富之路

思考致富的提倡者，同時也是暢銷書作者拿破崙·希爾（Napoleon Hill）在《思考致富》一書中說道：「大多數人之所以會失敗，就是因為他們不會持之以恆地想辦法來克服失敗。」假如這個還是不行，就再換一個，直到你找到有效的辦法為止。百萬富翁麥可·塔德說道：「我常常會破產，但從未嘗過貧困。」記住，「貧困」和「窮苦」只是一種心理狀態。

恐懼和不安全感會讓貧苦將你的潛意識吞噬掉。把失敗的恐懼拋之腦後，無所謂失敗，只有遲來的成果。短暫的失敗表象沒關係，繼續下去。你可能聽過這句話，但現在是實踐它的時候：半途而廢者從來沒有贏過，而一個贏家絕不半途而廢。

　　你可能在任何一項投資中輸掉錢財，這也就是你在玩金錢遊戲時可以抓住的機會。假如你能在每次輸贏中學習到一點東西，便可以反敗為勝。多數人一輩子都在重複犯同樣的錯。把每一次的錯誤、失敗，都當成寶貴的學習經驗，並且小心，絕不要重蹈覆轍……那麼你的每筆投資都會有某種程度的成功。

　　接著，就是要提供一些有創意的想法，好來擴大你的思考範圍。這些可以幫助你的意志，將你帶向成功，同時激勵你創造力的心志。

　　人們常常說，人腦的功能和一部電腦非常相似。經過稍加調整後的頭腦 —— 我們比喻成活電腦，會了解如何能更恰當地控制你的潛能。

　　電腦自動運行並利用所儲存的資訊，對或錯的資訊對它來說並不要緊 —— 而你的活電腦也是如此。根據儲存的資料（記憶），它有系統地調節你在生活中所做的決定。不管是決定要吃一碗紅辣椒、投資股票市場，抑或開始一段新關係，這個調節器會幫助你決定這個想法是愚蠢的還是個可利用的好機會。

　　你絕大多數的金錢與財富問題都基於一個事實：你的資料庫（頭腦）儲存了錯誤或是不完整的資訊。因此，當你的意志利用你頭腦所儲存的資訊，來作決定或是解決關於你的未來的問題時，這些錯誤的資訊會令你的思想誤入歧途。然而，從現在開始，你可以改變這個不自覺的惡性循環。

## ▌別讓財富從自己的手中流失

　　我們都在尋找著可以讓我們擺脫貧困的財富，有的人甚至希望能得到傳說中的搖錢樹、聚寶盆，讓自己一夜暴富。其實有些時候，財富就在我們手中，只不過被我們隨意地丟掉了。

　　亞歷山大大帝圖書館遭焚的時候，有一本書倖免，但由於不是什麼很貴重的書，因此，沒有人太在意它。一天，有一個窮人偶然見了這本書，稍事閱讀一下，便花了幾個銅板買了這本書。書本身並不是很有意思，只是書頁裡面夾著一樣非常有趣的東西 —— 一張薄薄的羊皮紙，上面寫著

「點石成金」的祕密。

　　所謂的「點石成金」是指有一塊小圓石，能把任何普通的金屬變成純金。小紙片上記載著：這塊奇石在黑海岸邊可以找到，但是奇石的外觀跟岸邊成千上萬的石頭沒什麼兩樣，關鍵在於：奇石摸起來是溫的，而普通的石頭摸起來則是涼的。於是這個窮人變賣了幾樣家當，帶著簡單的行囊，就此露宿於黑海岸邊，打算開始撿石頭。

　　他知道，如果把撿來的石頭隨手就扔掉的話，那麼很可能會一再重複撿到已經試過的石頭，而把真正的奇石漏了。所以，每當撿起一塊涼的石頭，他就往海裡扔。一天過去了，沒有一塊石頭是溫的。一個禮拜也過去了，跟著一個月、一年、三年……他還是沒有找到奇石。然而他毫不氣餒，繼續再撿、再扔……

　　有一天早上，他撿起一塊石頭，是溫的，但他仍然往海裡一扔。他已經養成了往海裡扔石頭的習慣，這個動作太根深蒂固了，以致夢寐以求的寶貝已經出現，他仍然隨手就把它扔了。

　　在一生之中，有多少次財富來臨時，我們竟未能及時看清；有多少次財富在我們面前錯過，只因為我們對它視而不見，以致它那樣真切地在我們眼前出現過，在我們手中停留過，卻又在我們不經意間錯失。

　　我們踏遍世界尋找的財富，也許就在我們手中，我們所該做的就是好好把握，絕不再錯失良機。

　　財富就像是一把雙刃劍，它會給正直善良的人帶來好運，而對於那些貪婪的人，財富往往是惡運的開始。所以在我們追尋財富之路上，必須首先明確擁有財富對我們來說意味著什麼。這樣，我們才不會被金錢迷失真正的本性，才不會流失自己手中的財富。

# 第十二章
# 如何面對孤獨

## 孤獨是人類的自然本性

有時候我們免不了會感到孤獨，這是人類的自然本性。但是，極度的孤獨或長期的孤獨 —— 與他人遠離隔絕，卻是失敗的象徵。

這類孤獨的形成，是由於與生活隔離、與真實生活遠離。遠離真實生活的人，將自己與生活的基本「接觸」完全隔開。孤獨的人時常製造惡性循環。因為他感到自己的孤立，所以人際的接觸並不能使他滿意，甚至使他成為社會的「隱士」。這樣一來，他切斷了自我發現的途徑，使自己孤立於與人相處的社交活動中。

大家一起享受，一起做事，可以幫助我們忘掉自己。在興奮的談話、歌舞、玩牌。

## 主動走進人群

孤獨是一種保護自己的方法，但與人接觸 —— 特別是感情的關係 —— 卻也因此而斷絕了。它是保護理想的自己以避免暴露、受害、受辱的一種方法。孤獨的人雖害怕人，但又時常抱怨沒有朋友、抱怨沒人跟他為伍。在大多數的情況下，他各種悲觀的態度使他不經意地用孤獨的方式來處理事情。他要別人來找他，要別人採取第一步的行動，要別人知道他有抱負，卻不認為自己應該主動對社會有所貢獻。

不要顧慮自己的情緒，而要強迫自己加入人群。剛剛加入人群，也許

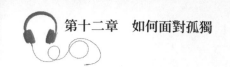 

會覺得「冷」，但是你持續下去就會發現自己熱烈起來而且顯得愉快。

　　培養社交的技巧，可以增添他人的快樂，如跳舞、橋牌、彈鋼琴、打網球、聊天等。一個古老的心理學公理告訴我們：經常暴露在懼怕的事情下，可以免於懼怕。孤獨的人要是常常強迫自己與別人建立社交關係 —— 主動地，不是被動 —— 他會漸漸覺得大部分的人都是友善的，而且發現自己也受人歡迎。他的害羞、膽怯會慢慢消失得無影無蹤，在別人面前敢會感到更加泰然自若。

## 享受孤獨的時刻

　　如果你能享受獨處的時刻，那麼你找朋友的意圖將完全出之於真心，而非軟弱。你打電話給朋友約他吃晚飯，只因為你想著他，而不是因為你無法忍受一個人單獨吃飯。你的朋友會覺得你真心地喜歡他、看重他，而不是只想依賴他。你將變得更可愛 —— 對那些想找個真心朋友，而不是找個比他更脆弱的朋友的人而言。

　　練習一個人自處。如果你已經習慣和另一個人在一起的話，剛開始打破這個習慣可能會使你覺得不舒服。如果你覺得不愉快的話，就探測自己的感覺。你為什麼一直盼望電話鈴響呢？你是否擔心自己和某人的關係？你是不是討厭自己？如果這樣的話，你可以找點事做做 —— 和你關心的朋友聊聊天，或開始實行一項有創造性的計畫 —— 以克服獨處時的恐懼。但不要覺得獨處的時候，一定得做點有「建設性」的事情，才能掩飾單獨一人的怪異行為。如果你願意給自己一點機會 —— 譬如一個月裡找一、兩個下午獨處，你將更能享受獨處的樂趣。

## 學習如何自處

　　這可能是最令人驚訝，也最有用的建議。

　　但它真的讓人這麼驚訝嗎？想想看：如果你和自己都不能好好相處的

話，還能期望別人什麼呢？換句話說，如果你知道怎麼為自己分配時間的話，別人一定會意識到你這種強勁的力量。

很多人都害怕孤獨。他們不知道自我創造的後果，所以犯了極大的錯誤——認定自己絕對不能孤單。他們每一次盡量讓自己避免孤單的時候，都讓自己再度感受到恐懼的侵襲。恐懼什麼呢？就像某人說的：「我單獨一個人的時候，簡直覺得自己一無可取。」

許多人都有同樣的恐懼。也許你喜歡和一些朋友聚在一起，在電話中聊上半天，或偶爾探問人家的私事，或在別人忙的時候堅持要去看他。或在團體裡太注意自己，好像怕別人看漏了你或忘記你似的。你可能會要求別人幫你做一點小事，以確定別人真的喜歡你。很多人都這麼做，結果卻愈來愈不喜歡自己，別人也覺得他不成熟。無法自處，往往使你顯得有點幼稚。

## ▌充實自己的內在

越沒有安全感，便越會表現「異常行徑」，藉以引起注意。

有的人表面威風凜凜、脾氣暴躁，或好勇鬥狠，凶殘暴戾，甚至加入各種「小團體」或幫派。其實，任何帶有「攻擊性」的行為模式，只是凸顯其內在的惶恐與焦慮，並且，只會帶給自己更大的挫敗感與孤寂感而已。

肯定型的人，因擁有足夠的安全感，而不會刻意扮演弱者，企圖博得憐愛；也不必處處表現強者，以便壓制他人。

每一個人都需要有足夠的安全感，並清楚生命的支撐點，不能局限在偏激的一點上，必須越豐富、越寬廣。

有的人只仰仗財富；有的人只依賴愛情；也有的人只追逐權勢。而這些在虛幻的歲月中，常經不起一擊。

如果我們稍加觀察周圍那些沉著、穩定、鎮靜、樂觀的人，他們都會

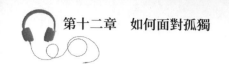

在生活中一點一滴地堆砌安全感，並拓展其豐富的層面，期使生命的支撐，由「點」成為「面」，讓自己站得更穩。

肯定型的人，會隨時檢驗、磨練自己在生活中的獨立自主性。

因此，在非肯定型的人際互動中仍能「進出自如」，不受感染或擺布。

具有肯定型性格的人，不會與非肯定型性格的人同病相憐，日夜唉聲嘆氣，更不致處處散播「低迷資訊」，影響氣氛。

當然，也不會與攻擊型的人一樣作威作福，存心操縱、吃定那些非肯定型的人，更不致對攻擊型的人凡事委曲求全、盲從附和、甘願受制；抑或魯莽衝動、喪失理性，結合成「問題小團體」，視製造人際紛爭為生活樂趣。

肯定型性格的人，在不斷的自我覺醒中，絕不讓自己跌入「病態共生」的神經質依附關係。

期待別人的掌聲，會讓自己活得非常辛苦。

因為，掌聲總是有停止的時候，更何況，有時候根本就沒有任何掌聲。

因此，不要活在別人的掌聲中，而要活在自己的掌聲中。

肯定型性格的人非常清楚：

「凡事無法令每一個人都滿意！」

「自己就是再如何付出，別人也會有不同的聲音！」

「肯定型的人了解人生最重要的，就是「盡自己最大的努力」。在心理上，他會告訴自己：

「能夠得到別人的肯定，是最好，但是，如果不能夠的話，『我還是可以好好地活下去！』」

人非常脆弱，很容易受到傷害，也很容易被擊倒。但是，具有自我肯定型性格的人強調：

不斷堆砌足夠的安全感，跳出與非肯定型或攻擊型的「病態共生」，

並且，勇敢地自我確認。

　　如此，才能擁有強大的生存力量，使自己活得更為成熟、獨立、自主。

## 不要害怕獨立

　　不要以為只有處在困難無助的情況中才能引起別人關切。不觸發別人的同情憐憫，他人根本不會理你。

　　這種想法也不盡然荒謬無稽。許多人發現，他們的父母只有在他們生病或陷於困境時才表示同情，而他們堅強自立時，父母卻躲得遠遠的。這很令人難過，但總比你成功了父母表示讚許，你有困苦他們不理你要好得多。然而，別人怎麼待你不及你怎麼對待自己重要，對你自尊心的影響也不那麼大。依自我創造的原理，假如你相信只有在你軟弱時別人才注意你，那麼，就會對成就恐懼，因而妨礙自己。

　　成功之後的確會有些寂寞感，假如你因此掩飾自己的能力，盼望別人施與同情，你現在的處境必然比你追求到成就之後還要孤獨。結交那些認為你可以的人，那些不借著你無能顯出他們比你能幹的人。在你逐漸變得有信心之後，會有某些人疏遠你，可是被你吸引的人更多。你交往的圈子會發生質的變化，相處的人都是為友誼而來，不是為了相互求得保護。

## 學習承受失敗

　　既然你已花了不少時間觀看運動比賽，現在想想失敗的本質。先回想以前參加運動比賽或賭博場合的時刻、同時有許多競爭者的求職經驗、交男友或女友的情形。你可能跟大多數人一樣，曾在玩紙牌、下棋或跳房子等遊戲中輸過不少次。你當時的感覺如何？你如何承受失敗？

　　失敗到底是什麼意思？你推動了什麼？許多人在學習上有障礙，所以就很難去愛，因為他們不知道如何承受失敗。他們認為失敗是很個人的

事，好像天底下只有他們會發生這種情形似的。比賽的人難免有輸的時候；如果你想在人生的任何領域發奮圖強，就遲早都要面對失敗。學習如何承受失敗並且設法自覺已有所成，就是把重點放在你所做的努力上，自己告訴自己，你已盡了力。

有時候你不必再去想該有的回報。重要的是你有夢，你有全身投入的熱誠，而且雖然為了達到所欲而殫精竭慮但仍不失自尊。不要想事情的結果。如果你足夠努力，一定會有某種成就。愛迪生曾說他不得不發明電燈泡。因為他別的事都已失敗了。

如果你懂得承受失敗，你就會諒解愛的本質，因為愛就是要有欲望，要冒險，要受到傷害，要全心投入並且不論後果如何都覺得非常美妙。記得一個 20 多歲再度墜入愛河的年輕人，曾把神魂顛倒的情形告訴一位摯友，摯友問他的感情是否會得到相同的回報，

年輕人回答說不太確定。摯友於是說：「不管是贏是輸，你都贏定了。」

我們永遠都不要忘記這句話。就某件事而言，我們是輸了。我們是輸了，但事實上我們贏了。怎麼說呢？因為我們曾經愛過，我們贏的是曾經歷的那種感情，而不是回報的有無。

## ▌豁達人生

幸福的人只記得一生中滿足之處，不幸的人只記得相反的內容。

炎熱的夏天，禪院的草地枯黃了一大片。「快撒點草種子吧！好難看啊！」小和尚說。

「等天涼了。」師父揮揮手：「隨時！」

中秋，師父買一包草籽，叫小和尚去播種。

秋風起，草籽邊撒、邊飄。「不好了！好多種子都被吹飛了。」小和尚喊。

「沒關係，吹走的多半是空的，撒下去也發不了芽。」師父說：「隨性！」

撒完種子，跟著就飛來幾隻小鳥啄食。「要命了！種子都被鳥吃了！」小和尚急得跳腳。

「沒關係！種子多，吃不完！」師父說：「隨遇！」

半夜一陣驟雨，小和尚早晨衝進禪房：「師父！這下真完了！好多草籽被雨衝走了！」

「衝到哪裡，就在哪裡發！」師父說：「隨緣！」

一個星期過去了。原本光禿的地面，居然長出許多青翠的草苗。一些原來沒播種的角落，也泛出了綠意。

小和尚高興得直拍手。

師父點頭：「隨喜！」

隨不是跟隨，是順其自然，不怨懟、不躁進、不過度、不強求。

隨不是隨便，是把握機緣，不悲觀、不刻板、不慌亂、不忘形。

不要幻想生活總是那麼圓圓滿滿，也不要幻想在生活的四季中享受所有的春天，每個人的一生都注定要跋涉溝溝坎坎，品嘗苦澀與無奈，經歷挫折與失意。

在漫漫旅途中，失意並不可怕，受挫也無需憂傷。只要心中的信念沒有萎縮，只要自己的季節沒有嚴冬，即使風淒厲冷，即使大雪紛飛。艱難險阻是人生對你另一種形式的饋贈，坑坑窪窪也是對你意志的磨礪和考驗。落英在晚春凋零，來年又燦爛一片；黃葉在秋風中飄落，春天又煥發出勃勃生機。這何嘗不是一種達觀，一種灑脫，一份人生的成熟，一份人情的練達。

這種灑脫人生，不是玩世不恭，更不是自暴自棄，灑脫是一種思想上的輕裝，灑脫是一種目光的朝前。有灑脫才不會終日鬱鬱寡歡，有灑脫才不覺得人生活得太累。

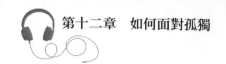

　　懂得了這一點，我們才能挺起剛勁的背脊，披著溫柔的陽光，找到充滿希望的起點。

　　一個人的性格，往往在大膽中蘊涵了魯莽，在謹慎中伴隨著猶豫，在聰明中體現了狡猾，在固執中折映出堅強，羞怯會成為一種美好的溫柔，暴躁會表現一種力量與激情，但無論如何，豁達，對於任何人，都會賦予他們一種完美的色彩。

　　一般認為，豁達是一種人生的態度，但從更深的層次看，豁達卻是一種待人處事的思維方式。

## 豁達 = 承認真實

　　有一個人，他的性情並不開朗奔放，但他對待事情幾乎從不見有焦慮緊張的時候。這並不是他好運亨通。細細觀察體會，會發現他有一些與眾不同的反應方式：比如，他被小偷扒走了錢包，發現後嘆息一聲，轉身便會問起剛才丟失的身分證、工作證的補辦手續。有一次，他去參加電視臺的知識大賽，闖過預賽、初賽，進入複賽，正洋洋得意，不料，卻收到了複賽被淘汰的通知書。他發了幾句牢騷。中午，卻興致勃勃地又拜師學起橋牌來。

　　這些，反映出他的一種很本能的思維方式，那就是承認事實。事實一旦來臨，不管它多麼有悖於心願，但這畢竟是事實。大部分人的心理會在此時產生波動抗拒，但豁達者，他的興奮點會迅速地繞過這種無益的心理衝突區域，馬上轉到接下來該做什麼的思路上去了。事後，也的確會發現，發生的不可再改變，不如做些彌補的事情後立刻轉向，而不讓這些事在情緒的波紋中擴大它的陰影。這堪稱是一種最大的心理力量。

## 豁達 = 趨利避害

　　豁達的人，每每是樂觀的人。而所謂樂觀，按照某位哲人的說法，就

是樂觀的人與悲觀的人相比，僅僅是因為後者選擇了悲觀。

　　豁達的人在遇到困境時，除了會本能地承認真實，擺脫自我糾纏之外，他還有一種趨利避害的思維習慣。這種趨利避害，不是為了功利，而是為了保持情緒與心境的明亮與穩定。這也恰似哲人所言：「所謂幸福的人，是只記得自己一生中滿足之處的人；而所謂不幸的人，是只記得與此相反的內容的人。」每個人的滿足與不滿足，並沒有太多的區別差異，幸福與不幸相差的程度，卻相當巨大。

## 豁達 = 自嘲自解

　　觀察分析一個心胸豁達的人，你往往會發現，他的思維習慣中有一種自嘲的傾向。這種傾向，有時會顯於外表，表現為以幽默的方式擺脫困境。自嘲是一種重要的思維方式。每個人都有許多無法避免的缺陷，這是一種必然。不夠豁達的人，往往拒絕承認這種必然。為了滿足這種心理，他們總是緊張地抵禦著任何會使這些缺陷暴露出來的外來衝擊。久而久之，心理便成為脆弱的人。一個擁有自嘲能力的人，卻可以免於此患。他能主動察覺自己的弱點，他沒有必要去盡力掩飾。從根本上來說，一個尷尬的局面之所以形成，只是因為它使你感到尷尬。要擺脫尷尬，走出困境，正面的迴避需要極大的努力，但自嘲卻為豁達者提供了一條逃遁出去的輕而易舉的途徑 —— 那些包圍我的，本來就不是我的敵人。於是，尷尬或困境，就在概念上被取消了。

## 豁達 = 遊戲精神

　　豁達也有程度的區別，有些人對容忍範圍之內的事，會很豁達，但一旦超出某種極限，他就會突然改變，表現出完全相異的兩種反應方式。最豁達的人，則具有一種遊戲精神，將容忍限度擴大。有這樣一個故事：一個身經百戰、出生入死、從未畏懼之心的老將軍，解甲歸田後，以收藏古

董為樂。一天，他在把玩最心愛的一件古瓶時，不小心差點脫手，嚇出一身冷汗，他突然若有所悟：「為什麼當年我出生入死，從無畏懼，現在怎麼會嚇出一身冷汗？」片刻後，他領悟了 —— 因為我迷戀它，才會有憂患得失之心，破了這種迷戀，就沒有東西能傷害我了，遂將古瓶擲碎於地。

豁達者的遊戲精神，即是如此。既然他把一切視為一種遊戲，儘管他同樣會滿懷熱情，盡心盡力地去投入，但他真正欣賞的，只是做這件事的過程，而不是目的 —— 遊戲的樂趣在於過程之中。那麼，他也就解脫了得失之心的困擾。

## ▌超越痛苦

有一隻兀鷹，猛烈地啄著村夫的雙腳，將他的靴子和襪子撕成碎片後，便狠狠地啃起村夫雙腳來了。正好這時有一位紳士經過，看見村夫如此鮮血淋漓地忍受痛苦，不禁駐足問他，為什麼要受兀鷹啄食呢？

村夫答道：「我沒有辦法啊。這隻兀鷹剛開始襲擊我的時候，我曾經試圖趕走牠，但是牠太頑強了，幾乎抓傷我臉頰，因此我寧願犧牲腳。呵，我的腳差不多被撕成碎屑了，真可怕！」

紳士說：「你只要一槍就可以結束牠的牲命呀。」

村夫聽了，尖聲叫嚷著：「真的嗎？那麼你助我一臂之力好嗎？」

紳士回答：「我很樂意，可是我得去拿槍，你還能支撐一會兒嗎？」

在劇痛中呻吟的村夫，強忍著撕扯的痛苦說：「無論如何，我會忍下去的。」

於是紳士飛快地跑去拿槍。但就在紳士轉身的瞬間，兀鷹驀然拔身衝起，在空中把身子向後拉得遠遠的，以便獲得更大的衝力，如同一根標槍般，把牠的利喙刺向村夫的喉頭，深深插入。村夫終於等不及地撲死在地了。死前稍感安慰的是，兀鷹也因太過費力，淹溺在村夫的血泊裡。

卡夫卡的寓言，大部分並不好懂，這是一個稍可以加以詮釋的小故事。你會問：村夫為什麼不自己去拿槍結束掉兀鷹的性命，寧願像傻瓜一樣忍受兀鷹的襲擊？兀鷹只是一個比喻，它可以象徵縈繞人生的內在與外在的痛苦。

其實，任何一個凡人，都會不知不覺地像村夫一樣，沉溺於自己臆造幻想中，痛苦得不能自拔，甚且，「愛」上自己的痛苦，不願親手揮掉它，儘管是舉手之勞而已。卡夫卡另有一段格言，正是深明人身種種苦痛的洞徹哲理：「人們懼怕自由和責任，所以人們寧願藏身在自鑄牢籠中。」所以，村夫與他臆想的痛苦（兀鷹）同歸於盡。然而這個寓言也悄悄地告訴我們：不要等待別人解決你的苦，只要願意，你可以超越它，槍斃了你的痛苦。

卡夫卡一直在教人們，以毅力、決心與愛心解脫人身痛苦，以體會進入人生更高境界的快樂。

## 愛是穿越死亡的鑰匙

有一篇文章說：「人在學會死亡後，才學會過人生。」

的確，人們總是自認自己知道有一天將會死亡，也向人說他們能夠平心地去了解、接受。但你相信嗎？這都只是人們的自欺欺人罷了，其實說這些話的人，他們只著重在「我知道死亡這件事」，內心卻總希望這一天不要來到；常憂心自己不知道哪一天會死亡的那些人，他們花費太多時間煩惱、害怕生命旅程的盡頭，而忘了生命正一點一滴地流逝。

假設在你的肩膀上停有一隻鳥，這隻鳥每一天都在提醒你時間不多了，你將會死亡……那麼，這個人到死，都還是沒學會什麼叫人生；因為他每天只會想著「我會死、我會死……」而放棄在還活著的這段期間內，做許多有意義的事。

何必呢？既然每個人都隨著自然界的循環出生、成長、衰弱、終至老死，為什麼要花時間去意它？古人說「生死有命」，那就表示人一生要活

多久，上天早就為你安排好了，根本輪不到你去煩惱這件事！那麼，未來會不會死，那都是未來的事，我們不能去預測、更別提異想天開地想去防止它的到來；我們唯一能做的，就是珍惜每一天、每一分、每一秒。回憶過去一秒所發生的點滴；留意這一秒所遇到的驚奇；期待下一秒將來到的感動。

這樣的人生真是豐富啊。每一天，都處在為發現新世界所付出的忙碌中；如果每個人都學會死亡的不可預知，就會在不知不覺中學會了妥善利用生命的每一刻、珍惜身旁的每一個感動。你會漸漸地發覺，你所未曾去注意的事竟是如此的美好；也會領悟到，原來，燃燒生命，讓它的火花充滿在每一個角落竟是如此地耀眼，即使它只停留短暫的瞬間。

借著死亡，我們看到的不只是生命的脆弱，人性的醜陋，也看到了光明的一面 —— 人生的美好，這一生，是無法用物質去估算的；這一生，是無法再重來的；這一生，是獨一無二、無可替代的！

然而，學會死亡並非易事，應該說……這是人類無法突破的瓶頸，因此，你並不用真的必須學會死亡才能享有人生，只要你自認活得快樂、了無憾恨，沒有浪費，那，你就找到比 —— 先學會死亡才學會人生 —— 更快的自我提升的快捷方式了。

「人在學會死亡後，才學會過人生」？有必要「學會死亡」嗎？好好把握當下不是更有意義、更重要嗎？

生命中最艱難的時刻，當非所愛的人離開人世莫屬。再多的不捨、不甘、不願，都無法挽回生命的逝世。再多的未曾說出的話語、未曾表露的情感，再多未竟的夢想，也都不再有任何表達的機會。面對這樣最巨大的傷痛時，放棄和放下，仍然是唯一能夠穿越的鑰匙。

無論有再深刻的悲痛、再多的不捨，就讓它隨著淚水傾瀉、流淌。然後輕輕地、帶著滿滿愛地放開它。

當我們勇敢而坦誠的接納心碎後的痛苦，再生的力量，以及對於生命不同的視野，才會從傷口之間進來。於是溫暖的回憶，與往前開展的新生

活會同時存在我們的身上。

放棄和放下不代表全然的遺忘。心裡面那塊將永遠空著的位置，是我們與遠逝的所愛連繫的地方，也是一片源源不絕的泉源，讓我們再向前前進時，擁有更豐沛、溫暖的力量。

## 放輕一個人時所面對的苦難

每個人一生中都難免有低潮 —— 孤單一人、還不起債務、失業、失去心愛的人。這時我們常懷疑自己是否能撐到下個星期，但到頭來畢竟還是撐過去了。

失去對前途的信心，把未來看得比實際更糟，是常有的事。瞻望將來，可能覺得處處埋伏著危機，簡直不知該如何生活下去。

一個準備出外旅行一天的人，應該不至於蠢到想要帶足一輩子的口糧吧！所以那些把以後 25 年的煩惱都扛在心頭，卻想不明白日子為何如此難過的人，是不是也很奇怪呢？我們生來一天就只有 24 小時，一秒鐘也不多，今天就擔心明天的苦惱，實在毫無意義。

下次你覺得絕望的時候，應該先自問：「我有沒有足夠的空氣可供呼吸？有沒有足夠的食物讓今天不至於挨餓？」

（如果答案都是「有」，情況就不能算壞了。）

我們常忘記生活中最迫切的需求已經得到滿足的事實。有一次，一個人打電話找心理教授求助。

他說：「一切都完了，我完蛋了。我沒有一分錢，我失去了一切。」

教授問：「你眼睛還看得見嗎？」

他說：「看得見呀。」

教授問：「你還能走路嗎？」

他說：「還能走呀。」

教授說：「你還能打電話，可見你還聽得見。」

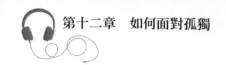

「沒錯，我聽得見。」

教授說：「那麼，我相信你所有的一切都還在，你唯一失去的不過是錢罷了。」

我們可以再問自己一個問題：「情況會糟到什麼程度？如果最壞的事發生了，我還會有命嗎？」我們往往犯了過分誇大的毛病。有些情況，很可能會引起相當大的不便，卻絕不等於世界末日。

接下來的問題是：「我是否把自己看得太重要了？」你是否曾經為一件朋友根本不會放在心上的事，失眠一整個星期呢？這大多是因為我們太重視自己。我們以為全世界都在注意我們，其實不然。而且，即使全世界都在注意你，又怎麼樣？無論如何，你都會以你所知道最好的方式過你的生活。

接著的問題：「我能從這種情況中學會些什麼？」從反省或事後的聰明中，我們通常都可以學到一些東西，但是，要在受苦的同時，保持心理平衡與高度警覺，並從中學習或理解受苦的原因，可就沒有那麼容易了。最快樂的人都可把困境轉變成極具價值的學習經驗。他們一直把頭抬得高高地，保持微笑，他們知道情況早晚會改善，自己會通過考驗，成為更好的人。不過，這種事說的可比做的容易得多了！

最後一個問題：「如果情況真的很嚴重，我是否還撐得過五分鐘呢？」一旦熬過五分鐘，你可以以再支撐五分鐘當作下一個目標。一點一點地度過，會比較省力。同時，盡量保持忙碌，替自己找一件五分鐘可以做完的工作，投入全部精力。忙碌的時候，我們會覺得好過得多。

對自己感到滿意最好的方法，或許就是替別人做一些事。過度的擔心與自憐，多半是因放太多心思在自己身上而產生的。你若轉而設法給別人快樂、送他們鮮花、幫助他們整理花園、花時間陪陪他們，你也會好過起來！這完全是一種自然而然、單純而美好和經驗。

如果一次只處理一小部分，災難的嚴重性就會緩和得多。同時，如果我們把不愉快的經驗當作學習的機會，面對它也會變得容易些。

# 第十三章
# 如何走出陰霾

## ▎平心看待過去

　　你最應該摒棄的，就是不要讓以前發生的事干擾現在的生活，因此，你至少得用一種中庸的態度看過去。這樣做，並不是要你忽視已發生之事。如果你在情場失意，如果你覺得你在愛情上運氣不好，你就得從那裡著手。假裝事情沒發生過，或假裝事情完全不影響你，是於事無補的。否認過去並不會把過去一筆勾銷。

　　在此同時，如果你想再接再厲，而且想盡可能得到愛，那麼，你更要以正面的眼光看待過去，也就是說，設法弄清楚已發生之事，並把它當成一個可學習的經驗。一再想到自己的失敗，只會使你將來再度失敗。如果你曾經交往的女人雖有趣但不可靠，或你曾交往的男人雖英俊但沒有感情，你就要設法看看自己必須從這些人或這些情況中學些什麼。選那樣一位沒有感情的伴侶，是否反映自己的矛盾？你當時真的準備與那樣的人發生感情關係嗎？

　　過去是你的老師，是你已有的活生生的老師。即使你並不自知，但已發生的根本就不是你所要的。讓自己參與沒有成功的關係，等於讓自己有機會學習——即使所學到的與這個人，或這段關係無關。如果你曾經選擇會控制你的人，或許你就必須學習堅持自己的立場。你要看看這段關係結束之後，你如何改變，你如何看待自己、別人以及人生。

　　平心看待過去，是一種健康且正面的態度，可以顯示自己的獨特；可以讓你了解，不管什麼選擇，畢竟是自己的選擇，而到頭來，你自己也是

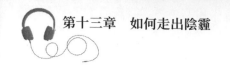

可以從中學習的人。

## ▌掙脫自毀的衝動

　　人的心理活動，潛藏著兩股勢力：其一是面對真實，是刻苦和成長的動力；其二是自暴自棄，是傾向於毀滅自己的衝動。這兩種力量同時存在，互為消長。當我們克服困難，建立積極、主動的態度時，毀滅的衝動就漸漸式微，甚至被轉化成正向的精神力量。這是人類精神生活得以提升和成熟的轉機，而愛和智慧就是那精神力量的光環。

　　相反地，當毀滅的衝動擴大，消極的特質增多，積極性和創造性被壓抑下來時，沮喪、頹廢和暴力就逐漸擴張，悲劇和暴戾之氣就明目張膽地出現。這是邪惡的傾向，是精神生活的惡魔。心理學家佛洛伊德把它叫作死的本能，而宗教把它稱為魔鬼。

　　心靈生活中，一直是兩種力量互相傾軋。你若不提高警覺，尤其在遭遇挫敗的時候，邪惡的消極想法就會乘勢竄起，一時覺得情緒惡劣，前途悲觀，嫉惡如仇的想法也容易出現。

　　我們應時時保持警覺，看清這兩種力量的消長，掌握自己正確的思考、行動和觀念，才不致被挫敗的大浪捲走。心理學家布蘭德曾說：「任何人都會在不警覺時墮落，能立志不墮落的人，實在難得。」

　　人就生活在求生存與自我毀滅兩個勢力之間，精神分析學上稱它叫生的本能和死的本能。我們只要把握光明的一面，用愛、意志和智慧的力量，就能走出陰霾，迎向光明的未來。

　　幾年前，有一位年輕人，來找心理教授，他憂愁沮喪，痛苦非常。他說：「我的經濟情況不好，女朋友的父母親不怎麼贊成我們的婚事；我覺得很沒有尊嚴，所以決心離開她。」心理教授很仔細地聽他的傾訴，確切地問他：

　　「你是說她父母不太贊成？或者壓根反對到底？」

「沒有那麼強烈，只是不很支持我們的婚姻。」

「不很支持，只是沒有肯定地表示支持，這不能解釋成他們全然反對。如果一定要結婚，他們還是會同意的，不是嗎？」

「老師，他們不贊同，表示他們瞧不起我，令我很沒面子，這使我覺得痛苦。現在，我正陷入結婚或分手的掙扎之中。」談到這裡，他的消極思考特質，已然暴露無遺。如果不設法改變他的錯誤思想，他有可能決定離開女朋友。而他深愛他的女友，這一來，她會被自毀性的失戀所困。另一方面他的自尊將永久受損，這會使他振作不起來。於是教授問他：

「你們兩個人深深地相愛嗎？」

「是的，我愛她，她也愛我。」

「你們的戀愛和她父母親不支持的態度，是同一回事呢？還是兩回事？」

「有些關係，但應該是兩回事。」

「那麼要把兩件事分別來思考。首先，要積極鞏固你們的愛情，要有共同的目標和希望，這樣才會快樂，才有信心去面對那些困難。其次，她父母親不太支持，並不見得反對你們結婚，如果你們的愛情堅固，他們是可以被說服的。」心理教授接著分析說：

「請注意，不要把美好愛情和自尊受挫混淆在一起。你的痛苦和沮喪，源自沒有把這兩件事區隔開來處理，你已經和女朋友為這檔事鬧得愁雲慘霧了嗎？」

「我正想疏遠她，但還沒有著手。」

「你若離開她，你想她會有什麼感受？你又會有什麼感受？」

「她會很痛苦，我也會。但痛苦一段時間就好了，她可以找一位他父母親看得起的人結婚。」於是心理教授針對他的想法做了以下的引申：

「你是說，為了沒有得到她父母充分的支持，你就背棄了她？你認為你的愛情是可以找一位她父母親看得起的人來替代你跟她結婚？然後，你

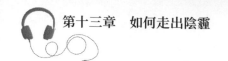
眼巴巴地看一場悲劇發生？這是你願意看到的嗎？」

「當然，我不願意，所以我才如此痛苦。」經過一段時間的反詰交談，他漸漸弄清楚自己被消極思想所困。他說：「我想，我原先的想法是錯的。我應該把事情區分開來處理，追求比較好的結果。」

在現實生活中，這種不自覺而墮入自毀前程的事例很多。他們不是心理有問題，只是一時被消極的衝動困住。這種惡魔一般的衝動，如果沒有及時處理，悲劇就會出現。

每一個人都應該清楚，在自己心中有兩種勢力，一股是通往光明的愛與智慧，一股是挾持人走向毀滅的惡魔。我們的生活態度是迎接光明，而不是屈服於惡魔。

## ▌鬆開自縛的繩索

人在不自覺中，會用煩惱無明的繩索，把自己綁得緊緊的。因為你常常很憂鬱、很緊張，感受的壓力很大，因此就好像有一條繩子把你綁住。是什麼繩子把人綁住呢？會綁人的繩子太多了，尤其以下四種，最容易把我們綁出病來。

第一條，常常感到懼怕不安。何謂懼怕不安？舉例來說夫妻彼此苛求對方，吵架、鬧脾氣，通常都是由於懼怕不安。一對戀人彼此把對方管得緊緊的，因而常常起爭執，那也是因為懼怕，怕對方移情別戀。親子之間也是如此，父母怕孩子讀書不用功，達不到預期的要求，彼此衝突和磨擦便逐漸產生了。

人一旦被懼怕纏住，他的困擾就漸漸嚴重起來。比如說患有懼學症的小孩，通常都是國中以上程度的學生，由於怕輸給別人，在潛意識裡轉換成疾病，諸如到了校門口就肚子痛，或一到上學的時間就開始頭痛。病症是他的藉口，而這個藉口卻不屬於意識層面，而是潛意識裡偷偷地在運作，以致很難用勸說來達到目的。

人如果對人生有所懼怕，怕前途暗淡，怕被別人瞧不起，常常想著這

些不安，很容易變成習慣性的焦慮，全身緊繃，早上起床時全身痠痛。其實那是懼怕與不安所導致的結果。

第二條繩子是迷失在潮流之中。跟著人群走，不會獨立思考，大家說對的，就跟著說對；不敢為自己的生活做決定，老是跟著別人，變成別人的一部分。這時你會離真實的自己越來越遠，覺得孤立、迷失。當一個人迷失自己的時候，最嚴重的問題是潛能得不到開發，他的機會慢慢流失。他變成了別人，不屬於自己。

佛家有一個發人深省的故事。有一個人花了九牛二虎之力，在一片沼澤地挖出許多沉香木運到市場去賣。沉香木很珍貴，價格也高，過了好多天沒人買，這使他心裡很急。這時，他看到樵夫挑了一擔擔木炭到市場賣，很快就賣光了。於是他學著那些樵夫，把沉香木燒成炭，果然很快就賣掉了。可是一車的沉香木，卻只能賣到很少一點價錢。這故事就是告訴我們，要獨立思考，不要一味跟著別人走。

人的心靈如果被綁架，就會陷入迷失或迷信之中。因此，「大家都這麼做，只要跟著別人走就行了」，是一種錯誤的觀念。想要跟著人家走，也得先把目標地點搞清楚，絕對不可以把泡沫山當雪山，隨著人家一起跳。這是我們必須慎思的。

第三條繩子是不肯改變想法解決問題。我們在過去的成長過程中學習了很多知識，在與人交往之中形成了許多成見，在生活中也養成了一些刻板的觀念。我們往往將敝帚視為珍品，像真理般奉為聖見，而不願嘗試用新的方法解決問題。這樣一來，在社會人群中久了，一旦遇到些棘手問題你就要遭受災難了。

環境在變，世事無常，舊的辦法無法克服新問題，若不知改變，我們會被大局淘汰，遭遇許多挫折和災難。人是很容易被流行或惰性欺瞞的。

其實，日常生活中，我們只是聽說便信以為真，並因而遭殃的事情很多。譬如，有多少人相信報上所登治療腎虧的廣告？有多少人相信自己患有神經衰弱？我們對這些疾病通常並沒有真正的了解，只是道聽塗說便信

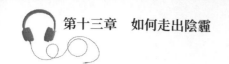

以為真，然後把它當作祕密，每天苦惱不已。許多青少年所擁有的性知識並不完全正確，但卻信以為真，因而一知半解地為自己製造很多苦惱。

人若不願意徹底求真，只顧以過去的成見生活，他也會把自己綁得很緊。

第四條繩子是以自我為中心來待人接物。這種人會把自己捆得透不過氣來。人若以自己為出發點設想事情，覺得別人應該配合自己，那麼人際關係就會開始出問題。人們會逐漸和他疏離，而他自己卻不自知。一個以自我為中心的人，不願意接受忠告，犯了錯也聽不進他人的忠言，最後就將慢慢變成一個孤陋寡聞或剛愎自用的人。

## ▎別讓情感的疤痕使你疏遠生活

很多人膚體未受任何損傷，但內心卻留著情感的疤痕，這種情形也會對個性有所影響。這些人在以前曾經受過某人的傷害，為了防範再度受到同樣的傷害，而形成一種精神的「厚繭」，一種保護自我的情感疤痕。但是這種疤痕組織，不僅「保護」他們不受某人的侵害，而且還「保護」他們防範其他人，它築起的情感高牆，不僅阻止了敵人，也使他們的朋友無法通過。

一位女人受過男人的「傷害」，她發誓永遠不再信任任何男人。一個小孩如果受到專橫的父親、母親或老師的打擊後，他也許會發誓以後不再相信任何權威。一個男人的愛，受到某個女人的拒絕後，他也許會發誓不再與任何人發生感情的瓜葛。

就情感上的疤痕來說，過度防範原來的傷害，可使一個人在其他方面更容易受到傷害，而且傷得更深。

我們築起的那道防止他人通過的情感高牆，使我們斷絕了與其他人的交流，甚至斷絕了「原來的自我」。正如我們曾經說過的，感到「孤獨」或覺得與別人不相往來的人，也會覺得與「真正的自我」斷絕了往來，與自己的生活斷絕了關係。

## 自立、負責的態度使你不易受到打擊

推銷員告訴我們，開始就很挑剔物品的人，一旦被你攻入了防線，這筆交易通常可以「穩穩」成交。臉上似乎有「推銷員禁止入內」標誌的人，也很容易向他推銷物品，因為這種人的防衛很薄弱，需要保護。

外殼強硬粗糙的人通常會如此，他們知道自己的內心太軟弱，需要有一層保護的外皮。

缺乏自立的人，在情感上需要依賴別人，可是這樣一來他的情感更容易受到侵害。每一個人都希望，而且需要得到情與愛。但是有創造性與自立的人，卻覺得付出愛以後必要的給予與接受同樣是他的重點，他不希望別人將愛心用銀盤遞給他，也不強烈地渴望「每一個人」必須愛他或稱讚他，他有足夠的安全感來承受他人的討厭與反對。他對自己的生活有著強烈的責任感，而且認為自己是一位能依自己的希望來採取行動、決定事情、付予別人，並追求理想的人，而不是一塊終身消極地吸收所有美好事物的海綿。

消極依賴的人，他將自己交給環境，交給運氣，交給別人。他總是認為別人欠他體貼、感激、愛心與幸福；他對別人做不合理的要求，如果有人沒有實現他的要求，他就感到別人欺騙他、辜負他、傷害他。因為生活本來就不是那個樣子，所以他的追求對象完全是一些不可能的事，他等於將自己暴露在感情的傷害之下。有人說過，神經過敏的人永遠在現實之中「顛簸而行」。

發展更加自立的態度，為自己的生活與情感的需求承擔起責任，試著對別人施以情愛、贊同、接受與了解，這樣你將發現你會得到同樣的回報。

## 讓你年輕的情感整型

由此看來，精神健康對人一生的成長有多麼重要。試著對自己施行

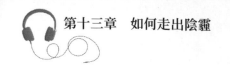

「精神的整型美容」，這不是文詞的賣弄。精神的整型美容可以打開大門，讓你進入更豐富的生活，散發更充沛的活力，使你擁有青春的條件。你會感到更年輕，讓你實際上看起來更年輕。男男女女除去他們舊日情感的疤痕之後，他們的外表年輕了 5 歲或 10 歲。你看到誰超過 40 歲而面貌仍然像年輕人一般年輕？是脾氣乖戾的人？憤憤不平的人？悲觀的人？憤世嫉俗的人？還是愉快、樂觀、善良的人？

對人或對環境懷著怨言，能使上年紀的人彎腰駝背，彷彿兩肩擔荷著重量。有情感疤痕與怨恨的人是生活在往日中，這就是衰老的象徵。年輕的態度與年輕的精神可除去靈魂與面貌的皺紋，使你的眼睛充滿亮光，使你正視前途、盼望未來。

因此何不「美容」自己？「美容」自己所需要的材料是：放鬆你「避免疤痕的緊張」、「原諒你過去的疤痕」，並且準備堅韌的「外皮」而不要準備「硬殼」，準備「創造性的生活」，準備「情願受點傷」以及準備「對未來的盼望」，而不要準備「對過去的懷念」。

## ▍憤恨不平是精神的毒藥

一個失敗型個性的人尋找代罪羔羊或尋找藉口時，往往責怪社會、人生、運氣；對於他人的成就與幸福，他會覺得忿忿不平，因為他覺得那樣足以證明生活使他受不公平的待遇。憤恨不平是企圖拿有關不公允、不公正的現象來使自己的失敗覺得好過一些。

但是作為失敗的慰藉物，憤恨不平比得了疾病還要糟糕。憤恨是精神的烈性毒藥，它使快樂不可能產生，並且使成功的力量逐漸消耗殆盡，惡性循環也因此建立起來。時常憤恨不平，而自己又沒有多大本領的人，不能夠與同事好好相處，而同事對他不夠尊重或老闆指責他工作不當，他更有理由覺得憤恨不平。

# 空虛不會致勝

在每個人的內心，失敗的種子永遠存在著，除非你介入其間將它作惡的輪子砸毀。一個人體驗到空虛之後，空虛就會成為避免努力、避免工作、避免責任的方法，也因此成為不創造性地生活的理由與藉口了。如果一切皆空，如果太陽底下沒有新奇的事物，如果怎麼也找不到樂趣，我們何苦自找麻煩？何苦竭盡心力？如果人生只像一家紡織廠 —— 我們每天工作 8 小時，只是為了要有一間能夠睡覺的房子，每天睡眠 8 小時，只是為了要準備第二天的工作 —— 我們又何苦兢兢業業？但是，這些是不存在的，只要我們不再繞著它轉圈子，選擇一個值得奮鬥的目標去追求，我們就能體驗到樂趣與滿足。

也許在讀本章的時候，你會想到某人的困頓、錯用的心靈潛能與憤恨等等，可是到目前為止那個人還是照樣「成功」了。但是，不要太肯定，很多人頗有成功的外在跡象，但當他們一打開他們長期追尋的那個寶箱時，卻發現裡面空空如也，就像他們竭盡所能賺到的錢，突然之間在手上變為偽鈔。他們失去了體會幸福的能力，而當你失去了體會幸福的能力，任何事物或財富都無法帶來成功或幸福，這些人贏來的只是成功的果核，一經敲開，裡面空無一物。

一個人體會幸福的能力還活在內心時，就可以在日常生活的許多事物裡找到樂趣，也能享受他在物質方面所達到的成功；相反地，體會幸福的能力已經失去的人，他做什麼事情也無法找到樂趣，在他看來，沒有一項目標值得努力，生活枯燥無味，沒有一件事情有價值。你可以看到有些人夜夜在夜總會裡廝混，讓人認為他們是在享受，他們一個地方換過一個地方，混在一群人裡面，希望找到樂趣，但卻找到一個空殼。事實上，樂趣是一種創造功能或創造性地追尋目標的伴隨物。贏得虛偽的「成功」是可能的，但是你所贏得的東西卻只能使你空歡喜一場。

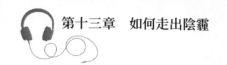

## ▌造一把你自己的心理雨傘

不論是公開的還是私下的，聽任（這是個關鍵性的字眼）別人要怎麼對付你，埋怨別人的行為，會使你愈來愈相信別人對你的威脅有多大，結果也許真的會惹出幾個真正的敵人。你對任何特殊威脅引起的憤恨和壓迫感，都會很快地上升然後下降，最後發現你大部分的埋怨都沒有什麼真正的根據。

你可以製造一把自己的心理雨傘，它將遮擋刺激的擾亂，帶給你心裡的寧靜，並且使你的事情做得更美好。

總之，煩憂或安靜，恐懼或泰然，其決定性關鍵不在外來的任何刺激，而在你自己的反應和行動。切記在心，不可記憶：使你感到恐懼、焦慮、不安的原因是你自己的反應。如果你根本不做反應而「讓電話繼續響下去」，你是不可能受到困擾的，不管身邊發生什麼事都一樣。

你是一位「主動者」，不是「被動者」。我們對環境因素不做適當的反應。但是人不是一位「被動者」，而是一位「主動者」。不管願不願意，我們並不是只對環境裡出現的因素進行反應而已，像一隻船遇到什麼風，就朝什麼方向走。身為追求目標的人，我們先要行動。我們定下目標，決定路線，然後在追求目標的結構範圍內進行適當的反應，而反應的方法必須要能推動進展、並有益於我們的目的。

如果否定回饋的反應不能引導我們往目標前進，或助益我們的目的，那麼我們根本不需要有所反應。此外，如果任何一種反應都使我們脫離路線，或對我們有所不利，那麼所有這一切的反應都不是合適的反應。

## ▌南塔克特島上的路

無論對商人、學者、作家、教師、技師，還是對其他專業人員來說，如果要不斷地在自己的領域裡取得進步，就一定要讓自己的大腦多吸收一些新鮮養分。否則，就不能吸收新的知識和思想。而新知識和新思想正是

人類得以進步、工業得以發展的基礎。

在人類歷史的早期，當時南塔克特島上的路很少，且道路狀況很差。在那些布滿沙子的平原上，到處貼著告示，警示過客們「不要重複老路」。最近，一個作家解釋說：「這句話的意思很明顯，就是奉勸過路人不要每一次都去重複地走前人的老路。最好自己開闢一條新路。這樣，自己會有一些收穫，也為大家做了好事。」

我們都知道思想僵化的害處。有一句成語叫「熟視無睹」，一個意思就是說，如果一個人總在處在同樣的環境中，對環境的熟悉使我們對於它的缺點視而不見。如果思想缺乏交流，那麼思想就失去了靈活度和對新事物的敏銳度。如果我們不是常常追求進步，保持如年輕人般敏銳的頭腦，那麼不僅我們自己的工作會受到阻礙，我們整個人都會變得平庸。大腦像肌肉一樣，只有在使用中才能得到磨練。如果一個人在工作中停止了思考，那麼日漸一日，他的大腦變得遲鈍，他的工作毫無進步，直到最後他失去了進取心，不能公正地評價自己的工作。這個時候，他就不再進步了，而開始大步地倒退了。

不斷地超越自我，沒有什麼比這更能夠催人進步。不管一個人的職業是什麼，如果他每年都能夠徹底地反省一次，找出自己的缺點和阻礙自己進步的地方，那麼他將會取得十倍於現在的成就。

涉世之初，我們或許會許諾，永遠不會降低我們的思想，我們會永遠追求進步，與時代最先進的思想潮流相同步。但言之易，行之難。很多人沒有告誡自己，要始終保持自己的理想，這樣的人很快就沒有希望了。

保持快樂的唯一方式就是抓住生活中的每一次機會，享受生活。並非只有等到你有了金錢和地位時才可以享受生活。一次輕鬆的旅行，購買一件藝術品，建一座舒適住宅，或者其他的一些抱負並不是只有你有錢有地位之後才可以實現的。一天天地，一年年地推遲自己的夢想，不僅使自己失去了現在的樂趣，還阻礙了我們追求未來幸福的腳步。

總是把快樂寄託在明天本身就是一個巨大的錯誤。許多年輕的夫婦，

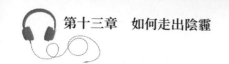

整年像奴隸般的工作，放棄了每一個放鬆和追求快樂的機會。他們不讓自己有任何的奢侈行為，不會去看一場戲或聽一場音樂會，也不會去一次郊遊，不會去買一本自己渴望以久的書，沒有閱讀興趣和文化生活。他們想，等自己有了足夠的金錢時，就會有更多的享受了。每一年他們都渴望著來年自己會過上幸福的生活，或許可以做一次奢侈的旅行。但是當第二年到來的時候，他們會發現自己必須再忍耐一些，節約一些。於是，一年年地這樣推遲，直到自己變得麻木。

最終，當他們覺得他們可以去追求一點快樂的時候，他們可以去國外旅行，可以去聽音樂會，可以去購買一件藝術品，可以透過閱讀開闊自己的眼界時，已經太晚了。他們習慣了單調的生活。生活失去了色彩，熱情消逝了，雄心磨滅了。長年的壓抑破壞了自己享受生活的能力，他們犧牲了自己的健康和快樂得來的東西卻變得一錢不值了。

難道生活就僅僅是這樣的嗎？除了金錢、榮譽、地位、房屋和銀行帳戶外，生活難道不應該有其他的一些樂趣嗎？既然上帝賦予了我們神奇的力量，為什麼要讓它磨滅呢？如果人只像野獸那樣過得毫無生活樂趣，人就不成其為人了。

# 第十四章
# 懂得如何選擇

## ▎成功是選擇的結果

理想主義者相信眼前利益不足道；諷世者認為長遠利益不實際；實在論者相信目前已做或未做的事，能決定長遠利益。

美國鋼鐵大王安德魯‧卡內基（Andrew Carnegie）在未發跡前的年輕時代，曾擔任過鐵路公司的電報員。

有次在假日期間，輪到卡內基值班，電報機滴滴答答收到的一封緊急電報，內容令卡內基幾乎由椅子上跳了起來。

緊急電報通知在附近鐵路上，有一列貨車車頭出軌，要求上司照會各班列車改換軌道，以免發生追撞的意外慘劇。

當天是假日，卡內基找不到可以下達命令的上司，眼看時間一分一秒地過去，而一班載滿乘客的列車正急速駛向貨車的出事地點。

卡內基不得已，只好敲下發報鍵，冒充上司的名義下達命令給班車的司機，調度他們立即改換軌道。避開了一場可能造成多人傷亡的意外事件。

按當時鐵路公司的規定，電報員擅自冒用上級名義發報，唯一的處分是立即革職。卡內基十分清楚這項規定，於是在隔日上班時，寫好辭呈放在上司的桌上。

上司將卡內基叫到辦公室內，當著卡內基的面撕毀辭呈，拍拍他的肩頭說：「你做得很好，我要你留下來繼續工作。記住，這世上有兩種人永

遠在原地踏步：一種是不肯聽命行事的人；另一種則是只聽命行事的人。幸好你不是這兩種人的其中一種。」

清楚地了解什麼是自己該做的，什麼又是不該做的。這是所有成功者都需具有的條件。

成功者之所以能夠成功，取決於他願意去做一些失敗者所不願意做的事。反之亦同，失敗者之所以導致失敗，在於他一直在做成功者所不願意做的事。

要能夠清楚地明瞭什麼是該做或不該做的事，首要條件就是必須擁有明確的目標，再則需要清晰的定位，再加上智慧。這樣，就可以有正確的判斷力，看清自己該做的事情。

一味反抗，不聽命行事，以及固執畏縮，只聽命於事的人，的確難以成功。真正的成功，是能運用心中的天平，來取得兩者間平衡的人。

當您獲得清楚的定位，看清自己該做的任務後，沒有別的選擇，您必須立即行動。如果自己意識中有任何想拖延的消極思考產生，不妨想想卡耐基若在那一刻有所遲疑，將造成多少人的傷亡？而你的遲疑呢？

是的，您必須立即行動，您很清楚地知道，您的成功，將帶給多少人無比的幸福與快樂。

## ▌ 生命像棵樹

生命並不是一條直線，而應是像棵樹一樣，我們心之中大部分人必須移植後方能開花。

一個小孩在看完馬戲團精彩的表演後，隨著父親到帳篷外拿乾草餵養表演完的動物。

小孩注意到一旁的大象群，問父親：「爸，大象那麼有力氣，為什麼牠們的腳上只繫著一條小小的鐵鍊，難道牠無法掙開那條鐵鍊逃脫嗎？」

父親笑了笑，耐心為孩子解釋：「沒錯，大象是掙不開那條細細的鐵

鍊。在大象還小的時候，馴獸師就是用同樣的鐵鍊來繫住小象，那時候的小象，力氣還不夠大，小象起初也想掙開鐵鍊的束縛，可是試過幾次之後，知道自己的力氣不足以掙開鐵鍊，也就放棄了掙脫的念頭，等小象長成大象後，牠就甘心受那條鐵鍊的限制，而不再想逃脫了。」

正當父親解說之際，馬戲團裡失火了，大火隨著草料、帳篷等物，燃燒得十分迅速，蔓延到了動物的休息區。動物們受火勢所逼，十分焦躁不安，而大象更是頻頻跺腳，仍是掙不開腳上的鐵鍊。炙熱的火勢終於逼近大象，只見一隻大象已將被火燒著，牠灼痛之餘，猛然一抬腳，竟輕易將腳上鐵鍊掙斷，迅速奔逃至安全的地帶。

其他的大象，有一兩隻見同伴掙斷鐵鍊逃脫，立刻也模仿牠的動作，用力掙斷鐵鍊。但其他的大象卻不肯去嘗試，只顧不斷地焦急轉圈跺腳，竟而遭大火席捲，無一倖存。

在大象成長的過程中，人類聰明地利用一條鐵鍊限制了牠，雖然那樣的鐵鍊根本繫不住有力的大象。

在我們成長的環境中，是否也有許多肉眼看不見的鏈條繫住我們？而我們也就自然將這些鐵條當成習慣，視為理所當然。

於是，我們獨特的創意被自己抹煞，認為自己無法成功致富；告訴自己，難以成為配偶心目中理想的另一半，無法成為孩子心目中理想的父母、父母心目中理想的孩子。然後，開始向環境低頭，甚至於開始認命、怨天尤人。

這一切都是我們心中那條繫住自我的鐵鍊在作祟罷了。或許，您必須耐心靜候生命中來一場大火，逼得您非得選擇掙斷鏈條或甘心遭大火席捲。或許，您將幸運地選對了前者，在掙脫困境之後，語重心長地告誡後人，說道人必須經苦難磨練方能得以成長。

除了這些人生習以為常的方式之外，您還有一種不同的選擇。您可以當機立斷，運用我們內在的能力，當下立即掙開消極習慣的捆綁，改變自己所處的環境，投入另一個嶄新的積極領域中，使自己的潛能得以發揮。

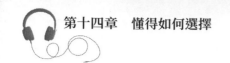
您願意靜待生命中的大火？甚至甘心遭它所席捲，而低頭認命？抑或立即在心境上斬斷環境的束縛，獲得追求成功的自由？

這項慎重的選擇，當然得由您自行決定。

## ▋面臨機會的「金子」

大多數人一邊自己放棄機會，一方面又怪罪機會不降臨在他身上。

兩個貧苦的樵夫靠著上山撿柴糊口，有一天在山裡發現兩大包棉花，兩人喜出望外，棉花的價格高過柴薪數倍，將這兩包棉花賣掉，足可讓家人一個月衣食無慮。當下兩人各自背了一包棉花，便欲趕路回家。

走著走著，其中一名樵夫眼尖，看到山路有著一大捆東西，走近細看，竟是上等的細麻布，足足有十多匹之多。他欣喜之餘，和同伴商量，一同放下肩負的棉花，改背麻布回家。

他的同伴卻有不同的想法，認為自己背著棉花已走了一大段路，到了這裡才丟下棉花，豈不枉費自己先前的辛苦，堅持不願換麻布。先前發現麻布的樵夫屢勸同伴不聽，只得自己竭盡所能地背起麻布，繼續前行。

又走了一段路後，背麻布的樵夫望見林中閃閃發光，待近前一看，地上竟然散落著數壇黃金，心想這下真的發財了，趕忙邀同伴放下肩頭的麻布及棉花，改用挑柴的扁擔來挑黃金。

他的同伴仍不願行動放下棉花以免枉費辛苦的想法，並且懷疑那些黃金不是真的，勸他不要白費力氣，免得到頭來一場空歡喜。

發現黃金的樵夫只好自己挑了兩壇黃金，和背棉花的夥伴趕路回家。走到山下時，無緣無故下了一場大雨，兩人在空曠處被淋了個溼透。更不幸的是，背棉花的樵夫肩上的大包棉花，吸飽了雨水，重得完全無法再背得動，那樵夫不得已，只能丟下一路辛苦捨不得放棄的棉花，空著手和挑金的同伴回家去。

面對機會的來臨，人們常有許多不同的選擇方式。有的人會單純地接

受；有的人抱持懷疑的態度，站在一旁觀望；有的人則頑強得如同騾子一樣，固執地不肯接受任何新的改變。而不同的選擇，當然導致截然迥異結果。許多成功的契機，起初未必能讓每個人都看得見深藏的潛力，而起初抉擇的正確與否，往往更決定了成功與失敗的分野。

在人生的每一次關鍵時刻，審慎地運用您的智慧，做最正確的判斷，選擇屬於您的正確方向。同時別忘了隨時檢查自己選擇的角度是否產生偏差，適時地加以調整，千萬不能像背棉花的樵夫一般，只憑一套哲學，便欲渡過人生所有的階段。

時刻留意自己所執著的意念，是否與成功的法則相牴觸；追求成功，並非意味著您必須全盤放棄自己的執著，而來遷就成功法則。只需您在意念上做合理的修正，使之切合成功者的經驗和建議，即可走上成功的輕鬆之道。

再一次提醒您，放掉無謂的固執，冷靜地用開放的心胸去做正確抉擇。每次正確無誤的選擇將指引您永遠走在通往成功的坦途上。

## 從心學會放棄

有個人講了這樣一個有趣的故事：他曾經和女友作了一個小測驗，說如果同時丟了三樣東西：錢包、鑰匙、電話簿，最緊張哪一樣？女友毫不猶豫地選擇了電話簿，而他毫不猶豫地選擇了鑰匙。答案說，女友是一個懷舊的人，他是一個現實的人。

後來他們分手了，女友的確總被過去糾纏得不快樂，一段大學時代未果的愛情至今還讓她念念不忘，而愛情中的他早已為人夫，為人父。女友的心停在了過去，一直後悔當初沒有堅持到底，因此，又錯過了很多不錯的人。

他問她：「還可以挽回嗎？」

她搖搖頭，他說：「那為什麼不放棄？」

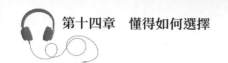

她無奈地說：「放棄不了。」

他說：「其實是你不想放棄。」

中國有句古語說：「苦海無邊，回頭是岸。」偏偏有人就執迷不悔，因此，煩惱都是自尋的。

還有一個女孩四年前在女性朋友的宿舍玩，一念之差想偷屋裡的一副耳環，後來被耳環的主人識破，女孩羞愧難當，自此離開家鄉，再也沒回去過。

人生有些錯誤是無法挽回的，有時，需要你付出代價，這個代價就是放棄。外在的放棄讓你接受教訓，心裡的放棄讓你得到解脫。生活中的垃圾既然可以不皺一下眉頭就輕易丟掉，情感上的垃圾也無須抱殘守缺。

不要總想著挽回，有時人生需要放棄。

放棄是一門藝術。在物欲橫流的今天，既需要你作出選擇，而更多的則是放棄。與其說是抉擇得當，不如說是放棄得好。人生苦短，要想獲得越多，就得放棄越多。那些什麼都不放棄的人，是不可能有多少獲得的。其結果必然是對自身生命最大的放棄，讓自己的一生永遠處在碌碌無為之中。

放棄是一種讓步，讓步不是退步。讓一步，避其鋒，然後養精蓄銳，以便更好地向前衝刺。

放棄是量力而行，明知得不到的東西，何必苦苦相求，明知做不到的事，何必硬撐著去做呢？

放棄需要明智，該得時你便得之，該失時你要大膽地讓它失去。有時你以為得到了某些時，可能失去了很多；有時你以為失去不不少，卻有可能獲得許多。不以得喜，不以失悲。盡自己最大的努力去做。管它花開花落，雲捲雲舒。

## 不做無謂的等待

你可能有這樣的經驗：當你等一輛計程車時，它就是不出現。而且等其他的東西似乎也總是如此。因此俗諺有云：「時時掀蓋看，煮水久不開。」

同樣地，有時你覺得一直期待中的電話讓你等得不耐煩。在彷彿無數個小時的漫長等待後，你決定找點別的事做，果不其然，電話鈴聲立刻跟著響了起來。

無論何時，當我們坐著等信件、訪客、好工作、完美的對象、神奇的冒險、餐廳上菜、耶誕節或任何我們想要的東西時，它們似乎都來得特別慢，有時甚至永遠等不到。

碰到這種情況，有個處理的原則：「回去掌握你的現在，不要屏住呼吸等候奇蹟。」如果你告訴自己：「我一定要擁有『它』才會快樂和滿足。」那麼你不能如願以償的機率就會大大增加。

把握每個機會踏實地生活，活在現在。每當你等待某件事來臨，就替自己找些別的事做。如果你正等著好萊塢發掘你絕世的演藝才華，不妨去學學編籃子打發時間！如果答應來接你去參加舞會的男友遲到了，不妨利用這空檔看看書、整理舊照片或烤一個蛋糕。

這麼做，事件發展的結果就困擾不了你。

少一分牽掛，你的等待就會早一刻結束。

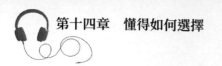

# 第十五章
# 懂得如何與人合作

## 種子的成長需要水的滋養

你必須清楚地知道自己需要外界的哪些協助，只有這樣，你才能實現自己的願望。這就如同一塊肥沃的土地，雖然土質良好，但如果不澆水，種子一樣無法生長。在追尋快樂與物質成就的過程中，足夠的關愛與支援會使你從錯誤中學得經驗，不斷成熟。如果生命中缺乏這些養分，我們就容易對過去心存怨懟，從而錯失了由錯誤中學習的機會。

你的理想跟你自己之間有一道鴻溝，想要跨越這道鴻溝，必須依靠別人的支持與合作。

主管必須依靠屬下的支援與合作才難使業務正常進行，否則老闆就會把他免職，而不是把他的屬下免職。推銷員必須依靠別人購買他的產品，否則就做不成生意。同樣的道理，大學院長必須依靠教授來推動各種教育計畫的實施；政治家必須依靠選民的支持；作家必須依靠讀者閱讀他的作品；大老闆也必須使員工願意接受他的領導，同時消費者喜歡他的產品，才能成為企業家。

歷史上確實有過用武力奪位（例如奪得皇位），並且維持權威於不墜的情形。當時那個時代，一般人不得不順從，否則就會被殺頭。

但是今天，你只能使人自願支持你，而無法強迫他。

現在你應該問問自己：「既然需要別人的支援才能成功，那麼應該怎樣才能夠得到別人的支援？」答案是善待別人。只要你真心善待別人，別

人就會自動支持你。

下面這種情形每天都會發生幾千次。每天都有許多聚在一起開會，考慮一個職位的升遷人選、一個新的工作機會、俱樂部會員資格的審查，決定一項榮譽的授予，準備選出新的董事長、新領班、輔導人員、新的經理。在主持會議的人提出一個名字後，主席就會徵詢大家的意見：「你們對某某人的看法如何？」

接著就有不同的評論。有些名字會得到這種評語：

「他是個好人。他那邊的人對他評價都很高，技術也不錯。」

「F 先生啊？噢，他很合群，風度很好，很親切。他會跟我們相處得很好。」另外一些名字只能招來一些消極的看法：

「我們應該小心一點，他好像很孤僻。」

「他的學識和技術不錯，能力也很強，只怕大家不願意接受，因為人們不敬重他。」

根據以上的評論我們可以知道，十之八九的情況中，「親切」都是優先考慮的重要因素，甚至比技術更重要。

這個原則即使在挑選教授擔任行政工作時也很適用。你也許會碰過很多次「聘用新職員」對於候選人的考慮過程。提名時，所有的人都會想到：「這個適不適合？」、「學生喜不喜歡他？」、「他會不會跟同事合作？」

不公平嗎？沒有道理嗎？一點也不。如果候選人不夠親切，不受歡迎，他就無法跟別人坦誠相處，發揮最大的效率了。

這是一項成功的基本原則，我們要多加體會，牢記在心。

這項原則就是：我對他可能不怎麼重要，但是他對我卻關係重大。要爭取友誼，贏得人心，因為，成功有賴於他人的支持與合作。

## 不要脫離主枝椏

世界上沒有一個人能夠離群而居，人總是要過團體生活的。在人類社

會中，每一個人都像葡萄藤上的一根分枝，其生命完全依賴在主藤上。分枝什麼時候脫離它的主枝，什麼時候就要萎縮枯乾。一簇葡萄之所以味美色香，完全是因為依在葡萄的主枝上，僅靠分枝是無能為力的。如果要把分枝從主枝上剪斷，那麼分枝上的葡萄就要枯萎。

社會交往能增強一個人的能力。一個人的接觸面愈廣，那麼他的知識、道德將愈加長進。如果與人斷絕來往，那麼他的一切能力就會減弱。所以，人應該不斷從他人的身上學習長處，參與各種團體活動，獲得精神上的各種食糧。

和人格偉大的傑出人物接觸，往往會增加自己的知識和才能。

著名演講家的演說之所以能夠精彩，還是靠著許多聽眾的理解，演講家喚起觀眾的同情後，才能發出偉大的力量。如果一位演講家去對著空無一人的講堂，或對著兩三個人進行演講，他絕對不能產生這樣巨大的力量來。

經常和他人合作，一個人就能發現自己新的能力。如果不去和他人合作，有些潛伏著的力量是永遠發揮不出來的。

無論是誰，只要他耐心去聆聽，他所交往的人總願意告訴他若干祕密，給予他一定影響。有些資訊對他而言可能是聞所未聞，但足以轉換他的前程，如果這時他選擇吸收，將會對他極有幫助。沒有一個人在孤身一人的環境裡能發揮出他自己全部的能量，而別人常常會成為自己潛能的啟發者。

我們大部分的成就，很大程度上總是依靠他人的有益影響；他人常常在無形之中把希望、鼓勵、輔助投射到我們的生命中，常常能在心靈上安慰我們，在精神上激勵我們。對於這一點，只有很少的人才能體會到。

人體的發育、生命的成長，都有賴於我們從身體以外吸收多方面的營養。而有些營養是我們自己所難以察覺的，比如我們的耳目就接受這個世界的一切光和聲。

學校教育的相當價值是由同學師生間的切磋琢磨得來的。這些交流與

切磋，能使學生的思想變得銳利，會激起他們的雄心，開發他們的能力。最重要的是，這些交流和切磋，還能啟發他們對未來新的希望、新的理想。固然，書本上的知識很有價值，但是學生們由彼此的交流溝通中得來的知識與體悟，更是他們生命中的無價之寶。

一個人不管有多少學識，無論有多大成就，如果不能和別人一起生活、不能互相往來，不能培養對他人的豐富同情心，不能對別人的事情發生一點興趣，不能輔助別人，也不能與他人分擔痛苦分享快樂，那麼他的生命必將孤獨、冷酷、毫無人生的樂趣。

人應該多和高過自己的人接觸交往，和一些經驗豐富、學識淵博的人接觸交往，這樣就能使自己在人格、道德、學問方面受到好的薰陶，使自己培養更完美的理想的更高尚的情操，激發自己在事業方面的努力。

彼此心心相印，這力量是無法估量的，其激勵作用、創造力和破壞力都是巨大的。如果你只和弱者接觸，那麼會使你不斷地減弱自己的精神水準和工作能力，使自己的意志和理想墮落。

不去和超越自己的人接觸，實在是個巨大的錯誤，這肯定會減弱社交對自己生命的益處。與一個能激發我們生命中美善部分的人交往，其價值要遠勝於獲名獲利的機會，因為這樣的交往能使我們的力量增加百倍。社會交往、與他人的溝通交流中都蘊藏著巨大的效益。

## 借重別人的力量

任何年輕人一跨入社會都應該學會待人接物、結交朋友的方法，以便互相提攜、互相促進、互相借重，否則，單槍匹馬絕對難以發展到成功的地步。

鋼鐵大王卡內基曾經親自預先寫好他自己的墓誌銘：「長眠於此地的人懂得在他的事業過程中起用比他自己更優秀的人。」

大部分美國人都有一種特長，就是善於觀察別人，並能夠吸引一批才識過人的良朋好友來合作，激發共同的力量。這是美國成功者最重要的、

也是最寶貴的經驗。任何人如果想成為一個企業的領袖，或者在某項事業上獲得巨大的成功，首要的條件是要有一種鑑別人才的眼光，能夠識別出他人的優點，並在自己的事業道路上利用他們的這些優點。

一位商界著名人物、也是銀行界的領袖對我說：他的成功得益於鑑別人才的眼力。這種眼力使得他能把每一個職員都安排到恰當的位置上，而從來沒有出過差錯。不僅如此，他還努力使員工們知道他們所擔任的位置對於整個事業的重大意義，這樣一來，這些員工無需別人的監督，就能把事情辦得有條有理、十分妥當。

但是，鑑別人才的眼力並非人人都有。許多經營大事業失敗的人都是因為他們缺乏識別人才的眼力，他們常常把工作分派給不恰當的人去做。他們本身儘管工作非常努力，但他們常常對能力平庸的人委以重任，卻反而冷落了那些有真才實學的人，使他們埋沒在角落裡。

其實，他們一點都不明白，一個所謂的人才，並不是能把每件事情做得很好、樣樣精通的人，而是能在某一方面做得特別出色的人。比如說，對於一個會寫文章的人，他們便認為是一個人才，認為他管理起人也一定不差。但其實，一個人能否做一個合格的管理人員，與他是否會寫文章是毫無關係的。他必須在分配資源、制定計劃、安排工作、組織控制等方面有專門的技能，但這些技能並不是一個善寫文章的人就一定具備的。

世上成千上萬的經商失敗者，都壞在他們把許多不適宜的工作加在雇員的肩上去，再也不去管他們能否勝任，是否感到愉快。一個善於用人、善於安排工作的人就會在管理上少了許多麻煩。他清楚了解每個雇員的特長，也盡力做到把他們安排在最恰當的位置上。但那些不善於管理的人竟然往往忽視這種重要的面向，而總是考慮管理上一些雞毛蒜皮的小事，這樣的人當然要失敗。

很多精明能幹的總經理、大主管在辦公室的時間很少，常常在外旅行或出去打球。但他們公司的經營業績卻絲毫未受不利的影響，公司業務仍然像時鐘的發條機制一樣有條不紊地進行著。那麼，他們是如何做到這樣省事的呢？他們有什麼管理祕訣呢？—— 只有一條：他們善於把恰當的

工作分配給最恰當的人。

如果你所挑選的人才與你的才能相當，那麼你就好像用了兩個人一樣。如果你所挑選的人才，儘管職位在你之下，但才能卻要超過你，那麼你用人的水準真可算得上高人一等。

這不是什麼特別的事情，有許多雇員的辦事能力還往往要在雇主之上，這些人只要機會一到，就立即可以自創事業。有很多本可以大建功業的人都是因為沒有把握好的機會，以致一生默默無聞。不少年輕人剛開始工作就顯示出驚人的才能和做事的能力，但後來因為有了家庭、拖兒帶女，便不敢拿出全部的勇氣，去像他們的老闆那樣搏擊一番，打出一片新的天空 —— 雖然他們也常常想；如果自己獨立奮鬥，成就絕不會在自己的老闆之下。

這種推測是合乎情理的，有許多人之所以有驚人的發展，造成偉大的事業，往往是因為他們受了重大的壓迫。比如，當美國的政治發生重大變故、國內大亂、人民居無定所的時候，像林肯、格蘭特（Ulysses Simpson Grant）、法拉格特（David Glasgow Farragut）、薛曼（Roger Sherman）、李將軍（Robert Edward Lee）等人便挺身而出，受命於危難之間，擔起了國家的重任。如果那時美國國泰民安、氣象和平，那麼這麼多偉大人物即便有滿腔的抱負，也許仍然會在默默無聞中度過一生！

所以，也許現在有許偉人正在沉睡著，也沒有人去特別地注意他們。但如果發生重大的變故，那麼這些早已有所準備的人，便立即會挺身而出、一鳴驚人，創下不世之功勳。等到一切變亂平定，恢復平靜後，他們又會重新回到人們毫不注意的一隅，安度晚年。

如果一個人能被委派一種責任重大的工作，同時又為上司所信賴時，他往往容易在艱難環境的壓迫下和求勝心切的激勵下，決意要使自己的工作做得很出色，一定會將他所有的才識、能力施展出來，他會竭盡全力做到讓上司稱心滿意。反之，如果上司給他安排的工作與他本身的才能志趣不合，同時上司還時時無理地干涉他、不肯完全信任他，那麼他對自己工作一定很灰心，還會覺得在目前的職務上一定不能有大的發展。這樣，他

就只會每天聽著上司的命令，按部就班地工作著，而無法把自己充分的才能完全用到工作上。他深知，自己雖然有成就大業的才能和力量，但因為雇主的不信任，根本就無法發揮出來。

## 爭取精神同盟的藝術

即使你希冀有人和你站在同一陣線上，你有必要了解對方一直在努力爭取的目標和理想是什麼。一旦你確定了那些目標，及你正在交往的是哪一種人，你就可以把你的觀點表露出來。但是你得非常小心，你要介紹那些他最可能同意的觀點。在以下幾方面，你要把自己最好的一面表現出來：首先當個好的、敏銳的和溫和的聽眾；然後，加入一些你自己的看法，好像你們彼此很接近一樣。之後，才可能把你較不熟悉、或較不受歡迎的講出來，因為你已經先建立好了最可能的相互理解的橋梁。

只要別人發覺和你在一起很安全，而你又打從心底贊成他們，他們便開始更加打開心房。每個人都需要和別人分享他的感受，但是大部分的人害怕一旦他們開放了自己，會被別人拒絕，要不然就被別人烙上悲慘、殘酷、自私的罪名。對別人的一些錯誤行為，即使你不能夠接受，至少也要學習去諒解。當然，所有的人都有一些相同的基本情感：愛、恨、恐懼，甚至內疚，都曾在大部分人的心裡掠過。接受這些，等於就是接受人的真實面目。

如果與一個願意接受別人的人談話，人們通常會把自己表露出來，在他們的聽眾眼中尋找接納的神情 —— 如果你給他們足夠的時間，沒有露出一絲會利用他們所說的來對付或傷害他們的企圖。大部分會傷害別人的人早有狡猾的壞名聲，在他們有這種企圖之前，別人就會自動避開。

因為這種技巧的成功與否，都要看你的真誠度及發展信賴感的能力，這種技巧不應被人當做是強迫別人做他們不想做的事的手段，而只是幫助人了解怎樣與他人相處，讓他們無論在生活和工作上都能過得更好，這樣一來所有的問題都能迎刃而解。這也幫助他們在工作上達到最佳水準。

## 周圍的人是你的一面鏡子

「我們公司的人最無情了！」有位女職員這麼說。

接著又說她因為「想辭職」，人前人後總是擺著一張臉給上司看。

「這就是你的錯了！」有人率直地告訴她。

「別人對你冷淡，是因為你先有辭職的念頭，對別人板著一張臉所致。」

別人對我們冷淡，通常都是我們先對別人冷漠所致。他人不過是「以彼之道還治彼身」罷了！這絕不是無意、偶然發生的。

事實上，我們周圍的人就是我們的一面鏡子。你對別人好，別人就會對你好；同樣地，你對別人冷淡，別人也會對你冷漠。

不過在此須搞清楚的是，我們並非是要「一味地對別人好」。

在人生的旅途中，難免會碰到一些不得不對他人說「不」的情況。如果你因為怕別人反感而躊躇、顧忌，最後你必將懊惱成疾。

在這種情況下，必須果決地貫徹自己的意志。

不過同時，也要有別人將冷眼待你的心理準備。

對他人冷淡卻苛求他人對你好，實在過於天真。

不能省察於己，常是錯失好運的原因。

## 重視別人就是重視自己

重視別人，換句話說就是重視自己。

人類是在和他人的互助中生存的 —— 去支持別人，或是受人支援而生存著。而且我們可以說，在現代，根本沒有一件事可以不靠其他人的協助而完成。

在與他人的互動關係之中，存在著「約定」這樣的東西。

你是否一直遵守約定呢？例如，趕不上約定的時間而和對方鬧得不愉快……是不是有類似的經驗呢？

只是耽誤 5 分鐘或 10 分鐘倒還好，還有人散漫得遲到超過 30 分鐘仍不以為然。

為什麼呢？因為這種人完全沒有考慮到對方的感受。

如果這是和男女朋友約會，可能幾句「唉呀！不好意思，不好意思，對不起！」就沒事了，要是工作上的約會遲到了，那可就損失慘重了。

一瞬間，人家對你的信賴就消失了。

即使你是因為不得已的事情而遲到，對方或許已經有了接下來的安排，這時候面對不悅的臉色也是正常的事。

你自己大概也會因為到底來不來得及而著急、焦慮吧！而且再看到對方不悅的臉色，簡直就是雙重的打擊。

不遵守約定就如同不尊重對方，也等於不重視自己。

去珍惜對方、重視對方，自己也會受到同樣的待遇。

如果你是個不重視自己的散漫之人，首先就從加快動作、遵守時間這件事開始改變吧！

提高注意力並加以努力，漸漸就會越來越準時了，所以對於時間不是很有概念的人，以提早 15 分鐘為目標，注意讓自己早些出門吧！

切記「遵守與人的約定也就是重視自己的一種表現」！

## 吸引優秀合作者的三大祕訣

在多數的情況下，想成功，必須仰賴合作者的幫助。與你合作的人愈多，你的運勢就愈旺，如果你又能正確地選擇對你有幫助的人，成功必定指日可待。

存在於你和合作者之間的，不是利害關係，而是「友誼」、「相互的尊重」。

　　其次，不可對合作者的才能抱持過高的期望，或強求合作者具備他所沒有的才能。每個人都有其擅長和不擅長的部分。如果一味要求對方達到標準，不管對方是否有能力做到，只知要求，不知體諒感恩，甚至斥責對方、貶損對方，不但於事無補，還會使人心背離，失去優秀的合作者。

　　不過，如前所述，有些合作者是為了自己的利益才接近你的，對於此類偽合作者，一定要小心防範。

　　雖說如此，卻不能因此對所有合作者都抱持懷疑的態度。

　　合作者的能力雖有高低，但對你有害的「有心人」，畢竟只是少數，切莫一竿子打翻一船人。

　　如何才能具備吸引合作者的魅力呢？

　　其實一點也不難。只要學會下列三項祕訣，你就能成為別具魅力的人。

1. 給予金錢的利益。
2. 滿足情感的需要。
3. 提高自我重要感。

　　切莫輕視利益的重要性，因為利益是吸引合作者助你一臂之力的要素，但是，過分重視利益也會破壞友誼的純度。

　　不給對方利益，會毀損你的魅力；給太多則可能適得其反。這之間的尺度，就靠你自己去掌握。

　　所謂情感需要，主要是友情、彼此的夥伴意識。滿足對方對友情的渴求，對方自然樂意助你一臂之力。

　　在提高自我重要感方面，要明確地讓對方知道，你多麼需要對方的協助，而且除了對方沒有人有能力幫助你。這樣能大大地滿足對方的優越感，樂意為你效犬馬之勞。

　　如能將上述三項祕訣銘記在心，你便會散發無比的魅力，吸引優秀的合作者向你靠近，助你邁向成功之路。

# 多與比你強的人交往

　　沒有人能夠過著一種絕對孤獨的生活。個人是人類「大動脈」中的微血管，個人從大動脈中吸入「人類心臟」所以流出的血液。一旦他和大動脈脫離，他立刻便會枯萎死亡。不管他怎樣努力「獨善其身」，其結果總要歸於失敗。否則那種生活則總是做作的、不自然的。

　　葡萄架下枝頭上葡萄纍纍，液汁甜蜜，色香精美，都是因為從樹幹上吸收營養。樹枝本身是不能生存的。把樹枝從樹幹上砍下，其結果一定是樹枝的萎黃與枯死。同樣，一個人的力量也是從「人類心臟」、「人類樹幹」中得來的。

　　一個人從別人那裡所攝取的能量愈大，品質愈好，種類愈多，那他個人的力量就愈大。假使他在社交上、精神上和道德上與他的同輩有多方面的接觸，那他一定是個有力量的人。反之，假如他與人斷絕一切關係，那他一定會成為一個孤獨的弱者。

　　人類好像「雜食獸」，身體和精神都需要各種食糧，而各種精神食糧，只有在和各式各樣人們的互相交往中取得。

　　在和一個人格偉大、意志堅強的人互相交往、接觸的時候，他會不知不覺地感到自己的力量會突然增加幾倍；自己的智慧突然提高幾倍；自己的各部分機能會突然敏銳幾分。彷彿自己以前從未意識到隱藏在生命中的力量為他釋放出來，讓他說出或做出在一人獨處時，所不能說出或不能做出的事情來。

　　演講家的演講辭可以喚起聽眾的同情，因而煥發出偉大力量。如果他對著空無一人的場合或者個別的人講話，那他是絕不能生出如此偉大的力量來，正像化學家絕不能使分別貯藏在各個瓶中的藥品發生化學作用一樣。新的力量、新的影響、新的創造，只有在相互接觸和連繫中才能產生。

　　常能和他人相互交往的人，彷彿永遠處在發現的航程中，常能發現自

己生命中有新的力量之島。對於這一「力量之島」，要是他不常和別人接觸，是會被永遠埋沒而不見的。只要他願意花精力，凡是他所接觸的每個人，都能告訴他若干的祕密，若干聞所未聞的祕密，它們都足以輔助他的前程，豐富他的生命。沒有人能獨自一人就發現自己。別人才是他的發現者！

我們大部分的成就，總會蒙受他人所賜。他人常能在無形之中把希望、鼓勵與幫助投射到我們的生命之中，常在精神上激勵我們，常使我們的各種機能更加敏銳。我們生命的生長，都仰賴我們的心靈從四季上吸收的營養。而這種營養，我們只靠感覺是無法觀察、不能測量的。我們從朋友處吸取「力量」，而這種力量的吸取，並不取之於我們視覺與聽覺的神經。

一幅名畫中最偉大的東西，不在於畫布上的色彩、影子或格式，而是在這一切背後所表現的畫家的人格，以及那黏著於他的生命，那傳承給他的經驗的總和所構成的偉大力量！

大學教育的大部分價值，都是從師生、同學間的感情交流及人格的陶冶中得來。他們透過心和心的磨擦，腦與腦的碰撞，激發起各人的志向，提高各人的理想，啟迪新的希望，並展現新的光明給人看，最終將每個人的各種機能琢磨成器。書本上的知識是有價的，而從心靈的溝通中所得來的知識則是無價的。

如果你不能與別人的生活發生密切的關係，不能培養起你豐富的同情心，不能對別人的事情發生興趣，不能輔助別人，不能分擔別人的痛苦，不能共用別人的快樂，那麼不管你的學問多麼好，成就怎樣大，你的生命仍是一種冷酷的、孤獨的、不受歡迎的。

試著常和那些比你優越的人交往，這並不是說，你應當只和比你更有錢的人交往，而是說你應當和那些人格、品行、學問、道德都勝過你的人交往，使你能盡量吸收到種種對你生命有益的東西。這樣可以提高你自己的理想，激勵你更趨向於高尚，讓你對事業激發出更大的努力來。

　　腦海與腦海之間，心靈與心靈之間，有一種超然的「感應」力量。這種感應力量雖無法測量，然而它的刺激力，它的破壞力及建設力是十分偉大的。假如你常和比你低下的人混在一起，那他們一定會把你拖陷下去，一定會降低你的志願和理想。

　　錯過與比我們高明的人結交的機會，實在是一種很大的不幸，因為我們常能從這種人身上得到許多益處。只有在這種「交接」中，我們生命中那些粗糙的部分才會被削平，才可以將我們琢磨成器。一個能夠啟發我們生命中最美善部分的人相交接的機會，其價值要遠大於發財獲利的機會。它能使我們的力量擴增百倍，能使我們去發展自己高貴的品格。

## 讓別人的自我感覺良好

　　成功的人際關係作為一門真正的藝術，是使別人的自我感覺良好。這涉及與自我有關的願望和需要的分享原理：當人們從你那裡感覺到他們的重要性時，他們才會更加喜愛他們自己；而只有當人們真正喜歡他們自己的時候，才會與你真誠合作。

　　無論誰在設計與他人相處的方法時，都明確知道自己過去是怎樣做的。但是一定要記住我們在前面已經說過的話；一個人在成全他人的同時，某種程度上也成全了自己。愛默生對此評論說；「在我們的生活中，最美好的補償之一，就是真誠地幫助別人，因為這樣做的同時也就是幫助了自己。」

　　在這個世界上，在有他人存在的情況下，你能設想用詆毀他人的方式來成全自己嗎？所幸的是，那些對別人說不出好話的人，通常對自己也無好話可說。這種人在現實生活中只能成為一個對別人吹毛求疵的人。

　　富蘭克林年輕的時候就發現，他如果想與人們相處融洽，就必須改變待人的方式，他的祕訣是：「我從不說任何人的壞話，對每個我所認識的人都只說鼓勵性的好話。」

## 善於聽取他人的意見

善於聽取他人的意見，是第三個也是最後一個形成良好人際關係的技巧。善於聽取他人的意見是一種積極的心理技巧，它要求我們集中精神注意聽別人說些什麼。

當你專心傾聽別人的意見時，你的態度會使對方感到你認為他們的意見是重要的、有價值的，這就等於尊敬和讚許他們。有效地傾聽是提高他人的價值和自尊心的有效方法。

以積極的態度傾聽他人的意見，這對有些人來說實在不是一件容易的事，非努力自律而不能成就的。因為聽者思考的速度往往成倍地高於說者談話的速度。大多數人可用每分鐘一百二十五個單字的速度講話，而大腦接受語言的速度可達每分鐘四百五十到五百個單字。所以聽者可以在對方談話的同時，拿出三分之二的時間進行思考。當人的大腦未達到滿負荷運轉時，這種一邊聽一邊思考的方式，往往會令人走神，其結果是兩方面都沒有完全做好。解決這一問題的訣竅是把大腦中三分之二的空餘能力集中聽對方講話。

## 培養吸引朋友的磁力

有多少孤獨的人，胸中有著這種熱望；「我真希望能吸引一些朋友，我真希望能成為一個受人歡迎，為人所樂於親近的人。」只是因為他們自己生性孤僻，缺少吸引朋友的磁力，所以沒有多少人願意和這樣的人交友往來，使這些人失掉了生活上的很多樂趣，這樣，他們的熱望也最終無從實現。

對任何人，如果能在言談舉止中表現出親切與和善，他自身的吸引力就會在不知不覺中大增。人格優美、性情溫和的人，往往到處能得到他人的歡迎，也能處處得到他人的扶助。有些商人雖然沒有雄厚的資本，卻能吸引很多顧客，他們的事業與那些資本雄厚但缺少吸引力的人相比，進展

必定更為顯著。

在社交上，如果你能處處表現出愛人與和善的精神，樂於助人，那麼就能使自己猶如磁石一般，吸引眾多的朋友。而一個只肯為自己打算的人，到處會受人鄙棄。

慷慨與寬宏大量，也是獲得朋友的要素。一個寬容大度的慷慨者，常能贏得人心。

在社交上，還應多鼓勵他人，在談話和做事過程中，要發揚他人的長處，而不去暴露他人的短處。那種習慣輕視他人、喜歡尋找他人缺點的人，是不可信賴的人，也不值得結交。

輕視與嫉妒他人往往是一個心胸狹窄、思想不健全的表現，也是一個人思想淺薄與狹隘的表現，這種人非但不能認識他人的長處，更不能發現自己的短處。而有著健全的思想、對人寬宏大量的人，非但能夠認識他人的長處，更能發現自己的短處。

吸引他人最好的方法，就是要讓自己對他人的事情表示出關心、很感興趣。但你不能做作，你必須發自內心地對別人關心、對別人感興趣。

好多人所以不能吸引他人，是因為他們的心靈與外界是隔絕的，他們專注於自己。與外界隔絕，久而久之，便足以使自己陷於孤獨的境地。

我認識一個人，幾乎人人都不歡迎他，但他不知道是什麼原因。即使他參加一個大眾集會，人人見了他都退避三舍。所以，當別人互相寒暄談笑、其樂融融之時，他一個人獨處在屋中的一個角落。即使偶然被人家注意，片刻之後，他也依舊孤獨地坐在一邊。像這類人好似冰塊一樣，好似失去了沒有吸引力的磁石。

這個人之所以不受歡迎，在他自己看來乃是一個謎，他具有很大的才能，又是個勤勉努力的人。他在每天工作完畢以後，也喜歡混在同伴中尋找快樂。但他往往只顧到自己的樂趣，而常常給人以難堪，所以很多人一看到他，就避而遠之。

但他絕未想到，他不受歡迎最關鍵的原因在於他的自私心理，自私是

他不能贏得人心的主要障礙。他只想到自己而不顧及他人。他竟然一刻也不能把自己的事情放下，來談談他人的事情。每當與別人談話，他總是要把談話的中心，集中在自身或自己的業務上。

一個人如果只顧自己，只為自己打算，那麼就沒有吸引他人的磁力，就會使別人對他感到厭惡，就沒有一個人喜歡與他結交往來。

如果一個人真正對他人感興趣，便有吸引他人的力量。而且對他人吸引力的大小，與對他人感興趣的程度成正比。怎樣才能對他人感興趣呢？主要是要能夠設身處地為他人著想，能夠推己及人，給他人以深切的同情。

其實，人生最大的目標，並不應該在於謀生賺錢，更要把我們內在的力量、我們的美德發揚出來。這樣，我們就自然會具有吸引他人的力量。

一個人要真正吸引他人，應該具有種種良好的德行，自私、卑鄙、嫉妒都不能贏得人心；非但不能贏得人心，還會處處不受人們的歡迎。

家境貧寒的年輕人剛剛跨入社會的時候，往往容易羨慕那些家財萬貫、無須為生計發愁的富家子弟。其實，那些富家子弟有什麼值得羨慕。只要在自己身上培養磁石般的吸引力，便必定能夠立身社會，這種卓越特質所具有的力量，遠遠超過金錢的力量！

# 第十六章
# 懂得如何建立信譽

## 誠實守信是最好的策略

不久以前，有一位布料店的經理對人說，他們店裡目前正忙於將整匹的布料剪為零布，真是忙碌不堪。他說，只要在廣告上大加宣傳說，購買碎段的布料比按匹算的布料是如何的便宜、如何的合算，這樣人們見廣告登載的便宜，便肯定會信以為真，會爭相來購買。但是試問，一旦顧客們發現他們的欺騙行為以後，還有人再願意光顧這種欺騙顧客的商店嗎？

許多人把說謊、欺騙視為一種手段，他們相信說謊、欺騙會給自己帶來好處。好多信譽很好的商店，也往往掩飾自己貨物的弱點，用動人的廣告來哄騙消費者。有很多人認為，在商業上，欺騙如同資本一樣，是十分必要的。他們認為，在商業上處處講實話幾乎是件不可能的事情。

現代新聞界也有一個很不好的現象，就是其中常有偏離事實、渲染事實、牽強事實、顛倒事實的傾向。其實，一種報紙的聲譽和一個人的聲譽是一樣的。如果一種報紙總是為了利潤而故意欺騙人，久而久之便會獲得一個說謊者的名聲。而只有那些立足於事實、誠實不欺的報紙，才是新聞界的中流砥柱，他們最終的銷量要比那些經常欺騙讀者的報紙多出數百倍。

所以，由於一貫講真話而獲得的聲譽，要比由欺騙暫時所獲得的好處，其價值要高千百倍！

商業社會中，最大的危險就是不誠實與欺騙。往往在經濟蕭條時，人

們更喜歡利用投機取巧的方法，欺騙顧客，不講真話。但他們沒有顧慮到，這樣的做法暫時來說利潤雖是賺了一些錢，可是他們的人格和信用卻就此損壞。他們的錢袋固然增加了一些錢，可他們的人格和信用已喪失殆盡。

實際上，現在也有許多曾經說謊的人或是欺騙的機構，感到用欺騙方法來對付別人，最終是得不償失的，他們最終認識到，誠實是最好策略。

在美國國內的眾多商行中，很少有長達 450 年歷史的。美國的大多數商店，都如曇花一現，這些商店在開業時透過大肆欺騙的方式吸引了許多顧客的注意，雖然繁榮一時，但是因為他們的繁榮是建立在不誠實和欺騙的基礎上的，不久後這些商店便關門大吉了。他們只知道從欺騙顧客中獲得了好處，不知道日後，他們的欺騙手段終於為顧客所發覺，於是許多商店營業日趨清淡，業務逐漸收縮，最終導致歇業破產。

誠實信用的名譽是世界上最好的廣告，僅僅因為誠實信用的名譽，美國好幾家大商行、大公司的名字和品牌就價值數千萬美元。

與一個欺騙他人、沒有信用的人相比，一個誠實而有信用的人其力量要大得多。一個把自己的言行建立在誠實基礎上的人，外表看來也享有榮譽，他本人也有自信，而且對自己的行動更有把握。而在欺騙者的外表上，彷彿貼著一種鄙夫的標記。當今社會，最令人痛心的現象莫過於一些年輕人為了自己的利益就出賣他們的人格。如果連自己的寶貴人格都出賣了，即使能獲得一些名利，但那又有什麼意義呢？

如果一個人的聲譽損壞了，還有什麼方法能夠彌補呢？這幾乎是不可能的。試問一個人如果連他自己的品格都不要了，人生還有什麼價值呢？人如果違反了人類善良的天性，那就不要說貪圖名利了，就是其他一切的醜陋行為，他都做得出來。

## 獲得他人的信任

一個年輕人，如果希望揚名世界，流芳萬世，首先，必須先得到別人

對他的信任不可。一個人懂得了使人信任的方法，要比擁有巨額財富更令人自豪。

但是世上真正懂得讓人信任的方法的人真是少得可憐。大多數的人都無意中把各種障礙物布置在自己成長的路上。他們有的缺少機智，有的不善待人，常使和他們深交的人失望。

與人交往，第一次給人的印象往往是最深刻的。最有希望的成功者，倒不是具有多大才能的人，而是最能應用親切和藹的態度博得他人好感的人。一般教師認為，最有希望的學生往往是最能博得老師歡心的孩子。一般顧客認為，最能使他稱心滿意的店員，也就是最能迎合自己心理的人。

世上大都有一種共同的心理，只要有人能使我們高興，即使事情稍與我們的心願相違，也不在乎了。

你當然不願意讓一個書報推銷員常常跑來糾纏你，但是如果那個書報推銷員很懂得處世待人的方法，一言一語都投合你的心理，博得你的歡心。那時即使你並不覺得需要，也不好意思不買一本了。

我們可以舉出許多的例子，來證明博人歡心、獲人信任，第一要點就得養成一種愉快的態度：面上常常浮著笑容，舉動常常顯得活潑輕快。不管你心裡存著多大的好感，如果臉上毫無一點快樂的表現，誰也不會對你發生好感。

與人談話，最好少說些自己的身世，自己的遭遇和好惡。你應該常常露出誠懇愛聽的臉色，仔細聽著對方所說的話。這樣做對你固然絲毫無損，而你所表現出的給予對方的同情，卻是他所認為你給他的最心愛禮物了。

對於任何人，你都應該顯出誠懇關懷的態度，好像對待自己的兄弟姊妹一般。有時你只要給人稍稍施捨一些親切誠懇——這對你是一點損失也沒有——那麼你和他之間的感情真不知將增厚多少。如果你開始學習了這種親切的態度，你必須更進一步下一個決心，把它持之以恆地保留下去。千萬不要今天扮了一天笑臉，明天故態復萌，又顯得粗俗急躁了。一

個有志氣、有決心的人，對於任何事都不會半途而廢，否則很難獲得他人信任。

## ▌誠實品格的力量

「去吧，孩子，我把你交給上帝了。」阿伯德·卡德的母親這樣告訴他，在給了他 40 個銀幣之後，母親又讓他發誓，無論什麼時候都不要撒謊，「孩子，可能在接受上帝的審判之前我們再也沒機會見面了。」

這個年輕人離開家去賺錢了。但是幾天之後，他們一行人遇上了強盜搶劫。

「你身上有錢嗎？」一個強盜問他。

「有 40 個銀幣縫在我的外衣裡面。」阿伯德·卡德老實地回答說，但是這個回答卻令強盜們狂笑起來。

「你身上到底有多少錢？」另一個強盜惡狠狠地問道。這個老實的年輕人又重複了他剛才的回答。但是，根本沒有人將他的話放在心上，就是因為他說得太坦白了，反而沒有人相信了。

「到這邊來，孩子，」強盜團體的首領說，他早就注意到了他的兩個手下在盤問的這個年輕人了，「告訴我，你身上到底有沒有錢？」

「我已經告訴過你的兩個手下了，我的衣服下面縫了 40 個銀幣，但他們看來並不相信我。」

「把他的外衣掀起來。」強盜首領命令道，於是很快地那些銀幣就被搜了出來。

「你為什麼要說出來？」那夥強盜詰問他。

「因為我不能背叛我的母親，我向她發過誓 —— 我永遠都不能撒謊。」

那夥強盜聽到這句話，都心頭一顫，好像都被感動了，那首領對他說：「孩子，你雖然這麼年紀輕輕，但卻對你向母親承擔的責任如此認真，

而我的所作所為與你有天壤之別。尤其是我作為一個成年人，對於上帝賦予我的責任怎麼能如此熟視無睹呢？把你的手伸給我，我要按在你的手上重新發誓。」

他說到做到，他的手下也被深深地打動了。

「在犯罪的時候，你是我們的首領，」他的一個下屬說，「那麼，最起碼，在走上正軌的道路上，你也是我們的領袖。」那人也握住男孩的手，像他的首領那樣重新發誓。然後，這些人一個接一個地仿效他們的首領在男孩的面前重新又發了誓。

所以，誠實的美德即便是從小孩身上表現出來，也會在周圍的人中間產生積極的影響。它可能產生不了像在阿拉伯故事中那種驚人的效果，但無論如何，周圍的人是能夠感覺得到美德的存在的。

「如果還沒有找到誠實的美德的話，那我們也應該在誠實的特質和名聲方面進行投資，以此作為最好的發財致富的門路。」米拉波曾這樣說過。

「鐘斯先生，」埃森‧艾倫來到他的律師鐘斯的辦公室，說道：「我欠了一位在波士頓的先生 60 鎊錢，現在他已經差人把欠條送來催債了。可是，現在我沒法還他，想請你把還債日期推遲一下，等我攢夠了錢，我就把錢還給他。」「好吧。」鐘斯先生說。

等到了法院開庭的時候，鐘斯先生站起來發言：「尊敬的法官大人，我們對欠條上這個簽名的真實性表示懷疑。」他知道，基於這個理由法庭就要從波士頓傳喚證人，這樣艾倫就有時間準備還債的錢了。

但此時艾倫竟大叫起來，他的聲音如同鐘鳴般巨大：「鐘斯先生，我不是雇你到這兒來撒謊的！這是一張真實的的欠條！我簽過字的 —— 我可以發誓 —— 我會還的！我並不是想抵賴。我只是需要時間。我雇傭了你只是想讓你說明法庭推遲還債的日期，等法庭下次開庭的時候再還，而不是請你來這裡撒謊和矇騙的！」這位律師知趣地退卻了，但法庭還是同意推遲還款日期。

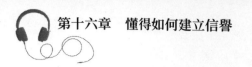

# 第十七章
# 在工作中如何選擇

## ▎慎重選擇自己的職業

我常常有機會遇見一些年輕人，他們很不喜歡將他們的職業告訴我，他們為自己所從事的職業而羞愧，自以為不可告人。

其次，我遇見一個年輕人，他很直爽地告訴我，他在從事某項不很正當的職業。我問他已經做了幾年了，他回答說六年。他說，他很厭惡那職業，那是墮落而卑下的，但因為很容易賺錢，所以現在暫且屈就。等到將來有了累積、衣食無憂的時候，他會立刻脫離這種職位。

這個年富力強的年輕人，本來可以從事高尚的職業，卻會屈節降身從事一種自己良心所不贊成的職業，從事一種可以貶損人格、缺乏理想、喪失天良的職業，從事一種欺騙自己與生命中的「真」、「善」絕緣的職業；真是天下最可悲最可憐的一件事！

從事一種違背自己良心的事業，對自己的生命會產生很不良的影響。行為違背著良心，那理想與現實，良心與行為，就會經常產生衝突而不能調和。這種不調和足以遏止人的生命的「生長」，一個人每次行事，都要受到良心的嚴重抗議，他是不會「生長」的。

有許多年輕人往往找出種種藉口來安慰自己，抑制自己內心的抗議。他們將說：「這種職位獲利頗豐，所以『現在』要多賺一些錢，到了『將來』一定會洗手不幹的。」這就是鎮靜與麻醉良心的一種安眠藥！

一種不正當的行為，只要做的時間久了，你就會認為理所當然。假使

那種行為對你是十分不利，那最後它能麻痺你全部的是非心，泯滅你全部的天良。你將覺得，做出這種行為是很值得的，至少現在是很值得的。

而且，一種行為「重演」的次數愈多，以後「再演」這種行為的趨勢也愈為強烈，這是「習慣」的性質。等到一種不正當的行為成了習慣，那以後你懦弱的意志，雖仍要常常提出抗議，然而你「習慣了」的神經總會強迫你常去「重演」那種行為。對於一種行為，你起先是可以自由選擇的。到了後來，卻會變成被迫，而使你不由自主了。你被「習慣」所拘束著，緊密得如同「原子」被「引力」所拘束著一樣。

不要欺騙你自己，以為你可以在一個汙穢的職業上賺取乾淨的金錢。也不要妄想，以為職位雖然不正當，但你可以提升它，使之成為一種正當的職業！許多人就因為存有這種觀念而糟蹋了自己的一生。因為有些職位壓根就汙穢得不堪涉足，雖是大聖大賢，也不能免於同流合汙。

假使你明知自己所做的事是不正當的，你應當立刻停止，立刻和它斷絕關係！假使你懷疑自己所做的事是不正當的，你應當聽從你的懷疑之心趕快回頭，不要後悔不及！

簞食瓢飲，居於陋巷，這都不要緊！但在任何環境之下，都不要作踐你的人格，做出不乾淨的事。你可以掘溝過活，運煤過活，做清道夫過活！但是千萬不要犧牲你的自尊，喪失你的羞惡是非之心；千萬不要剝削你努力達到成功時所能感到的心中的歡欣！

世界上有許多尊貴高尚的職位，正有待於像你那種才能的人去從事經營；你為什麼不去而一定要作踐你的人格，浪費你的才能，去從事不正而可恥的職業呢？

選擇職業時，你不應當以金錢報酬的多少、名利的厚薄為標準。你應選擇那最能發展你人格、發揮你才能的工作為你的終身職業。人格比「利」更為偉大，比「名」更為崇高！

當然，要一個人決意在任何情形之下不取一分不義之財，不取一分說謊而欺騙得來的金錢，不取一分浸漬過人們眼淚的金錢，不取一分有損他

人的金錢，這是需要很大的勇氣與毅力的。但「人格」的用處正在於此，「人格」的意義也就在此。我們生來的「氣節」、「骨氣」？就在不顧利害，明辨是非，行善去惡！

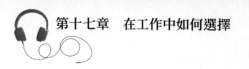

# 第十八章
# 如何選擇適當的職業

## 選擇一種光明的職業

任何人踏入社會之前都會想到一個問題 ——「我從事哪一種職業比較好呢？」對於一個找不到正當合適的職業的人來說，他的生活一定十分動盪無聊。

選擇一種光明正大，既能利人、又能利己的工作吧！但千萬不要去做那些自覺可疑、心裡不安的工作，因為如果你的內心不安定，工作起來就絕不會有很高的熱情，也很難有成功的希望，即使你有鋼鐵大王卡內基和富商斐波第的本領，也不見得樣樣事都能做到得心應手。

你應該選擇一種適於個人發展的職業，選擇一種能夠使你不斷進步的職業，選擇一種前途無量的職業，選擇一種可以學得一些技能的職業。在可能的情況下，你應該拋棄那些有損於你的健康、日以繼夜或永無休假日的職業，你不必為工作擔心，只要做那些與自己性格相配的工作，一切非人生活的工作，大可不必去嘗試。

有些人看在「錢」的分上，竟去做那些卑鄙低微的工作，這些工作既使你喪失人格、損害身體、磨滅志氣、又埋沒了才能，他們將永無希望。

選擇職業就像從所有書籍中選擇喜歡閱讀的讀物一般，應盡可能選取那些適當的工作，我們的目光必須遠大，我們所做的必須是有益於別人和自己的工作。

任何人，如果只是想逞一己之能，而不注重品格的發展，終其一生，

他必定會遭到失敗。

　　一個身強體壯、聰明有為的年輕人，如果把所有的精力都放到一個與自己不相干的工作上去，埋沒自己的理智與才能，那人生還有什麼前途和希望呢？俗語說得好：「不進步就是退步」，這句話值得所有年輕人牢牢記住。

　　世上所有年輕人中，不乏一些具有聰明才智和健康身體之人，他們都可以有一番作為，但他們卻寧願將這些寶貴的財富犧牲在一些毫無意義、引人墮落的工作上。

　　試想，一個年輕人只為了一些錢，就不犧牲自己的人格，去做那些傷天害理的事，他們還有什麼臉去見自己的親友？為了一時的欲望而喪失了一生的名譽，能說他們聰明嗎？

　　世上最可悲的事情，莫過於一個人背叛了自己，去做他內心所不願去做的工作。

　　一個有為的年輕人，推說自己命運不濟，或是謀生困難，便違背本性、捨棄自尊心，去從事那些不值一做的職業，不知道利用年輕的大好本錢，去追求一種正當高尚的生活，這些人是多麼可憐！

　　世上有許多事都值得你去做，掘溝渠、開煤礦、搬磚石、砌瓦片，你都可以去做，只要不妨害你的自尊心，不違背天良，不犧牲快樂，不違反情理，不埋沒你的才能。

　　你應該自己擬好一個計畫，傾注所有的精力都，你要獲得成功，就非這樣做不可。

　　一個能成大事的人，遇到一件較重大的事情時，一定會仔細地想：「我應該把精力集中在那一方面呢？我怎麼做才不會受到損害，而能夠獲得最大的效果？」

　　你首先應該去做的，就是選擇一個最適合自己預定的目標。你所選擇的環境，必須適合你的性格、才智和體力。總之，我們在一開始的時候，必須能夠邁開步伐，然後才能大踏步地前進，當你找到一個合適的環境之

後，做起事來才能愉快勝任，順利無阻。

一般人往往存有一種不太正當的觀念：以為某人從小就對某事發生興趣，所以長大之後如果去從事這方面的職業一定合適。其實這是不對的，有許多人，一直要到中年才能決定自己究竟應該走那一條路，因為在那個時候，他們的知識和技能才算比較定型，他們對工作都已有了相當的經驗，一著手就能很順利地做下去了。

我們都應該及早選擇一種最適當的職業，但不可過於急躁和魯莽；如果實在一時不能決定，不妨放緩步伐慎重考慮一下。當然這樣對有聰明才智的人而言是不難決定的，但是我們常看見多數年輕人為了這種事弄得心緒紊亂，不知道自己究竟該往哪裡走，當機會來時，反而不知該如何去選擇。其實在一般情況下，一個年輕人即使沒有多大的志向，只要他們有良好的品格，勤奮自勉、肯於努力，仍然不難找到自己的立足之地。

有人問美國銀行家貝勃特是怎麼找到工作的，他說：「我何嘗去找過它？是它自己找上門來的！」有許多瑣碎的事情，如巧遇、環境、出生地、窮困、失學等，往往會成為我們獲得某種職業的積極因素，正如許多小問題能影響一生的命運一樣。有些人的一生也就是因為偶爾讀了一本書、聽了一次演講、受到一種教訓、接受一個批評、得到一番獎勵或遭遇一場危險等而影響並導致一生事業的成敗。

梵蒂克教授說：「一個人遇事躊躇不決，這是最大的致命傷。凡事只要覺得做起來有些把握，而且有一點興趣，那就該當機立斷，努力去做。種種無謂的顧慮，只會妨礙個人的前途，唯有切實去做，才可以把自己推向前去。」

史利雪博士也說：「我能夠達到現在這種地位，是因為我決定動手怎樣去做，並非東想西想而成功的。」

有些人在開始時常常茫無頭緒：「我應該怎麼做呢？」、「我應該做什麼事？」、「我必須怎麼做才能發揮我的才能呢？」如果有人替他們解決這些疑問，不但可以消釋他們的煩惱，甚至可以間接影響人類文明的進步，

因為假使世上每一個人都不能找到最適合自己的職業，那麼人類的文明就永遠達不到最高境界。

如果你要決定自己一生的事業，請記住唯一的定律：「你所要做的事，必須比其他任何事業都更能令你全力地投入。」

可是職業並非就是生活的終點，世上大多數人只知緊緊守住眼前的職業，把它當成一個飯碗就算了。這種人多麼近視、多麼膚淺，我們應該把工作看成是一份廣博的學問！我們應該努力進取，學會怎樣做人處世，怎樣發展自己，怎樣與人交往。

## ▌努力爭取做你最感興趣的工作

我們常常看到一種人：他們才多識廣，只因與所做的職業不能與他們的性格、志趣相配，久而久之，這些人對工作漸漸產生厭倦，最後竟失去了工作能力，可見一種不稱心的職業，最容易糟蹋人的精神，也最容易壓制人發揮才能。

做事時必須積極熱情、抱著一種遠大的希望，才能聚精會神地去做。世上沒有比不稱心的工作更容易摧殘人的希望、自尊心和內在的力量了。

一個從事不稱心工作的人，常常可以從他的臉色、舉止及態度上讀出不快樂的感覺，他們的臉上沒有笑容，言行舉止懶散，總是提不起精神。

在世上所發生的悲慘事情中，家長強迫子女從事不稱心的工作也是其中之一；這些可憐的孩子們常常被逼得不知所措。做家長的當然認為自己是為孩子好，希望子女不斷進步，展現他們的才華。但他們卻一點也不去體察子女的個性，於是他們的一番好意反而阻礙了子女的前程，害了他們一生。

「做你最感興趣的工作」，這是一句金玉良言，當一位年輕人找到一件稱心如意的工作時，家長如果還是對他喋喋不休地要求這要求那，得到的結果只會是使他陷於失敗與苦惱的深淵中，所以當他找到一個稱心滿意的職業時，父母就大可不必再去干涉他了。因為真正以此業為生的是孩子而

不是父母。

　　如果你的父母、同學、好友都勸告你去做個大律師、政治家、演說家、醫生、藝術家或工程師時，千萬別貿然決定，你必須拿定主意，胸有成竹地去做最符合自己心願的工作。你應仔細省察自己的性格與興趣所在。假如一時決定不了，不妨將各種職業仔細考慮一番，問問自己：「對這件事我有成功的把握嗎？這件事適合我的興趣嗎？符合我的個性嗎？我的確有毅力、耐心和體力去把這件事做好嗎？我不怕中途將會發生的挫折、障礙，並能設法消除嗎？」

　　你所選擇的事業必須適合自己的才能、個性和你的智力；同時還須符合自己的個性，使你能勝任愉快，永不抱怨。

　　如果你現在正是這樣先定了自己的職業，那就不必再遲疑不決，盡可放心大膽地開始了。

## 當你自己遇上並不喜歡的職業

　　如果你所選擇的職業並不是你的志趣所在，就不要期望將來會出現成功的奇蹟，不但沒有成功的希望，它甚至會使你失去做人的興趣。可是現在的一般年輕人卻顧不到這一層，他們喜歡向那些說起來有面子的產業裡鑽，更不問它的性質如何，也不管它是否適合自己去做。

　　不知有多少人就是因為愛往有面子的職業裡鑽而斷送了一生的幸福，他們只以為那是成功的捷徑，而不顧自己的性格是否與其相合，他們完全誤解了成功的真義。

　　培養自己待人處世的技巧，這比做很多事情都重要而有價值的多。一個人除了理智外，最重要的就是感情，感情與我們所擁有的學問一樣可貴，可是有些受過教育的年輕人在初入社會時，往往有些剛愎自用、好高驚遠、冷酷無情等惡習；而要消除這些惡習，就必須從感情修養著手，使自己成為一個和藹可親、令人敬佩的人。如果你自認為不具備從事某一事業的足夠的才能，那還是早些與之分手的好，否則最後的結局一定只會使

你感到懊喪和失望。

選擇終身職業並做一件小事，也不是一件容易的事。在選擇之前，必須將自己的才能、興趣都深思熟慮地考量一番，如果一切都與自己的意趣相合，並自知確能勝任，這就可以算得上是真的選擇了最合適的職業。

一個人一旦選擇了真正自己感興趣的職業，工作起來就會精神煥發、心情愉快，絕不會出現無精打采的樣子，同時自己在各方面也都能發揮才能，讓自己迅速地進步。

當你決定要從事某種行業時，就應鼓足精神，勉勵自己、訓練自己、約束自己，只要你堅定主意，勇往直前，做任何事都有成功的希望。

更何況任何職業只要是與你的志趣相投，並且你能很努力去做，你就絕不會失敗；可是常常有人受到外界的誘惑，急功近利，不能將全部精力都放到目前自己正在從事的工作上，像這樣的人，成功是很難降臨到他的頭上的。

有許多人常常在工作中打不起精神、提不起興趣、哀嘆人生乏味。他們為什麼會如此悲觀？其中很可能的原因是因為他們所從事的職業與自己的興趣並不相符。

一個人活在世上，各有其用，更應各得其所，我們都應該找到一種適合自己的工作來做，但是有些人明明毫無藝術細胞，卻偏要去做一個畫家；有些人一看見數字就頭痛，但他們偏要去經商。但是我們也常看見許多可以成為工程師和藝術家的人才，整日站在百貨公司的櫃檯前。

在選擇職業之前，你只要問自己一句話：「最合我興趣的是什麼工作？」就可以了。

假使你發現自己的工作不見得有成功的希望時，就應該好好研究一下問題的癥結所在，只要找出失敗的原因，仍可以重新踏上軌道，駛向成功之路。

愛默生說：「踏入社會，正如一隻小船駛進大河一樣，處處都要謹慎留意、小心翼翼。觀察周圍的障礙與困難，設法一一掃除，這樣才可以安

然進入海口，駛入大海。」

當你找到最合適的職業時，就會明顯地感到做起事來精神飽滿、信心十足，不會再懷疑自己走錯了路。同時你充滿朝氣的面容，一定也會為周圍的人帶來快樂的氣息。

## ▌ 比薪水更寶貴的東西

希望每個年輕人都切切牢記：「在你們開始工作的時候，不必太顧慮薪水的多少。而一定要注意工作本身所給予你們的報酬，比如發展你們的技能，增加你們的經驗，使你們的人格為人所尊敬等等。」

雇主所交付給年輕人的工作可以發展我們的才能，所以，工作本身就是我們人格品性的有效工具，而企業就是我們生活中的學校。有益的工作能夠使我們豐富思想，增進智慧。

如果一個人只是為了薪水而工作，而沒有更高尚的目的，實在不是一種好的選擇。在這個過程中，受害最深的不是別人，而是自己。我們就是在日常的工作中，欺騙了自己，而這種因欺騙蒙受的損失，即便我們日後奮起直追、振作努力，也很難趕上。根據一個人的工作，就可以斷定他的人品。如果他在工作時，能付出努力，不敷衍了事，不偷懶混日，那麼無論他的薪水是多麼的微薄，也終有成功的一日。

雇主只支付給你微薄的薪水，你固然可以敷衍塞責來加以報復。可是你應當明白，雇主去付給你工作的報酬固然是金錢，但你在工作中給予自己的報酬，乃是珍貴的經驗、優良的訓練、才能表現和品格建立，這些東西的價值與金錢相比，要高出千萬倍。

毫無疑問，雇主將根據雇員的業績決定雇員的提升。沒有哪一個管理者，不願意得到一個能幹的員工。所以，在工作中努力盡職、持之以恆的人，總會有獲得晉升的一天。

有些薪水很微薄的人，忽然被提升到重要的職位上，這看來似乎很奇妙，其實是因為在拿著微薄薪水的時候，他們就在工作中付出了切實的努

力，有一種追求盡善盡美的態度，獲得了充分的經驗，這些便是他們忽然獲得晉升的原因。

許多年輕人認為他們日前所得的薪水太微薄了，所以竟然連比薪水更重要的東西也寧願放棄了，他們故意躲避工作，在工作過程中敷衍了事，以報復他們的雇主。

這樣，他們就埋沒了自己的才能，消來了自己的創造力和發明才能，也就使自己可能成為領袖的一切特性都無法獲得發展。為了表示對微薄薪水的不滿，固然可以敷衍了事地工作，但長期地這樣做，無異於使自己的生命枯萎，使自己的希望斷送，終其一生，只能做著一個庸庸碌碌、心服狹隘的懦夫。

每個人對於自己的職位都應該這樣想：我投身於企業界是為了自己，我也是為了自己而工作；固然，薪水要盡力地多賺一些，但那只是生存上的問題，最重要的是由此獲得踏進社會的機會，也獲得了在社會階梯上不斷晉升的機會。透過工作中的耳濡目染獲得大量的知識和經驗，這將是工作給予你最有價值的報酬。

在工作過程中，人應該運用自己的機智，發揮自己的才能和創造力，來改進做事的方法。在工作中，要日日求進步，不要落伍，要充滿熱情地去做一切事情。只有這樣，才能使你的雇主對你產生特別的關注。世界上有好多人好像專為薪水而工作，工作固然在解決麵包問題、解決生存問題，但是比麵包更可貴的，就是在工作中發展自己的潛能，盡自己的才能，做正直而純潔的事情，如果工作僅僅是為了麵包，那麼生命的價值也未免太低了。

## ▌ 正確的工作態度

要看一個人做事的好壞，只要看他工作時的精神和態度就能判斷出來。如果某人做事的時候，感到受了束縛，感到所做的工作勞碌辛苦，沒有任何趣味可言，那麼他絕不會作出偉大的成就。

一個人對工作所具有的態度，和他本人的性情、做事的才能，有著密切的關係。一個人所做的工作，就是他人生的部分表現。而一生的職業，就是他志向的表示、理想的所在。所以，了解一個人的工作，在某種程度上就是了解那個人。

如果一個人輕視他自己的工作，而且做得很粗陋，那麼他絕不會尊敬自己。如果一個人認為他的工作辛苦、煩悶，那麼他的工作絕不會做好，這一工作也無法發揮他內在的特長。在社會上，有許多人不尊重自己的工作，不把自己的工作看成創造事業的要素，發展人格的工具，而視為衣食住行的供給者，認為工作是生活的代價、是不可避免的勞碌，這是多麼錯誤的觀念啊！

人往往就是在克服困難的過程中，產生了勇氣、堅毅和高尚的品格。常常抱怨工作的人，終其一生，絕不會有真正的成功。抱怨和推諉，其實是懦弱的自白。

在任何情形之下，都不要允許你對自己的工作表示厭惡，厭惡自己的工作，這是最壞的事情。如果你為環境所迫，而做著一些乏味的工作，你也應當設法從這乏味的工作中，找出樂趣來。要懂得，凡是應該做而又必須做的事情，總要找出事情樂趣，這是我們對於工作應抱的態度。有了這種態度，無論做什麼工作，都能有很好的成效。

如果一個人鄙視、厭惡自己的工作，那麼他必遭失敗。引導成功者的磁石，不是對工作的鄙視與厭惡，而是真摯、樂觀的精神和百折不撓的熱情。

不管你的工作是怎樣的卑微，你都當付之以藝術家的精神，當有十二分的熱忱。這樣，你就能使你的工作成為樂趣。而厭惡的感覺也自然漸漸散去。

一個人工作時，如果能以奮進不息的精神，火焰般的熱忱，充分發揮自己的特長，那麼不論所做的工作怎樣，都不會覺得工作上的勞苦。如果我們能以充分的熱忱去做最平凡的工作，也能成為最精巧的工人；如果以

冷淡的態度去做最高尚的工作，也不過是個平庸的工匠。所以，在各行各業都有發展才能、增進地位的機會。在整個社會中，實在沒有哪一個工作是可以藐視的。

一個人的終身職業，就是他親手製成的雕像，是美麗還是醜惡，可愛還是可憎，都是由他一手造成的。而人的一舉一動，無論是寫一封信，出售一件貨物，或是一句話語，一個思想，都在說明雕像的或美或醜，可愛或可憎。

不論做何事，務須竭盡全力，這種精神的有無可以決定一個人日後事業上的成功或失敗。如果一個人領悟透過全力工作來免除工作中的辛勞的祕訣，那麼他也就掌握了達到成功的原理。倘若能處處以主動、努力的精神來工作，那麼即便在最平庸的職業中，也能增加他的權威和財富。

不要使生活太呆板，做事也不要太機械，要把生活藝術化，這樣，在工作上自然會感到興趣，自然會盡力去工作。

任何人都應該有這樣的志向；做一件事，不論遇有什麼困難，總要做到盡善盡美的地步。在工作中，要表現自己的特長，發展自己的潛能，不可因工作的卑微而自我賤視。只有那粗陋的工作，才是可恥的表白，才是真正在糟蹋你自己。

## 為自己造創升遷機會

你認為自己就是這樣了，很久都沒有再加薪或升遷，你該怎麼辦？首先，我們從老闆的觀點來看一看。

不管是雇主或員工，人的本性都是相同的，能夠激勵你的事情，也同樣會激勵老闆。老闆想要成功，擴大企業規模，增加個人的收入。

如果你讓老闆覺得長提升你的職位、為你加薪很值得，他就會這樣做。如果你幫助他達成目標，他一定也會幫助你達成個人職業的目標。否則，這種老闆就不值得你繼續為他效力。

最能確保成功的方式，是提供比別人預期更多更好的服務。如果你只是盡到本分，或者只是聽命從事，唯唯諾諾；對於公司的利益漠不關心，你就沒有權利期望升遷。

此刻正是你突破困難，好好有一番作為的時候。先建立這種觀念：老闆不會讓你升遷，你要讓自己升遷。把握每一個表現自己的機會，爭取到更高的職務。不要逃避責任，要主動承擔責任。當別人舉棋旗不定，你要果斷地作出決策。領導者最重要的特質是：願意作決定，並且承擔責任。

想好你希望獲得的工作，開始充實自己。把握公司的在職訓練機會，或選修當地的大學開設的成人進修課程。你也可坦白地告訴老闆你希望學習哪一項職務，並且感激他的協助。隨時記住老闆的觀點，試著從老闆的角度看他的工廠、公司或商店。如果你的努力成功，有一天你可能會變成自己的老闆，像你的老闆一樣關心公司的利益。

調整你的心態，為老闆、上司設身處地設想，你就會自己努力思索如何提高產量、降低成本、增加銷售額、創造更大的利潤。你會發現自己對於如何達成這些目標，有源源不絕的靈感。

讓你的熱誠及想像力起飛。不要放過荒謬或大膽的天方夜譚式的想法。不要讓思想消極的人們用這些話阻撓你：「從來沒有人這麼做」，你有足夠的理由嘗試。從你現在的工作開始，如何做得更快、更好、更有效率、成本更低？哪些流程可以簡化或合併？如何以更低的成本做出更優良的產品？

你的努力必須是出於至誠，不要虛偽做作或逢迎諂媚。如果人真心想要幫助公司，不論上司是否立即肯定你，你都能得到很大滿足感。你可以用這一點考驗自己。

你的出發點都必須是正當的，你不能推倒別人而爬上成功的位子。如果你的計畫中包括抱怨、批評你的同事，那麼立刻停止吧！能夠為每一個人創造新的職務及更高的收入，才是真正好的構想。

同時也要記住，缺乏執行的計畫，所有的構想都一文不值。如果你的

想法值得一試，要立刻採取行動。如果你可以自己嘗試，就放手去做；否則，提供給適當的人選，讓他去實行，絕對不要讓構想胎死腹中。

靈感必須經由行動催生。讓好的構想胎死腹中，是最可悲的事情。

## ▌學會忍耐

在得到上司的賞識，獲得提拔之前，需要耐心地等待機會，不要沉不住氣。繼續埋頭工作，你的成績，上司是看得見的。最容易令人沉不住氣的有以下情況：

1. 自己以為已做到最好，但上司好像沒有看見一樣，絲毫沒有表示；
2. 自以為自己最有機會升遷，誰知上司提升了別人。

碰到上述情形，我提議你作自我反省。你的表現真的無懈可擊？有沒有什麼地方值得改善？我們假定上司提拔別人，是個客觀、理性的決定。那麼，別人獲得提拔，他一定比我更適合坐上較高的位置，我應向他學習。

面對時局，沉得住氣，是個人修養，是創造機會的條件之一。上文提到，機會之外，還講運氣。別人運氣好，機會來得早，得來較容易，我們應為他高興，並注視他是否有足夠能力去捕獲機會；如他有真才實學，你也應為公司聘得一位人才而高興。如他只是庸才，運氣一過，機會可能落在你頭上。

有幽默感的人，比較能忍耐。要學會自我解嘲，不時拿自己開玩笑。首先是要冷靜、客觀地看清楚自己。滿以為自己做的已是最好，可能其實只是做了《伊索寓言》裡的青蛙，鼓漲了肚子，就以為很威武；又好像拳臂抵擋車輛的螳螂，以為自己真的了不起。自我解嘲會令自己頭腦清醒。因此，當你面對悶局時，要保持笑容。

此外，胸襟寬廣的人，也比較能忍耐。要學會欣賞別人，時常提醒自己，沒有僥倖的成功。別人取得成功，一定有他過人之處，應向他學習。

在等待期間，要保持警覺，因為機會隨時會降臨。這要求你保持最佳狀態，對工作絕不鬆懈。沉不住氣的人，容易自怨自艾，或變得偏激主觀，做出令人惋惜的舉動，可能令長期辛苦耕耘而得的成果毀於一旦。「世事豈能盡如人意，但求無愧我心。」努力爭取表現，然後耐心等待機會。

## ▌爭取生存智慧

「寧可人負我，切莫我負人」是做人的基本原則，上班族也不妨體會「寧可組織對不起我，切莫我對不起組織」這句話的重要性，盡心盡力把公事做好，並和同事相處愉快。有時公司會遇到一些困難，有時整個產業遭逢困難，有時經濟很不景氣，更應力求自保，先保住飯碗。有關求生存的智慧，有 10 點策略供參考：

1. 放低自己，以低姿態在團隊中全心奮鬥。即使公司要裁員，也努力使自己在最後的考慮名單之列。

2. 爭取加班，一方面可以增加些收入，一方面也可贏得高層主管的信任，讓主管深切感覺你是資產而非負債，你一個人可以等於兩三個人。

3. 留意企業集團內其他部門的資訊，萬一沒有保住眼前的工作，也盡可能留在同一企業集團其他部門求發展。

4. 常寫生日卡、聖誕卡、賀年卡及各種謝卡，謝謝主管及其他部門同事。聖誕、年終歲首尤其是好時機，不做作，又可為人際感情添些柴火。

5. 學習其他專長，尤其是配合資訊革命和數位革命的種種技術，絕不淪為「功能性文盲」。

6. 想想企劃案向上級呈報，證明自己正考慮市場變遷，並能適時提出對公司有利的新構想。這些企劃案的創新色彩不宜過高。務實是比較重要的。

7. 增加自己能「動」的部分，如平日習慣動口的也多動動手、動動腦。

8. 做些提高團隊士氣的事，在大家都鬱悶、沮喪、怠工，甚至冷漠、怨恨、漠不關心之時，由我們主動做個為大家打氣的人。此時應避免批評或抱怨，多講些有幽默感的話，發揮高 EQ 的特質。

9. 表現出「忠誠」，不做洩漏公司祕密的事，不打擊公司形象，不做有損公司的事。忠誠是上班族個人信用中很重要的一環。

10. 埋頭做事，不要四處走動探聽消息，愈是不景氣，風吹草動的時候，愈應堅守崗位，避免捲入是非。四處遊走的人總是謠言散布網中的一員，也是公司最想解僱的一批人。

對平凡的上班族而言，薪水就算再少，但少總比沒有好，千萬別因你個人的閃失，經歷暗淡的生涯。

# 第十九章
# 如何為自己創造機會

## 丟進大海的寶石

遇到了機會，並不等於掌握了機會。機會遍地都是，但適合你的，卻往往只有一個。如何決定哪些機會適合自己，哪些不適合自己？這需要我們對各個意念，作出評估。評估意念是為了找出最具開發價值，又適合我們的想法。如果是評估，也不會自動變成機會，必須把意念付諸實踐，採取具體行動，把意念落實，這樣，才算是掌握機會。

評估機會就是衡量影響機會實踐的種種因素，從而決定某個機會是否可行，是否值得付諸實踐，或決定在多個機會中選擇哪一個。有時形勢發展，不給你時間去評估機會，機會來了，你得立刻採取行動。不過，在正常情形下，事先評估機會，是正確的做法。

迪邦諾在《機會》一書裡，建立了一套實用的評估體系，其重點如下：

1. **利益評估**：機會帶來什麼利益？利益有多大？利益如何產生？如何獲得？在什麼情形下消失？獲取利益時會碰到什麼困難？如何克服？

2. **利益兌現的時限**：那是長線還是短線的機會？調查研究需花多少時間？付出的資金何時回收？利潤何時出現？

3. **資源的評估**：現有資源是否和新機會配合？現存的人力、物力、生產設施、推銷管道等，是否足以應付機會的需要？新機會是否和我們的思維方式和辦事作風一致？

4. **投資的評估**：我們應該投入哪些及多少資源？若把相等資源投入其他用途，是否會比發展這個機會帶來更大收穫？投資評估必須全面，包

括調查研究的成本，開始時投入多少資金，發展下去又需多少資金，還要預計意外事件發生，需要預留多少資金應急等。

5. **測試評估**：機會成敗是未知之數，宜先進行測試，以便估計機會的成效。例如，做市場調查、實驗室測試、生產測試等。目的在於找出機會中最值得發展的部分，以及估計是否能達到目的。

6. **退出時機的評估**：進行開發一項機會之前，需先考慮退出的時機。不能無休止地投入資源。機會的哪些部分需要減少甚至中止投資？還是整個投資計畫中止？何時減少或中止投資？

7. **困難的評估**：困難在開發機會的整個過程都會發生，應估計各階段可能面對什麼困難，如何克服？若不能克服困難，有何應變措施？

8. **預設藍圖**：應先總畫一幅實現目標的藍圖，最理想是實現機會的成果跟藍圖一致。藍圖要具體可行，還要作好準備，因應形勢作出調整。

9. **比較**：把每個機會都進行評估，然後把評估結果比較，決定選取哪個機會。此外，也應拿自己的實力跟對手比較，決定在某項機會上，自己有多大成功可能。

10. **機會價值的評估**：機會價值是利益和成本資源及風險之間的關係。利益愈多，價值愈大；另一方面，成本高而資源有限，又需冒較大風險但利益卻不高，機會價值便減少。

## ▌ 未開始先與失敗告別

有很多人以為只能從事自己所學的專業。據統計，大約有 90%的人依此原則選擇職業，事實上，在這個變化多端的時代我們應捨棄這種可怕的想法。

有時害怕失敗，也會成為陷入心理陷阱的重要因素。

我們在評價自我時，可以採用「改變心魔」的方法。我們每個人心中都存在著「魔鬼」，它是內心恐懼的根源，而且在擺布、控制著我們。認識此點之後，我們所要做的，不是將「魔鬼」從自己的心中趕走，而是面對它，甚至抓住它說：「我知道你在哪裡，我也知道你想做什麼，但我必

須要完成這件事情，所以，請你多幫忙！」

另外一種人，對成功有潛在性的恐懼，他們認為自己「不值得成功」，而陷入了心理的陷阱。

還沒開始動手，就認為自己必定會成為悲劇主角的人相當多，這是非常錯誤的看法。任何人都有成功的價值，只要相信自己能做到，全力以赴，就有獲得成功的資格，一切的結果全看你如何做！

造成心理陷阱另有一因素，那就是「個人改變方向症候群」。

所謂改變方向，就像自然界中整體的動態，常會傾向於能量較低處，人亦是如此。譬如在面臨一件事時，很多人會說：「不！我不會做！」、「我不要！」企圖走向困難較少、較輕鬆的路徑。這種想法會阻礙我們邁向創意成功之途。唯一解決之道，是盡力使自己處於能量高的地方，去發展本身的事業。

此外，也應注意不要受他人否定性想法或言語影響。你的朋友、家人，有時反而是起負作用的，他們或是缺乏想像力，或是因嫉妒心，往往會拖住你想自立的心。諸如：「有可能成功嗎？」、「你是不是在做夢？」——這類言語很可能出自最不希望你成功的人口中。

許多企業家在成功之前，都有聽到「就到此為止吧」或「你會一文不名的」這類話的經驗。

在從事新工作時，必定會遭遇困難，尤其是開始發展屬於自己的事業時，更是如此，你應先克服這些困難，有許多人回憶過去的事情時，總是想到痛苦，對當時的興奮早已忘了。事實上，記住當時的興奮與努力，才是鼓勵你成功的最重要因素。

## 善於表現自己

在我們身邊有這樣的人，他在工作時非常賣力，他勤奮、忠誠、守時、可靠並且多才多藝；他為公司付出許多時間與心力，他應該是前途

光明。

但事實並非如此，他什麼也沒有得到。比他差很多的人，在工作中都不斷地獲得升遷及加薪，這又是什麼原因呢？因為他不懂得表現自己，主管從來沒有注意到他。你是否也是這樣？如果是這樣，學習表現自己，攀上成功的階梯就會容易多了。然而，在你說「沒錯！我就是需要這麼做」之前，先提醒自己，適當地表現自己，和以不正當的手段吸引別人的注意，是完全不同的。真正的自我推銷必須是有創意的，需要良好的技巧。

記住，表現自己必須是光明正大的，不能打擊或貶抑別人的價值。

表現自己要看內容、對象。在分內工作上要力求做到最好。事無大小，要全力以赴。不要有「小事不做」的觀念。通常職責多少、重要與否是跟以往的工作表現成正比的。

要在上級面前表現自己，這是大家都知道的。讓有權控制升遷的人知道你有優良表現；此外，在同事面前，一樣要保持最佳狀態，要讓同事也覺得你辦事能力強，理由是同事對你的評價，也是上級考慮是否提拔你的因素。當然，要讓同事覺得你升級是值得的，贏取他們的敬服。

不要理會別人的閒言閒語。人人都因為希望獲得上級賞識，得到他的提拔，展開明爭暗鬥。誰跑在最前頭，誰就會成為眾矢之的。中傷、謠言、閒言閒語、冷言冷語，最易令人困擾，進一步還會挫傷工作熱情和鬥志。因此，集中精神工作，只要閒言閒語無損你的形象和前途，就不要理會。你為閒言閒語而煩惱，別人會暗裡高興。爭取工作表現，利用優良的工作成績回答閒言閒語。讓人知道你憑實力得到上級賞識，這樣久而久之閒言閒語，或對你的誤解，早晚會消失的。

為了避免不必要的冷言冷語，待人方面還是低調些，謙遜些較好。要區分表現與炫耀。炫耀是刺眼的，招惹他人妒忌，表現是照亮某個工作範圍，得到他人的讚賞。

# 十萬美元的創意

在一個世界級的牙膏公司裡，總裁目光炯炯地盯著會議桌上所有的業務主管。

為了使目前已近飽和的牙膏銷售量，能夠再加速成長，總裁不惜重金懸賞，只要能提出足以令銷售量成長的具體方案，該名業務主管便可獲得高達十萬美元的獎金。

所有業務主管無不絞盡腦汁，在會議桌上提出各式各樣的點子，諸如加強廣告、更改包裝、鋪設更多銷售據點，甚至於造謠攻擊對手……等等，幾乎到了無所不用其極的地步。而這些陸續被提出來的方案，顯然不為總裁所採納。所以總裁冷峻的目光，仍是緊緊盯著與會的業務主管，使得每個人皆覺得自己猶如熱鍋上的螞蟻一般。

在會議凝重的氣氛當中，一位走到會議室為眾人加咖啡的新進小姐，無意間聽到討論的議題，不由得放下手中的咖啡壺，在大家沉思更佳方案的肅穆中，怯生生地問道：「我可以提出我的看法嗎？」

總裁瞪了她一眼，沒好氣地道：「可以，不過你得保證你所說的，能令我產生興趣，否則你隨時準備走路。」

這位女孩輕俏地笑了笑：「我想，每個人在清晨趕著上班時，匆忙擠出的牙膏，長度早已固定成為習慣。所以，只要我們將牙膏管的出口加大一點，大約比原口徑多個40%，擠出來的牙膏重量，就多了一倍。這樣，原本每個月用一條牙膏的家庭，是不是可能會多用一條牙膏呢？諸位不妨算算看。」

總裁細想一會，率先鼓掌，會議室中立刻響起一片喝彩。

一個清新簡單的好主意，往往可以獲得意想不到的精彩成果。本書想與你分享的，也正是如此。透過簡單而充滿智慧的小事，使你自己啟發你心靈的寶庫，找出潛藏其中已久，而你尚未發覺的珍寶。

相信在過去的日子裡，你已閱讀過許多教你如何成功的書籍，而你也

確實從這些書籍當中，掌握了許多完美的技巧。本書並非另一本教你成功技巧的書，而是想與你探討一些原本即屬於你的頂尖觀念與態度。

正如故事中那位女孩所提出的意見一般，有時將自己的思考模式或方向，巧妙地加個轉彎，的確可以看到更開闊的壯麗美景。

故事中的女孩之所以有勇氣當著眾多資深主管面前，向總裁提出建議，是因為她清楚地知道自己要說的是什麼，而且確信是對當時議題有所助益的。

我們也很清楚地知道，本書的內容對你所能提供的協助是極深遠的，所以樂於將它呈現在你面前。而你是否也願意改變自己原有的某些想法，來接受一些清閒簡單的好主意，讓你的心靈，讓你的人生，獲得意想不到的精彩成功。

改變自我，是我們邁向大師殿堂的第一塊臺階。

## ▊「不滿」是發現的第一步

加藤信三是日本獅王牙刷公司的小職員。作為一個小職員，儘管他前一天夜裡加班，很晚回家休息；儘管他頭暈目眩，還想好好地睡上一覺，但是他必須能早早起床，趕到公司去上早班，起床後，他匆匆忙忙地洗臉、刷牙，不料，急忙中出了一些小亂子；牙齦被刷出血來。加藤信三不由火冒三丈，因為刷牙時牙齦出血的情況不止一次地發生過了，情緒不好的他懷著一肚子的牢騷和不滿衝出了家門。

作為一個牙刷公司的職員，數次刷牙牙齦出了血，加藤的不滿情緒越來越大了，他怒氣沖沖地朝公司走去，準備向相關技術部門發一通牢騷。

走進公司大門時，走著走著，他的腳步漸漸地放慢了。加藤信三曾參加過公司組織的管理科學學習班。管理科學中有一條名言使他改變了自己的態度。這條訓誡說；「當你遇有不滿情緒時，要認識到正有無窮無盡新的天地等待去開發！」

當他冷靜下來以後，和同事們想出了不少解決牙齦出血的好辦法。他們提出了改變刷毛的觸感、改造牙刷的造型、重新設計毛的排列等各種改進方案，經過論證後，公司的生產人員對設計方案逐一進行試驗。試驗中加藤發現了一個為常人所忽略的細節；他在放大鏡下看到，牙刷毛的頂端由於機器切割，都呈銳利的直角。「如果透過一道工序，把這些銳角都銼成圓角，那麼問題就完全解決了！」同事們都一致同意他的見解。經過多次實驗後，加藤和他的同事們把成功的結果正式地向公司提出，公司很樂意改進自己的產品，迅速投入資金，把全部牙刷毛的頂端改成了圓角，改進後的獅王牌牙刷很快受到了顧客的歡迎，對公司做出巨大貢獻的加藤從普通職員晉升為科長，十幾年後成為公司的董事長。

加藤的「幸運」來自於在不滿中起步。所以，在一定意義上說，不滿是活力的源泉，不滿是發明和進步的原動力之一。

## ▌把自己發動起來

一位很有激情、但尚未取得過成功的年輕作家承認：「我的問題是整日、整星期過去了，而我卻隻字未寫出來。」

他說：「寫作富有創造性，你必須有靈感。你的思想必須帶動你。」是的，寫作需要靈感，可是，只有行動才能導致下一步行動，這是自然規律。沒有什麼東西會自己發動起來，同樣的道理也適用於你的大腦。你只有正確地調整你的大腦，使它趨於正常的情況下，它才能為你思考。

一位銷售經理是這樣訓練他的銷售員的。

「對挨家挨戶走訪的推銷員來說有一個很大的困難，即使對有經驗的推銷員來說，一大早去敲顧客的門也不是件容易的事情。所以，推銷員們總是推遲、拖延。他要多喝幾杯水，在附近徘徊或做些能推遲的事情。

「我告訴他們，唯一能行動起來的方法就是開始去做。停下來，帶著樣本，走進客戶的辦公室，笑著說一聲：『早安』，然後開始介紹。這一切都是機械性的，無意識地就做到了。第二次、第三次，你會做得更好，更

富有成效。」

一位幽默大師說過：「生活中最大的困難莫過於從一張熱乎乎的床上來到一個冰冷的房間。」他說得對，你躺在床上的時間越長，想著起床後的痛苦，想得時間越長，你就越難起來。

掀開被子，站在地上，這樣簡單的機械性動作就會使你戰勝憂慮。很清楚，不管想做什麼，只有你去帶動思想，不能等著思想去帶動你。

如果你希望自己儘快地行動起來，請做下面這樣的訓練：

1. 用機械性的方法做些簡單但又不想做的事情和家務。雷厲風行地去做，不要去想那些多麼讓人頭痛的事。不妨今天就開始試試，選一個你最討厭的事情。然後，不要想做什麼就開始做。這是最有效的做家務的方法。
2. 機械性地推動思想，制定計劃，解決問題，做大量的思想工作。絕不等到你的思想來帶動你，而應該先做起來帶動你的思想。

這裡有一些特別的方法，保證對你有幫助：只用一支鉛筆和一張紙。一支鉛筆能讓你集中精力。

當你把想法寫在紙上，你就會把全部注意力自然地集中在這個想法上。因為你的大腦不會在你寫這個問題的時候考慮另一個問題。當你寫在紙上時，你也就寫在大腦裡。試驗完全證明；如果你將想法寫在紙上，這樣會記得更久，更清楚。

一旦你掌握了「鉛筆 —— 紙」這一技巧後，即使在干擾嚴重的情況下，你也能思考。思考的時候，隨便寫寫畫畫。這是帶動你思想的有效方法。

## ▍抓住危機中的機會

在鄧尼斯所有的演講上，他都向聽眾介紹中國對「危機」一詞所做的古老定義，他認為美國人有必要向中國學習。中國的「危機」一詞中即包

含了「機會」的「機」字。從字面上來看，中國的「危機」的真正意思就是說：「在危險之上的機會。」想要應付生活上的變化，在生活上獲取成功，最好的方法就是把危機看成是機會，把阻擋在路上的絆腳石當做起跑的踏腳石。

在生活壓力下要發展適應能力，首先要把這些壓力看做是正常的。成功的人都會發展出堅強的心理力量，一般叫做個性力量。從研究結果上可以看出來，生命中的逆境和失敗，如果能夠接納它們，看做是正常的回饋，那麼，它們就能協助我們繼續向生活的目標前進。它們將在我們身上發展，使我們產生免疫力，不會向焦慮、沮喪屈服，也不會使我們對生活的壓力產生不良的反應。

使用藥物克服緊張焦慮的情形越來越多（這種藥丸的消耗量，每年已超過 7 千萬顆），這種藥物可以減少我們遭受痛苦或失敗威脅的情緒反應，因此，我們才大量服用。但是，很不幸，這種藥物也同時妨礙了我們學習容忍生活壓力的能力。以行為來解決個人的問題，要比用藥丸來解決，好得太多了。

歷史上充滿許多有趣的例子：有很多人把絆腳石變成踏腳石，並且因而對這個社會有了傑出的貢獻。辛普森小時候腿上要套上矯正器，才能走到舊金山街上；貝多芬是聾子；大文豪米爾頓（John Milton）是瞎子；丹普賽僅以半條腿踢出了全國足球聯盟歷史上距離最遠的射門紀錄。另外還有成千上萬的人把生活中的缺點轉變為優點。

「路易斯安那博覽會」於 1904 年在聖路易市和奧林匹克運動會一起舉行。共有 42 個州和 53 個國家參加這項展覽會，慶祝法國把路易斯安那北部送給美國的 100 週年紀念。這項展覽會一般稱做「聖路易博覽會」。

在博覽會中的眾多攤位中，有一個男子租了一個攤位賣霜淇淋，另一名男子則租了一個亭子賣鬆餅。博覽會舉行期間，遊客人潮洶湧，霜淇淋和鬆餅兩個攤位的生意都好得不得了。

有一天，鬆餅攤位的紙盤子用完了 —— 他都是用紙盤子盛裝鬆餅，

加上三種不同的配料賣給顧客的。但是，他卻發現，在整個博覽會會場裡，竟然沒有人願意把紙盤子賣給他，這令他感到十分生氣。所有的其他攤位都把他們的紙盤子藏起來，擔心他們若把紙盤子賣給他，將會被拉走一些顧客。

霜淇淋攤位老闆對其同伴的困境，似乎感到很高興。他說：「我看，你最好來幫我賣霜淇淋好了。」

鬆餅老闆認真考慮了他這項提議，他試著不用盤子裝，而把鬆餅直接賣給顧客，結果糖漿全流到客人的袖子上去了，弄得顧客大為生氣。最後，他同意以折扣價格向霜淇淋攤主買進霜淇淋，然後轉手賣出去。

鬆餅老闆希望以出售霜淇淋的低利潤來彌補一部分損失。他最大的問題是要如何處理所有那些剩下來的鬆餅原料，因為他已把一生的積蓄投資在上面，希望從「聖路易博覽會」的龐大參觀人群中賺回來。突然間，靈光一閃，一個念頭閃現在他腦海中。他以前為什麼沒想到呢？他確信這樣做一定有效的。

第二天，在家裡，在他妻子的協助下，他做了 1,000 個鬆餅，並用一塊鐵片把它們壓扁。然後，趁著這些鬆餅還熱的時候，他把這些餅片捲成圓錐狀，底部有個尖端。第三天早上，在中午之前，他就把冰淇淋全部賣光了，所有 1,000 張鬆餅也全賣完了。由於他遭遇到紙盤子賣完的挫折，結果反而使他發明了「霜淇淋甜筒」。

1930 年代，費城有位德國移民開了一家小餐館，專賣德國香腸、麵包及番茄醬。他缺乏資金，無法像別家餐館那樣供應盤子及餐具，因此，他就準備了一些便宜的棉手套，讓顧客戴上手套，拿著沾滿番茄醬的香腸吃。他的最大困難在於，顧客往往把棉手套拿回家去，用來除草或修剪花樹，或做些其他雜活之用。為了供應這些棉手套，他幾乎要破產了。

為了解決這個問題，他把德國麵包從中切開，把香腸和番茄醬放在麵包開口中。第一天，以這種方式賣香腸時，他解釋說，他已停止供應棉手套，因此用這塊剖開的麵包代替棉手套。有位顧客，看到店主人所養的那

隻狗正在角落裡嗅個不停，於是開玩笑說：「現在我們知道你為什麼要用這麼好的麵包把你的香腸包起來了。你把以前所養的另外一隻狗怎麼處理了？」店主人哈哈大笑。在那一瞬間，「熱狗」就此誕生了。

不堪窮困潦倒而自甘墮落，是最平庸的人。

能夠「逆水行舟」，才是真正偉大的人物。

窮困潦倒時，陷入絕境或走投無路時，能夠再進一步堅持並實現理想的，才是成功者應有的態度。

詹姆士‧楊本來是個在新墨西哥州高原種植蘋果的果農。他每年把收穫的蘋果裝箱，透過郵政銷售方法零售給顧客。

「如果寄出的蘋果令你不滿意，請賜告一聲，縱然不退回蘋果，訂金照樣奉還不誤。」他以這樣奇特的廣告詞，吸引了許多預約訂戶。

但有一年秋天，新墨西哥高原下了罕見的大冰雹，使顏色鮮豔的蘋果，全部遭受到損害。

面對被冰雹損傷的蘋果，詹姆士心裡悲痛極了。

「是冒退貨的危險呢，抑或乾脆退還訂金？」不管怎樣，都是使得他頭痛的事。他越想越懊惱，歇斯底里似地抓起受傷的蘋果拚命地咬。這時，他忽然發覺這種蘋果卻比平時更甜、更脆、更有汁，而且更美味可口。但乍看起來，的確非常難看。

「唉！多矛盾！好吃卻不好看！」

「我怎麼辦呢？請指示我吧！有什麼補救的辦法呢？」他每天都這樣苦惱著。

一天晚上，他在床上輾轉失眠時，腦際忽然浮起一個創意。他決定像往常一樣裝箱郵送。

第二天，他根據構想的方法，把蘋果裝好箱，在每個箱裡附了一張紙條，那上面寫著：「這次寄出的蘋果，表皮上雖然受點傷，但請不要在意，那是冰雹的傷痕，這是真正在高原上生產的證據呢！在高原，氣溫往往驟

降，因此蘋果的肉質較平時結實，而且能產生一種風味獨特的果糖。」

在好奇心的驅使下，顧客迫不及待地拿起蘋果，想嚐嚐味道。

「嗯，好極了！高原蘋果特有的味道，原來就是這樣！」大多數顧客都不禁這樣笑顏逐開地讚美。

結果，他們紛紛加貨，詹姆士因此發了一筆財，後來他成為著名的廣告人。

## 別做埋在礦石中的銀子

富蘭克林曾說過：「沒有受到教育的天才就好比埋在礦石中的銀子。」

教育之所以重要，原因之一是，它可以為你創造前面所述的許多「資本」。假如你受了很好的教育，你自然就有了許多有用的本領，有了豐富的知識，有了能激勵你上進的朋友。因此，在設計你的人生時，要注重教育，因為它是擴大你的選擇範圍、增加選擇機會的一種奇異手段。並且，對於大多數人來說，讀書還是很有趣的。不少人認為，學校生活是他們一輩子中最有意義的時期。

你在選擇接受什麼樣的教育時，有三點特別注意：

第一，你學習的東西應該是你感興趣的，假如你覺得要確定這一點一時有些困難，就花幾年時間在幾個領域嘗試一下，上幾門扎實的基礎課 —— 自然科學、數學、商務、歷史、藝術 —— 在這裡你將學到很多領域的知識，特別要選好對你成才有重大幫助的課程。無論你最後決定做什麼，我們希望，這本書也能給你一些參考性的意見。一般來說，課程越嚴謹，像自然科學、數學這樣的課程，對於擴大你以後的選擇範圍更為有用。

假如你至今還沒有發現令你感興趣的領域也不要憂鬱，很多人花費好幾年的時間才解決專業方向的問題。但是要不停地在新領域中嘗試，堅持在新領域進行試驗，不要坐守不前。

第二，你應該進你能夠去的最好的學校。上名牌學校有幾點益處：

1. 你可能得到最好的教育
2. 你將處在有才能的、有進取心的人群之中，如我們已經知道的，與你交往的人的性質對於你將來成為什麼人有很大影響
3. 你上的學校的名聲對於你的前程有些影響。

第三，無論你上哪所學校，你都應該力求學得好一些，你的分數越高，你以後的選擇機會越多。更為重要的是，假如你不學會在學校嚴格地要求訓練自己，你以後也不能嚴格地約束自己。

有趣的是，最後一點（在學校學得好）可能比第二點（上明星學校）更重要。在普通學校念書成績出色的學生跟在明星學校念書的一般學生一樣好，甚至還要強一些。出自一般中學的學習優等生比那些最好中學中的一般學生要強。貝爾電訊公司對他們年輕的職員做了一次調查，得到的結果是一樣的。從普通大學畢業的班上前 1/3 的學生與畢業於最有威望的大學的班上中等水準的學生做得一樣好，甚至還要好一些。之所以這樣，也許是獲得的成功轉變成習慣了。普通學校的優秀學生懂得要學得好，並且知道要靠自己的努力去爭取最好的成績。當他們離開學校去就業以後，繼續希望透過他們自身的努力去獲取好的成績。

## ▌跳脫格局，創造機會

1. 通常你是被動地等待機會？還是主動去創造和爭取機會？為什麼？
2. 你的創意指數高不高？有沒有增加創意的方法？方法是什麼？
3. 你可不可以快速地將一個問題，用不同的角度去思考？為什麼？

英國某大報曾做過一次有獎徵答，題目是：有一個熱氣球載著三位科學家，第一位是核子專家，他可以避免核子戰爭，免於人類被滅亡的恐懼。第二位是糧食專家，可以快速種出作物，避免缺糧的問題。第三位是環保專家，他可以避免環境被破壞，改善生活的品質。

三位科學家都很有貢獻，但都不會游泳，熱氣球升到半空中時，突然

開始漏氣，此時必須要犧牲掉其中一位科學家，才能換得另外兩位的生存，繼續造福人類。請問，如果是你，你會犧牲哪一位科學家？把哪一個丟下去？

有超過 80％的人回答：核子專家；少部分的人答其他兩個，但這都是沒有創意的答法。

這個超級大獎最後被一個七歲的小男孩拿走，他的答案是：「把最胖的那一個丟下去！」

跳脫原先的格局，你才會激發創意，創意一增，開拓的機會就隨之來。想想，小男生的答案完全符合標準，但是創意卻使得他的答案更具爆炸性。

不要只是等待，機會是需要去爭取，也可以去創造，要改造自我，主動去爭取機會，誰會主動來協助你成長呢？誰也不知道，但是，你願不願意幫助你自己，只有自己再清楚不過了！

有空的話，看看腦筋急轉彎，開發一下你的創意，其實，創意是可以透過模仿和學習得來的。

多吸收新資訊、多增加自己的見聞，多開動腦筋，最重要的是要有主動出擊、積極爭取的習慣，那才是自我改造的原動力。

好的東西值得堅持，新的創意需要增添，偶爾換換口味，吃一餐不常吃的料理，不要每天上下班走同樣的路線，多繞些路也無妨，不同的風景會有不同的感觸。不要把自己搞得冥頑不靈，那要改變可就難上加難啦！

## ▌順著機會的急流而下

人人都渴望成功。成功人士，不約而同，都是創造機會、利用機會的高手。當其他人在原地踏步時，他們早已順著機會的急流而下，「輕舟已過萬重山」，建立自己的事業王國。

常常聽人說這樣一句話：「我等一個機會！」一個「等」字，可圈可

點，多少歲月都在等待中消逝。人生有幾個十年呢？我們要虛度幾個十年，才懂得後悔？「莫等閒，白了少年頭，空悲切！」岳飛的感喟又在我們耳際迴盪。

朋友，拋開顧慮，創造你的機會吧！跨出第一步，闖進機會的網路之中，任由機會把你帶到遙遠的地方去，不要怕，因為機會往往在不怕的面前出現。

紫微斗數有句術語：「命好不如運好，運好不如流年好。」某年的一個機會，就足以改變你一生。問題是，你有沒有好好捕獲這個機會。請擦亮你的眼睛，留意形勢變化，爭取做第一個捕獲並善用機會的人。

對待機會，有兩種態度：一是等待機會，二是創造機會。等待機會又分消極等待和積極等待兩種。不過，不管哪種等待，始終是被動的。希望過得精彩的你應該主動去製造有利條件，讓機會更快降臨在你身上，這是創造機會。

創造機會，首先要克服種種障礙。錯誤的思想、不正確的態度、不良的心理習慣，是創機的主觀障礙。克服不了主觀障礙，就會出現拖著自己後腿，被自己打敗的情況。

創造機會者有一定的形象，建立了形象，就好比曝光在聚光燈之下，受到各種機會所注目，就更容易獲得機會的青睞。

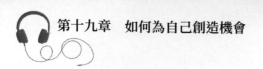

第十九章　如何為自己創造機會

# 第二十章
# 懂得如何幸福地生活

## 人因愛而生

愛人並不是件簡單的事，人也必須有愛才能生存。當然，沒有食物是不可能生存的，但沒有愛，也同樣難以活命。食物是肉體上的物質欲求，愛則為心靈上的精神需要，真實的人生由這兩部分構成。

「愛」是非常簡單容易的一個字，但這個字卻包含了多彩多姿的意義。在生命誕生之初，我們便接受了愛的資訊，當媽媽第一眼看見自己的孩子，總會開心地說：「寶貝，你真漂亮。」用自己全副心力照顧孩子，從學會翻身到爬、從爬到站、從站到走，都是爸媽一點一滴辛苦的結果，都是父母的愛心，也同時代表了家庭之愛、夫妻之愛，為人生奠定了基礎。良好的人際關係除了愛他人以外，也要愛自己、自愛為愛的基礎。除此之外，也要熱愛自己的工作、投入社會，愛國家、愛人類，因為愛具有無限廣大的延伸性，而且每個人都有愛的能力。

想想看，我們到底獲得了多少愛，付出了多少愛。從現在開始行動吧？

我們被賦予不一樣的容貌、形體與才能。沒有比人類更偉大莊嚴的存在，我們必須要有此自信，發揮自己的能力，不浪費生命。

人類最大的希望就是「擁有愛心」，如果沒有愛心，即使再有成就也不算成功。事實證明，成功者都充滿愛心，而缺乏愛心的人是個相當不幸的人。

擁有權力、財富、地位與榮耀的人，如果充滿私心與私欲，那麼這所有的一切等於建築在架空的地基上，很容易土崩瓦解。報紙新聞版上，觸目所及皆為壞人落網、惡有惡報的報導，但我們的社會形態早已日趨「笑貧不笑娼」的心態，為了錢，人們依舊不惜鋌而走險。

在現代拜金主義的浪潮下，金錢、地位、權力代表著成功，輕視心靈面及精神面的豐富，這是社會的大問題，也是人們缺乏幸福感的關鍵。追求奢華享受、不重視生命，少年犯每年都有增加的趨勢。人們也許在物資上得到了豐富與滿足，但在心靈上，卻得忍受孤獨。在繁華街道上遊玩的年輕人，事實上都缺乏愛。

作為一個人在地球上生存，最大的使命就是愛人。「人因愛而生」。這句話一點也不誇大。

愛是一種情緒的直接反應，口頭上的愛並不是真正的愛，必須有具體的行動，才是真正愛的實踐與表現。

## ▌寬恕的奇蹟

在心理諮商實驗中，所有被施暴的人，無論是性騷擾或暴力侵害，在治療的歷程中，寬恕是必然的過程。有一位遭受性騷擾的女孩兒，她的憎恨遲遲不能消去，當然她的憂鬱也不能消失。直到有一天，她領悟到寬恕時，她說：「傷害我的人是我的親人，我也不能報復，即使報復了又能怎樣呢？我背負著痛苦的記憶已經很久了，還是寬恕他好。」她的病情才有起色。校園暴力中的受害者，如果不能引發寬恕的自發性反應，通常很難從中完全解脫出來；他們的人際關係，也會一直出現不安和敵意。

其次，當一個人能寬恕別人的時候，壓力才得以紓解，恢復心理平衡。你是要放在心中繼續計較而折磨自己？抑或放下過去，洗淨它的汙染，重新創造新的生活呢？有位太太在知道先生有外遇時，憤怒地告訴她先生她非離婚不可。經過思考之後，她原諒了先生。當然，他先生必須把那段風流韻事做一了斷才行。

其三，寬恕對於受害者而言，固然有一種平白損失的感覺，但是一直處在憤怒之中，卻使一個人不容易重新振作。當然，你可以化悲憤為力量，去報復對方，但絕對不如化悲憤為力量，在寬恕中開拓美好的未來。

寬恕是心靈成長的重要動力。寬恕能治療一切憤恨，能重建人際和諧的態度。不肯寬恕的人大多是自以為聰明的人，但長遠來看，他們並不聰明。

## 擁有一顆仁慈的內心

成功者總是對他人懷有興趣與關懷，他們體諒別人的困難，尊重別人的需求。他們維護人性的尊嚴，和別人相處時把別人也當人看待，而不把他人當做打獵的犧牲品。他們善待每個人，每個人都有值得尊重與敬仰的獨特個性。

我們對自己的感情對別人的感情常常是相吻合的，這是心理學的事實。一個人對別人仁慈，他們一定也對自己仁慈。認為「人不太重要」的人，一定沒有深厚的自重與自我關懷，因為他自己也是一個「人」。用什麼尺度衡量他人，也會不知不覺地用同樣的尺度衡量自己。克服罪惡感最有效的方法，就是不要在心中譴責他人 —— 不要衡量他人，不要因為犯錯而責備他人、憎恨他人。你覺得別人更有價值的時候，你就可以培養一個更好、更合適的自我意象。對他人仁慈是成功個性的另一個理由，是因為人必須懂得自我尊重。

## 學會享受「過程」

每當遇到任何煩惱的時候，你都想想：如何讓我現在更快樂？每一次遇到挫折的時候，你都要想，成長的機會要來臨了；每當做事遇到壓力的時候，你都要告訴自己，我一定要享受這工作的樂趣和過程。

也許有的時候，你無法控制自己要做的事情，因為可能是別人要求你

做的，但你永遠可以改變做這些事的心情。

做一件事情，你可以高高興興、快快樂樂地去做，也可以痛苦地去做，假如你能夠選擇快樂，為什麼要選擇痛苦？要知道：快樂是一種選擇，痛苦也是一種選擇。

做每一件事情，我們都要選擇快樂，選擇享受。

所有的事情之所以會有思考的瓶頸，是因為你沒有想清楚最初做事的目的，不了解你自己做事情的宗旨。

很多業務員很怕被拒絕，因為他滿腦子想著要賣產品，顧客一旦拒絕，他就會有一股很大的挫折感。

如果，你的推銷宗旨理念是：「提供顧客最好的服務，幫助顧客解決他們的問題。」以這樣的想法來做的話，任何事情都會是非常簡單的。例如，你要拜訪非常多的顧客，你可以說因為下雨，不要去了；也可以說因為要去建立新的人際關係、交新的朋友；更可以說是要去分享自己的喜悅，分享他們的喜悅，也把你的快樂帶給他們。

如果你有這樣的想法，做每一件事情都會非常愉快，而且一定會非常成功。

## ▌尋求內在的平靜

富有的農夫在巡視穀倉時，不慎將一隻名貴的手錶遺失在穀倉裡，他在偌大的穀倉內遍尋不獲，便定下賞金，要農場上的小孩到穀倉幫忙，誰能找到手錶，給他 50 美元。

眾小孩在重賞之下，無不賣力地四處翻找，但是穀倉內盡是成堆的穀粒，以及散置的大批稻草，要在這當中找尋小小的一隻手錶，實在是大海撈針。

小孩們忙到太陽下山仍一無所獲，一個接著一個放棄了 50 美元的誘惑，一起回家吃飯去了。只有一個貧窮的小孩，在眾人離開之後，仍不死

心地努力找著那隻手錶，希望能在天黑之前找到它，換得那巨額賞金。

穀倉中慢慢變得漆黑，小孩雖然害怕，仍不願放棄，手上不停摸索著，突然他發現在人聲靜下來之後，出現一個奇特的聲音。

那聲音「滴答、滴答」不停響著，小孩登時停下所有動作，穀倉內更安靜了，滴答也變得十分清晰。小孩循著聲音，終於在偌大漆黑的穀倉中找到那隻名貴的手錶。

成功的道路上，我們難免會遇上一些障礙，如何能夠越過障礙而直抵成功的終點，是我們必須學習與研究的重要課題。

日趨進步的社會，帶來日益繁複的各類資訊，甚至連帶的，使得人與人之間的關係也變得更加複雜。許多人認為想要成功，就得在這些複雜的障礙中理出一條清晰的大道來，方便自己行走。於是便求助於迷信或算命占星等方式，企圖提早看清自己未來的方向何在。

正如故事中眾人紛亂地找尋手錶一般，如果不能真正了解成功的法則，再多的問卜相命，不僅是徒勞無功，同時也損失自己的金錢。其實，真正的大師應該是你自己。

成功的法則其實很簡單，而成功者之所以稀少，是因為大多數人都認為太簡單了，而不信或不屑去做。

專注與單純，是成功法則中極重要的兩種態度。正如故事中貧窮小孩一般，為了獲得巨額賞金改善生活，在眾人放棄後，執意要找到手錶，甚至克服了對黑暗的恐懼。而在穀倉安靜下來之後，當周遭環境不再複雜，他便輕易地找到了他所要的。

成功法則正如穀倉內的手錶，早已存在您的心中，只要您真的要去找到它，並且讓自己靜下來，專注而單純地思考，您將可以聽到清晰的滴答聲。

循著您心內正面的引導，不受複雜的外力所困惑，您終將成為一位頂尖大師。

# 休息是為了走更長的路

我們時常看到一些人，只做了一段時間的事情，若是沒有成功，收入沒有達到一定的標準，他就放棄了。與此相反的是，有些非常成功的企業家，他們連續工作了幾年，一點報酬都沒有，還要不斷地貼現金進去，等到十年之後，他們賺進了巨大的收入。

一般人在一個月之後放棄，兩個月之後放棄，三個月之後放棄，四個月之後放棄……這些人抱持著這樣態度，是不可能會成功的，因為放棄本身也是一種習慣。不管做什麼事，只要放棄了就沒有成功的機會；不放棄，就會一直擁有成功的希望。即使有 99% 想要成功的欲望，卻有 1% 想要放棄的念頭，這樣的人也是沒辦法成功的。

每一個人都可以快速地轉變，只是如果你已經選擇這份事業，你必須給自己時間。

凡事不要以賺錢為目的，有許多賺不到錢的人，口口聲聲說他要賺錢，事實上，就是因為他老是想著賺錢，沒有思考要如何提供好的服務，以及有價值的商品，因此他賺不到錢。

有人聲稱，他的休閒活動就是賺錢。

這話聽來固然不錯，但是，每個人都應該有時間來做一些休閒活動，去看場電影，去聽音樂會或演唱會，可能在家休息，可能看看書，可能去度假……諸如此類，來調劑心情，準備再一次出發。

人生就是要盡情享受每一分每一秒。不是每天工作工作，當然，工作時一定要全力以赴，但休息時也要充分休息。

一般人搞不清楚人需要有「磨刀時間」的道理，所以他覺得很累，情緒不穩定，效率不夠好。

如果你有這樣的生活習慣，思維的橡皮繩老是拉得很緊，你勢必無法堅持很久，因為人是會彈性疲乏的，所以一定要充分地休息。

在充分的休息後，你唯有在每一分每一秒，不斷地享受工作的過程，

同時全力以赴，讓事情做到最好，比要求的還要好，堅持到底，這樣，不管你做什麼事情，你才一定會成功。

## 沒有絕對的好壞

事情如果既不是善，也不是惡，而只是存在，又如何呢？如果我們重回以前的本有純真狀態，人生會是何種模樣？「我們是星辰，我們是金質的，」歌手瓊妮・米歇爾（Joni Mitchell）說：「我們必須返回樂園。」

樂園裡，我們可以看到沒有一件事物「本身」是善或惡的，而是每件事物都有積極與消極之「用」。決定一件事物是好是壞的不是它「本身」如何，而是你如何「用」它。

例如，一把小刀，其本身是中性的。它可以用於殺生，也可以用於治療，既可以用來傷害，也可以用來幫助。我們生活裡可不是一切皆然？我們希望能擺脫的「壞」事是不是可能有其積極面？我們是不是可以把它轉一轉？

我們由「童年」說起。我們所不喜歡的童年時期的那些經驗有沒有可能造成了我們的堅強、韌性、果決、有趣以及我們性格裡我們樂見的方面？

改變兩件事 —— 我們的態度與我們的高度 —— 我們就能以一種新眼光來看問題，看人生。轉變態度，高度就上升，我們就會看見隱藏在問題背後的機會。

有正確的態度，我們就能透過解決問題，我們會到達另一邊，於是，瞧！益處在此。有高度，我們就處在問題上面，看到問題後面的福氣。這樣，我們就能把問題看成不過是一種實現這種快樂的途徑 —— 一種保護性的掩飾。我們不必咒罵這層禮物的包裝。我們開開心心剝掉它，拿到禮物。

有時候，這禮物只是使我們變堅強一些。有時候，禮物是一項教訓。通常是這兩者。如此，問題則是一種操練、一種研習。「切勿把研習當成

職責，」愛因斯坦說：「要當作一種值得欣賞的機會，這機會讓你得知美在精神領域使人自由的力量，這力量是你個人的喜悅，並且有益於你以後的工作所歸屬的共同體。」我們極少以此眼光看問題。這是用提升的態度與高度看問題的好處。

## ▌做自己生命的主角

「人生會按自己所想像的情形發展下去」，這句話是至理名言。

一切都是自己的選擇產生的結果，一切都是自己的責任。到目前為止，你的人生過得如何呢？是美好還是不盡人意呢？或者，結果就如同自己所判斷、決定的一樣呢？還是，你的人生是父母親及周圍的人所期盼的樣子呢？

首先，不論到目前為止你的人生狀況如何，請不要再把責任推給別人。

即使你說：「因為父母親命令我這麼做，雖然我心不甘情不願的，仍舊念了不想念的學校。」但這不是你自己決定的事。

但是，這是按照別人的意見所決定的人生，你無法在自己的人生中做主角，這是受別人操縱的人生。而且那樣的人生也不是由你自己的價值觀所決定的，不順心的決定，只會更讓你的將來徒留悔恨。

別人的意見畢竟只是意見而已。別人即使告訴你再多的關於升學、結婚、工作……的建議，那也只是那些人他們自己的價值觀罷了。所以，請你不要忘記，把那些話當做參考，但最後做決定的仍是你自己。

任何人都不會為你的人生負責，因為該負責的人是你自己。所以不能把自己人生的主導權交給別人。你並不是為了父母親或其他人而活的，請不要忘記，自己人生的主角是自己。

自己人生中的重要大事，即使遭受周圍人的反對，自己還是要貫徹自己的想法，要有「我想這麼做」這樣的勇氣與堅強。

而且不要害怕自己的人生旅途必經的一些磨礪而不敢面對問題。

## 生命從今天開始

我們常常都會記得過去的事情，而每當我們想到了那些事，就會為此煩惱不已。

「曾經和朋友大吵一架」、「與男朋友鬧翻了」、「被老闆開除了」、「失戀了」等等，那些憎恨、憤怒以及悲傷是無論如何也忘不掉的。另外，你也會有「那個時候要是那麼做就好了」或是「要是那樣說……」等後悔不已的記憶。

但是，相反地，也有許多美好的記憶。

「比我以前服務的那家公司待遇好多了。」

「在工作上取得很出色的成績，受到老闆的誇獎。」

「以前曾有一個相愛的戀人，和他在一起時我每天都覺得好幸福、好快樂。」

「過去我明明是這麼的幸福……」，你會覺得現在和那時比起來不幸多了，於是你往往會執著於過去。像這樣的想法，充滿了惡劣的感覺，結果連那些美好的記憶都受到了不好的影響，到最後，你一直執著於那些惡劣的或美好的記憶中，因此造成了現在的不幸。

為了避免這樣的事情發生，我們應該要告訴自己：「當我們每晚入睡時我們的生命已經結束，到了早上時，我們又重生了。」然後，每天早起時，過去就成了一張白紙，只要考慮我們的現在和未來就可以了。只要我們對自己的未來有所期待，相信也就不會再為過去的陰影所困擾了。

## 陶然於生命中的美

不論你過去的生活經驗如何，童年是否受過很多挫折，或是在嚴格

的教養之下長大，除了尋找專家的協助之外，你可以暫不管它。從現在開始，為了提升精神能量，讓自己活得好，要做的第一件事就是擁有「美感」。

我們只有在欣賞美的時候，心情才會好起來，能量才會流入我們的心靈，令你覺得喜悅自在，思考與情緒就會穩定下來。所以，美感是我們人生中很重要的一環。

「美」是一種智慧的開啟，它本身就是一種能量。當你看到一片風景、一件藝術品或一篇詩文時，若不能以一種局外人的觀點來欣賞，就沒沒辦法感受那份美感。舉例來說，你家裡種的花雖然很美，但由於你和它太親近了，以致不能做一位局外人，東挑剔、西嫌棄，失去欣賞的態度和興致。看到朋友家裡的花，會覺得它們姿態、花蕊和花瓣都特別美，帶給你一種喜悅和寧靜。所謂「別人的花比自家花美」，正是因為扮演了局外人角色的緣故。

禪宗就有「局外人」的修行方法。譬如，對於愛人你要關心，但是你也要常常跳出小圈子來，以局外人的角度來看待他們，你就會覺得自己的小孩有很多優點。美的事情也是如此，有些人有收藏藝術品的喜好，但一幅畫買回來之後，便把它收藏起來，沒有時間欣賞，以致不能享受它的美。可是當他參加畫展時，可能會對某一幅畫神往良久，讓他產生一種很深的感動。你可能會覺得公園的花木很美，但如果那些花木是你自己種的，你就不容易維持一個客觀、超然的欣賞態度，不能以局外人的眼光去欣賞花木之美。再如你看人採茶，以局外人的身分幫忙一小時，會覺得採茶很美、很有詩意，但你若是茶園主人，就會希望趕快採完，越快越好。很多事情一旦形成一種壓力，就會變得索然無味了。

我們在日常生活中，要培養美感，讓家庭有溫馨的感覺。吃飯時千萬不要把整鍋湯端到飯桌上，而要用適當的碗盤盛裝起來擺好，這時就會有一種美感，吃起來也覺得特別有味道。的確如此，我們偶爾到飯店，大家圍坐吃飯，就會覺得那天吃得特別愉快。為什麼在家裡不會有這種感覺呢？關鍵在於飯店的碗盤都很講究。日本人受禪的影響很深，因此你到日

本料理店用餐，會有一種感覺，那就是盤子很美，有一種特別的氣氛，用起餐來有著美感。

我們吃飯的時候，也可以同時享受美感。食物和餐具可以帶給我們色香味俱美的滿足感。平常我們若把菜或水果切得美些，吃起來也會覺得無比的喜悅，不信你試試看。

一個家庭的成員若能把周圍的人、事、物之美，或是在報刊上看到的好文章，與家人共用，那麼他們的心胸就會越來越開闊，能量也會越來越豐足。這就是人與人之間能量交流的緣故。

幾位老師討論美的教學，一位老師說，他把學生帶到風景區遊玩，那些學生並不欣賞山水美景，而是一窩蜂跑去排隊玩遊樂器材。一般人對美的感覺是很缺乏的。你是不是覺得家人也常常疏忽了美的感覺呢？若是如此，你的穿著要注意美感，家裡的布置也要有美感，美感會給我們一種精神力量。

你如果想把小孩教養好，家裡就要收拾整潔。有位教育家做過許多家庭訪問，得到一個結論：家庭環境亂七八糟的小孩，腦子通常也亂七八糟，而且因為沒有美感，心也是封閉的。他們敵意強，缺乏同情心，在思想上也比較消極。

其實，美感是現成的，只要在日常生活中懂得欣賞，一碗白飯吃起來是美的，平常一投足、一舉手也都能夠欣賞到美。當我們擁有豐足的美的感受時，心靈自然會打開來，而有種歡喜的感覺。就是這種心情令我們活潑快樂，讓精神生活顯得豐富。

# 第二十一章
# 成為一個誠實的人

## 一週的工作要付多少錢？

「如果我雇傭了你，」底特律一家雜貨鋪的老闆對一個剛到店裡來求職的男孩子說：「我想你會按照我說的去做吧？」

「是的，老闆。」

「如果我告訴你白糖的品質是上乘的，而實際上它們的品質卻是很差的，你會怎麼說？」

男孩子一分鐘也沒猶豫，他說：「我會說它們品質上乘。」

「如果我告訴你咖啡是純淨的，雖然你明明知道裡面有大豆，你又會怎麼說？」

「我會說咖啡是純淨的。」

「如果我告訴你奶油是新鮮的。而它們實際上卻是已經在店裡保存了一個月了，你會怎麼說？」

「我會說奶油是新鮮的。」

這個商人的神色顯得有點惶恐，他非常嚴肅地問道：「你要多少錢才會為我工作？」

「一週 100 美元。」這個男孩子以一種生意人的口吻回答道。

這個雜貨店小老闆差點從凳子上掉下來，他又無比驚奇地重複了一遍：「一週 100 美元？」

「而且，兩週以後還要按一定的比例增加，」這個男孩子冷冷地說道：「因為，你知道，一流的騙子也要有一流的價碼。如果你的生意中需要一流騙子，那麼你就得付出一流的薪水。若不然的話，我只要每週 3 美元就可以為你工作。」

男孩子以其人之道還治其人之身，結果，以每週 3 美元的薪水得到了這份工作。

一群印第安人圍在一家新的店鋪門前，審視著店主的貨物，但就是什麼都不買。後來，當地的印第安酋長來拜訪店主：「你好啊，約翰，把你的貨物拿給我看看。啊哈！我要給自己買一條毯子，給我的妻子買一塊印花布……我的毯子需要付 3 塊貂皮，印花布需要付一塊。這樣吧，我明天再給你。」

第二天，那個酋長帶著一個大大的包裹來了，他的包裹裡全是貂皮。「約翰，我現在給你付帳來了。」他從包裹裡抽出 4 塊貂皮，一塊接一塊地，把它們放在了櫃檯上。猶豫了一會兒之後，他又抽出第 5 塊，這是一塊特別珍貴稀有的貂皮，也把它放到了櫃檯上。

「已經夠了，」約翰把它推了回去，又回答說：「你只欠我 4 塊貂皮，我只收下我應得的。」

他們又為是 4 塊還是 5 塊推來推去地爭了好長時間，直到最後酋長的臉上露出了滿意的神色。

他把他的貂皮放回了包裹裡，審視了這個店主一番，然後跨出門口，朝著他的族人們喊道：「來吧，來吧，跟這個約翰做買賣吧，他是不會欺騙我們印第安人的，他不是個小心眼的人。」

然後，那酋長又轉過身，衝著店主說：「如果你剛才收下了最後一塊貂皮，我就會叫我的族人們不要跟你打交道。並且，我們還會趕走其他的人。但是，現在，你已經是印第安人的朋友了，我們要成為你的朋友。」

天黑之前，約翰的店裡就堆滿了毛皮，他的抽屜裡也塞滿了現金。

# ▍一張保單的故事

雅各・巴克是紐奧良地區的商業鉅子，當他的一艘遠洋船隻超過規定航程時間很長還沒回來，他很著急，就去了一家保險公司的辦公室，希望給他的這艘船加保一張保單。保險公司的人考慮到目前船的安全狀況和出事的機率，所以就索要了很高的保險費，但是巴克先生願意出的價卻很低，所以沒有談成。巴克先生沒有簽署協議就離開了那家保險公司。

當天晚上，信使很快就帶回了船已全部受損的消息。聽到這一消息後，他僅僅說了句：「知道了。」

第二天早上，在去帳房的路上，他把馬車停在了保險公司的門口。他坐在座位上，輕輕地對保險公司的祕書說：「朋友，你們不用開保險單了，我已經得到了確切消息：我的船已全部毀損。」

「哦，先生！—— 但是，先生 —— 巴克先生，」祕書急切地說，跑回辦公室去，沒過一會兒，他又跑了回來，「我們已經開出保險單了！」

「怎麼會這樣呢，我的朋友？」這位商業鉅子問道。

「當你昨天晚上離開的時候，我們同意了你的提議條件，然後保險單馬上就開出來了。我們公司要承擔責任的，所以你必須收下它。看，就在這裡。」當一個職員把剛剛簽字的筆跡未乾的保險單遞給他的時候，他又補充說道。

「好的，朋友，」巴克先生說：「既然你們已經開出了保險單，我想我最好還是收下它吧。」說完，他就把那張紙裝進了口袋裡。

當那天船已沉沒的確切消息傳來的時候，保險公司按照合約承擔責任，給予了全部的賠償。

亞當斯（John Adams）講了一個荷蘭人如何做生意的故事：「我擁有一家賣針線的店鋪，店裡的生意很好，但是我沒有很多資金，所以我發現要想賺到預期利潤非常困難。一次我聽人說有人想以比較低的價格轉讓一批商品，於是，我寫信給那人問他是否可以把他的商品轉讓給我，但是他拒

絕了我的建議——為什麼呢？因為他說我出的價太低——但是，他說，如果他覺得我的店經營得當的話，他還可以考慮把這批貨轉讓給我，因為他考慮到如果我們能夠達成這批交易的話，以後還可以有經常性的業務往來。」

「然後，到了昨天，那位先生來到我的店裡，對我說：『施密特先生，我相信你的話了。』我當時心裡想的是，因為他有一批很好的貨物要出賣，所以我一定得給他留下點好印象。我不敢告訴他，我的店裡的現金已經不足 1,000 美元了，於是我就告訴他：『你看來是不相信我的店裡還有 3,000 美元，是嗎？』『是的，根本不可能。』他說。『是的，我根本就沒有那麼多現金，我的資金只有 1,000 美元。』我索性說了實話，因為我不想做一個撒謊的人，因為我覺得應該像喬治‧華盛頓一樣，當他用小斧砍斷了他父親那心愛的櫻桃樹時，根本就沒想到還要去向他的父親撒謊。」

「『很好，』這位先生說，『我想告訴你的是，這些貨物可以歸你。』然後，他從他的手臂下抽出一個很大的黑提包，說：『我以 3,000 美元的價格把我的貨物賣給你。』我問他，這是怎麼回事。他說，雖然我暫不能給他現金，但是他覺得我是一個誠實的人，我可以先付他 1,000 美元，剩下的錢可以等我有錢以後再還他。」

「我已經告訴你們了，我的店裡只剩下 1,000 美元現金了，雖然這位先生和我還是陌生人，但是他還是信任了我，給了我足夠的時間來償還剩下的錢。所以你們看——誠實還是非常有用處的。」

馬克‧吐溫曾經提到一個漢默德‧圖木布先生的故事，體現了他的品格。

馬克‧吐溫寫道：「漢默德‧圖木布先生是多麼地與眾不同啊！在南部有一個婦女，在她遇到困難的時候，曾經給他寫信，告訴他她有一本艾略特（Thomas Eliot）的印度語聖經，她非常願意以 100 美元的價格將其處理掉。他給這位婦女回信說，如果這本書完好無損的話，它的市場價格就應該是 1,000 而不是 100 美元，他願意以 1,000 美元價格買下，並將其以這個價格賣給大英博物館。這本書的確完好無損，於是，這位婦女就得到了

1,000 美元。的確，這場交易真是體現了人性中無比崇高的一面啊！」

## 我們需要什麼樣的人

喬治・安吉爾曾經說，有一個經營茶葉的大商人告訴他，他賣的茶葉裡只有一種是讓他的家人飲用的。

在現代社會，很多的雇主往往都要求自己的雇員採用一些欺騙的手段，同時，他們對商品的瑕疵以及顧客的不滿睜一隻眼閉一隻眼。如果問他們為什麼這樣做？他們會爭辯道，激烈的競爭使得他們不得不採取這種策略。那我們就可以這樣設想，年輕的雇員們有這樣的老闆、這樣的學習「榜樣」，他們怎麼能不耳濡目染，把這種欺騙人的小把戲當成是理所當然的呢？

今天，我們這樣的社會所需要的不是知道如何欺詐的年輕人；也不是推銷投機取巧的年輕人。我們的社會需要的是這樣的醫生，如果他們並不知道病人的病情，或者對應當給病人用多少劑量的藥品沒有把握時，他們就不會不懂裝懂；我們的社會需要的是這樣的政治家，他們不會僅僅沉醉於組織各種各樣的委員會，或者為了一些小問題而無休止地瞎扯；我們的社會需要的是這樣的律師，他們並不為了得到代理費而拚命說服他們的客戶提出根本沒有勝訴可能的訴訟；我們的社會需要的是這樣的牧師，他們能夠聽進除了歡呼和掌聲之外的其他聲音；我們的社會需要的是這樣的商人，他們誠實正直、童叟無欺，一英尺就是一英尺，一公斤就是一公斤；我們的社會需要的是這樣的記者，他們並不會因為追求單純的經濟利益而在主編要求下去寫些下流無聊的花邊新聞；我們的社會需要的是這樣的人，他們不會說「因為別人都這麼做所以我也要這麼做」，—— 總之，年輕人不能冒天下之大不韙而去做些有違誠實要求的事，我們需要的是以欺騙為恥的年輕人。

## 誠實是最好的策略

我們的社會需要的是這樣的商人，他們誠實正直、童叟無欺，一英尺就是一英尺，一公斤就是一公斤。我們的社會不需要以欺騙為生的人。

「放回去，」看見他的兒子要從文件架上抽出的一張紙寫信的時候，約翰・亞當斯（John Adams）總統大聲說：「那是政府的東西，我自己的文具在這裡，在桌子的另一端。因為私事寫信，我都要用自己的文具的。」

正如他在其他方面是一個傑出的典範一樣，亞當斯總統還因為他的準確、誠實和守時而聞名。當他還在眾議院任議員時，人們就知道，如果他來了，開始會議的時間就到了。他對於與別人的約會從來都很守時，從不因為拖沓而浪費別人的時間，他認為那樣做無異於謀財害命。

## 遵守商業道德成功的人

斯圖爾特先生認為，他的顧客應該被告知事實的真相，而不管這樣做的後果是什麼。任何職員都不得在任何方面誤導顧客，或者是隱瞞商品可能存在的任何缺陷。

他曾經問一個職員某種新款商品的銷售情形，那個職員告訴他說該商品設計得並不是太好，其中的某些品味相當地差。

正當這個年輕人一邊手裡拿著一個樣品，一邊對斯圖爾特先生指出這種商品的缺陷時，一個從美國內陸來的大客戶走上前來問道：「你今天有沒有品質上乘的新東西給我看呢？」

這位年輕的推銷員馬上說：「是的，先生，我們剛剛推出了一種恰好適合您需要的產品。」他一邊說，一邊把剛才批評過的樣品遞到了顧客的手上。他對這種產品的讚賞聽起來是非常地誠心誠意，所以，這位顧客馬上就決定要訂一大批貨。

這時，一直站在旁邊默默地聽他們交談的斯圖爾特先生開始插話，他告誡這位顧客不要急於訂貨，再好好檢查一下貨物的品質和樣式。然後，

他告訴這個年輕人去找財務部門清算一下他的薪水，因為他應該把自己的薪水結清 —— 從現在開始，他已經不再是公司的員工了。

「為什麼你什麼也沒有賣給她就讓她走了？」當一位女士從店裡空著手走出去的時候，波士頓一家商店的老闆這樣問一個店員。

店員回答說：「因為她要的是中性風格的，我們店裡並沒有中性風格的。」

「那你為什麼不給她另外一件，就告訴她那就是中性風格的呢？」

「可是那並不是中性風格的呀，老闆。」

「這裡是你說了算還是我說了算？」老闆朝著職員吼道。

「那好，」這個年輕人說：「如果要靠說謊才能保住我的工作的話，我就不做了。」

後來，這位誠實的職員成為西部倍受人們尊敬的成功商人。

比徹說：「對商業道德的認真思索，會使人從中受益。希望以低於進價的價格買進貨物的想法無異於以鄰為壑 —— 從別人那裡獲取利益卻不想給予相應的補償；我們可能偶爾也會得到那種不用付出任何代價就能得到的東西，但是，那種普遍地認為人就應該透過剝削他人的利益來增加自己的利益的觀念是不夠誠實的想法，不管我們的傳統習慣會不會懲罰這種想法。」

## ▌一桶蘋果與一桶麵粉

「這些圖片裝幀多麼漂亮啊！」一個女人驚呼道，「你看，尤其是這張，上面還有座右銘呢：『誠實是最好的策略。』」

「是的，」另一個人回答道，「這是我從歐洲帶回來的。你看我多幸運呀，不是嗎？因為在這圖片上我沒花一分錢，我買了一大堆東西，然後就夾帶著這些圖片，結果人家竟然沒有發現。」

我們社會所需要的是卡萊爾所說的那種「正直、誠實、坦率而言行一

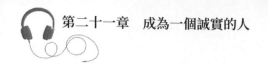

致的人」。

　　緬因州的一個農場主收穫了一批品質上乘的蘋果，把它們裝在桶裡進行運輸，一路上都沒有遭到什麼損壞。那農場主在每一個桶上都簽了他的名字，並且寫明，如果買主發現蘋果有什麼品質問題，或者對他售出的蘋果有什麼意見的話，請務必寫信告訴他。有一天他收到了一封來自英國的信，信中說，他售出的蘋果由於品質好而受到了顧客們的交口稱讚，並且希望他把貨直接發給英國的經銷商。

　　事實證明，在西印度群島的各港口，如果一桶麵粉上刻有「喬治‧華盛頓製 —— 弗農山」的標誌，就可以使麵粉免於檢查 —— 因為這個標誌就是品質好與數量準確的代名詞。無論是用何種計量方法來檢查一批麵粉中的任何一桶，其品質與數量皆無兩樣。它的準確得到了各地消費者的普遍承認。

## 如果大自然在欺騙我們

　　一個年輕人說：「我一直都是很誠實，可我並沒有因此而成功。」僅僅做到誠實，你當然不會成功。僅僅具有一些消極的美德是不會有大的價值的。辦公室跑腿的員工被提升，並不是因為他從不偷辦公室的東西，而是因為他的勤快、他的聰慧以及他的能力與智慧。

　　下面這封麻塞諸塞州健康委員會截獲的信件生動地表明瞭這樣一個不容辯駁的事實：「我們吃穿用的都是成千上萬的假冒偽劣產品」——

麻塞諸塞，波士頓，10月25日
尊敬的先生：
作為一個代理人，我必須提醒你們注意，波士頓以及附近地區的牛奶商都使用這種產品來提高牛奶的品質，並且當牛奶供應短缺的時候可以應急。我們這種產品沒有任何害處，連牛奶檢察官以及州健康委員會的人都檢查不出來。您只需按我們的說明往牛奶裡添加一定量的水 —— 節省的錢就足夠您買上幾個月的牛奶。如果您有朋友從事這

一產業，請務必向他們推薦使用這種產品。

值得您信賴的××

麻塞諸塞，波士頓，11月8日

尊敬的先生：

您的來信已收到。現寄上亞當斯快遞公司生產的產品一瓶。您可以免費品嘗一下。請不要對它的色、香、味感到困惑，因爲您在眞正的牛奶中也會發現同樣的現象。一種由麵包裡提取出來的牛奶 —— 當然這需要經過分析才能知道，檢查官們根本就檢查不出來 —— 因爲它們已經抵消了可能使它們起化學反應的化學藥品的作用。

值得您信賴的××

上述的信件中都附有詳細的使用說明，它們詳細地給出了需要添加的水、白糖以及鹽的數量，除了這些技術性的問題，寫信的人還補充道：「如果您把奶油從牛奶中提取出來，加上我們給您提供的這種產品，即使不用加糖，只要用力攪拌，您就會得到一杯又香又甜的而且營養豐富的牛奶。」

假設我們生活在一個大自然也會像人一樣欺騙我們的世界上 —— 在這個世界上，山川、河流、大海、森林都是假的；在這個世界上，地球雖然看起來非常地富足，資源豐富，但實際上卻讓我們顆粒無收；在這個世界上，風景秀麗的山水事實上不過是海市蜃樓；在這個世界上萬有引力不再產生作用，星球不再圍繞太陽公轉，原子不再按照它們內在的規律運動。如果是這樣的一個世界，人類的生活將會變成怎樣啊？

「我研究鐵鍬工具的那 20 年是我一生中過得最快樂的時光。」艾梅斯州長曾經如是說，「無論我走到哪裡，從事這一產業的人都認識我，我的名字就是誠實可信的代名詞。」

「曾經有過一段時間，因為『艾梅斯』牌鐵鍬的價格 20 年時間都沒有變，所以在當時的西部，『艾梅斯』牌鐵鍬甚至被當成了貨幣來使用 —— 人們用我們的鐵鍬來償還債務。」

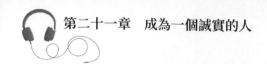

「雖然我們的產品銷售到了世界各國，我們從來就沒有一個代理商。我們的產品是如此富有吸引力，世界各國的人們都需要我們的產品。我們根本不用到處去推銷我們的產品，人們都會主動跑上門來訂貨。」

有一個在北非乘馬車旅行過 1,000 英里的人曾經這樣說，在所有的布林人、布須曼人以及混居民族中，他還從來沒見過有哪種人竟然不知道「艾梅斯」牌鐵鍬的。對他們來講，「艾梅斯父子製造」的標記就意味著優質的原材料和值得信賴的品質。令人高興的是，無論是在好望角，還是在澳洲，在世界的各個角落，麻塞諸塞州的這個古老品牌 —— 代表著「老牌殖民地」的品牌 —— 在世界各地都贏得了做工精細、持久耐用的良好聲譽。

# 無論曾經有多少遺憾，
# 你將永遠置身於現在：
## 走出陰霾 × 學會選擇 × 享受孤獨 × 遠離自卑，
## 害怕失敗不敢向前走，成功就被留在你身後！

編　　著：孔謐

發 行 人：黃振庭

出 版 者：財經錢線文化事業有限公司

發 行 者：財經錢線文化事業有限公司

E-mail：sonbookservice@gmail.com

粉 絲 頁：https://www.facebook.com/
　　　　　sonbookss/

網　　址：https://sonbook.net/

地　　址：台北市中正區重慶南路一段六十一號八
　　　　　樓 815 室

Rm. 815, 8F., No.61, Sec. 1, Chongqing S. Rd.,
Zhongzheng Dist., Taipei City 100, Taiwan

電　　話：(02)2370-3310

傳　　真：(02)2388-1990

印　　刷：京峯彩色印刷有限公司（京峰數位）

法律顧問：廣華律師事務所　張佩琦律師

**國家圖書館出版品預行編目資料**

無論曾經有多少遺憾，你將永遠置身於現在：走出陰霾 × 學會選擇 × 享受孤獨 × 遠離自卑，害怕失敗不敢向前走，成功就被留在你身後！/ 孔謐 編著 . -- 第一版 . -- 臺北市 : 財經錢線文化事業有限公司, 2023.06
　面；　公分
POD 版
ISBN 978-957-680-646-9( 平裝 )
1.CST: 成功法 2.CST: 生活指導
177.2　112006465

定　　價：375 元

發行日期：2022 年 06 月第一版

◎本書以 POD 印製

官網

臉書

# 獨家贈品

親愛的讀者歡迎您選購到您喜愛的書，為了感謝您，我們提供了一份禮品，爽讀 app 的電子書無償使用三個月，近萬本書免費提供您享受閱讀的樂趣。

ios 系統　　　　　安卓系統　　　　　讀者贈品

請先依照自己的手機型號掃描安裝 APP 註冊，再掃描「讀者贈品」，複製優惠碼至 APP 內兌換

優惠碼(兌換期限2025/12/30)
**READERKUTRA86NWK**

爽讀 APP

- 多元書種、萬卷書籍，電子書飽讀服務引領閱讀新浪潮！
- AI 語音助您閱讀，萬本好書任您挑選
- 領取限時優惠碼，三個月沉浸在書海中
- 固定月費無限暢讀，輕鬆打造專屬閱讀時光

不用留下個人資料，只需行動電話認證，不會有任何騷擾或詐騙電話。